U0505389

新发展格局论：
机制
与经验

殷德生　著

XIN FA ZHAN GE JU LUN
Ji Zhi
Yu Jing Yan

上海人民出版社

本成果是国家社会科学基金哲学社会科学领军人才项目"中国式发展经济学自主知识体系研究"（22VRC179）的阶段性成果。

目 录

下卷　提升国际循环质量和水平

前　言

　　加快构建以国内大循环为主体、国内国际双循环相互促进的新发展格局，这是以习近平同志为核心的党中央根据我国发展阶段、环境、条件变化作出的战略决策，是事关全局的系统性深层次变革。加快构建新发展格局事关中国式现代化进程。面对贸易保护主义和日趋复杂严峻的外部环境，我国的应对机制就在于增强国内大循环内生动力和可靠性，加快建设现代化产业体系，提升国际循环质量和水平。加快构建新发展格局的伟大实践蕴藏着理论创造的巨大动力、活力、潜力，及时提炼和总结其中的规律性成果和原创性理论，这是理论工作者的重要使命。本书基于新发展阶段和新发展理念，较为系统地阐释了新发展格局的机制与经验。

　　第一，建立了新发展格局的基本分析框架。构建新发展格局有其内在规律。一方面超大规模的国内市场是国内大循环的基础，并为新技术、新产业、新业态以及新质生产力发展提供了占领先机的机会和优势；另一方面，中国的货物贸易总额居世界第一，进出口贸易总额居世界第一，吸引外资和对外投资居世界前列，形成了更大范围、更宽领域、更深层次对外开放格局。新发展格局理论框架包括增强国内大循环的内生动力与可靠性、提升国际循环质量和水平两个相辅相成的部分。对于国内大循环的理论机制，从供给侧要求加快发展新质生产力与先进制造业的创新驱动升级，从需求侧强调市场一体化和营商环境对国内大循环的作用。对于国际循环的理论机制，从中美贸易摩擦影响双方制造业全球价值链开始，研判全球产业链变革的新趋势，基于共建"一带一路"、人民币国际化和中国自由贸易试验区等新型国际开放合作机制和平台，阐述国际循环能级提升的机制与经验。

　　第二，以超大城市上海为案例，提炼构建新发展格局的基本经验。超大城市基于国内市场规模优势和对外开放优势，在加快构建新发展格局上具有率先性和示范性，形成了丰富经验。作为我国改革开放的前沿窗口和对外依存度高的国际大都市，上海在加快构建新发展格局上主动作为，着力打造国内大循环的中心节点、国内国际双循环的战略链接，以强化全球资源配置、科技创新策源、高端产业引领和开放枢纽门户四大功能为主攻方向，全面深化"五个中心"建设，不断提升城市能级和核心竞争力。东向着眼全球实现最高标准、最好水平的对外开放，依托中国（上海）自由贸易试验区和临港新片区，稳步推进制度型开放，将浦东建设成为社会主义现代化建设引领区。西向着眼于长三角一体化发展示范区、长江经济带发展战略，依托虹桥国际开放枢纽、进博会、长三角生态绿色一体化发展示范区等国家重大平台，打造新时代改革开放的标志性区域、长三角强劲活跃增长极的战略承载地。

第三，将构建现代产业体系和加快发展新质生产力作为国内大循环内生动力和可靠性的逻辑主线。本书将现代产业体系的核心归结为加快发展新质生产力和制造业创新驱动升级。新质生产力是符合新发展理念的先进生产力质态，具有高科技、高效能、高质量特征，表现为前沿技术创新催生的新产业、新模式、新动能。本书以我国集成电路行业、电子与通信设备类行业、计算机及办公设备类行业以及医药和医疗仪器类行业为样本，提出加快发展新质生产力的路径在于推动产业链优化升级、积极培育新兴产业和未来产业，以及推进数字经济创新发展。在此基础上，进一步提出先进制造业创新发展的主攻方向在于高端化、智能化和绿色化。现代产业体系的影响因素很多，本书抓住了其中的两个重要方面——创新要素的自由流动和营商环境。一方面，基于长三角城市群创新网络，揭示了长三角专利流动的特征以及对高质量发展的作用；另一方面，基于全国城市层面数据，提供了专利流动提升工业企业全要素生产率的微证据。营商环境也是增强国内大市场的重要因素，本书以行政审批制度改革为例，证实了它对经济增长的效应，具体是通过提高城市对外引资能力、培育企业家精神、激发民营经济活力等途径发挥作用。

　　第四，将重大开放平台的能级提升作为国际循环质量和水平的逻辑主线。本书从中美贸易摩擦影响双方制造业全球价值链开始，研判新发展阶段全球产业链价值链变革的新趋势以及我国外贸外资战略调整方向，重点着眼于共建"一带一路"、人民币国际化和中国自由贸易试验区等新型国际开放合作机制和平台，总结和提炼国际循环质量和水平提升的机制与经验。中美贸易摩擦对全球产业链产生了重要影响，百年未有之大变局纵深发展正重构全球产业链供应链，这些都是为什么要构建新发展格局的重要外部环境变化。在世界经济长期低迷、贸易保护主义盛行的情形下，中国倡导的共建"一带一路"成为新型国际开放合作机制和平台，其不仅正实现着沿线国家的"包容性增长"，而且构建了新的经济地理格局；比"一带一路"倡议更早的开放制度安排中，对构建新发展格局有着重要影响的就是人民币国际化，在推动金融扩大开放上不断创新并积累了丰富的经验，其中一个重要体现就是自由贸易账户的创新、扩容和复制推广；中国自由贸易试验区是进一步扩大开放，提升国际循环能级的重大举措，对标国际最高标准、最好水平的开放，一批又一批的高水平开放实验成果在这里创新实践，并不断向全国复制推广。

上卷

增强国内大循环
内生动力和可靠性

第一章

构建新发展格局的内涵与依据

　　新发展格局是党对经济发展客观规律的正确把握和实践运用，是当前及今后较长时间里经济社会发展的指导思想和必须遵循的原则。建成现代化经济体系、形成新发展格局纳入党的二十大报告确定的 2035 年发展总体目标中[1]。当前，世界百年未有之大变局加速演进，新一轮科技革命和产业变革深入发展，我国发展面临新的战略机遇。同时，世界经济复苏乏力，单边主义、保护主义明显上升，世界进入新的动荡变革期。2020 年，从 5 月 14 日中央政治局常委会、5 月 23 日全国政协十三届三次会议经济界委员联组会、7 月 30 日中央政治局会议，到 8 月 24 日召开的经济社会领域专家座谈会，习近平总书记多次提出要推动逐步形成新发展格局；9 月 1 日，习近平总书记主持召开中央全面深化改革委员会第十五次会议时再次强调加快形成新发展格局；10 月 26 日，党的十九届五中全会对"加快构建以国内大循环为主体、国内国际双循环相互促进的新发展格局"[2]作出重大部署。2022 年 10 月，党的二十大将加快构建新发展格局作为着力推动高质量发展的基本动力，"增强国内大循环内生动力和可靠性，提升国际循环质量和水平"[3]，从当初的"逐步形成"到"加快形成"再到现在的"加快构建"新发展格局。这是以习

---

[1] 习近平：《高举中国特色社会主义伟大旗帜　为全面建设社会主义现代化国家而团结奋斗》，人民出版社 2022 年版，第 24 页。

[2] 《中共中央关于制定国民经济和社会发展第十四个五年规划和二〇三五年远景目标的建议》，人民出版社 2020 年版，第 6 页。

[3] 习近平：《高举中国特色社会主义伟大旗帜　为全面建设社会主义现代化国家而团结奋斗》，人民出版社 2022 年版，第 28 页。

近平同志为核心的党中央统筹"世界百年未有之大变局"和"中华民族伟大复兴的战略全局","根据我国发展阶段、环境、条件变化作出的战略决策，是事关全局的系统性深层次变革"[1]，这是习近平新时代中国特色社会主义经济思想的新境界，进一步丰富和发展了中国特色社会主义政治经济学。

第一节　构建新发展格局与强国建设

一、新发展阶段迫切需要加快构建新发展格局

发展是解决我国一切问题的基础和关键。正确认识我国所处的历史方位和发展阶段，是国家明确阶段性中心任务、制定路线方针政策的根本依据，也是我们党领导革命、建设、改革不断取得胜利的重要经验。我国全面建成小康社会、实现第一个百年奋斗目标之后，乘势而上开启全面建设社会主义现代化国家新征程，进入了新发展阶段。党的二十大将高质量发展作为全面建设社会主义现代化国家的首要任务，深刻回答了中国处在什么发展阶段、实现什么样的发展、怎样发展的重大理论与实践问题，对把握新发展阶段、贯彻新发展理念、构建新发展格局作了科学分析和重大部署。

（一）新发展阶段是社会主义初级阶段中的一个更高阶段，是开启全面建设社会主义现代化国家新征程、向第二个百年奋斗目标进军的新阶段

全面建成小康社会的第一个百年奋斗目标如期实现后，我国进入了全面建设社会主义现代化国家的新发展阶段。该阶段是实现第二个百年奋斗目标、把民族复兴伟业推向新境界的阶段，是我们党带领人民迎来从站起来、富起来到强起来历史性跨越的新阶段。新发展阶段仍是社会主义初级阶段中的一个阶段。我国仍处于并将长期处于社会主义初级阶段的基本国情没有变，我国是世界最大发展中国家的国际地位没有变。对新发展阶段的判断要牢牢立足社会主义初级阶段这个最大实际。社会主义初级阶段不是一个静态

---

[1]《习近平谈治国理政》第4卷，外文出版社2022年版，第225页。

的阶段，也不是一个自发的自然而然就可以跨越的阶段，而是一个动态的奋发有为的螺旋式递进的发展过程。从基本实现社会主义现代化到建成富强民主文明和谐美丽的社会主义现代化强国，这既是"第二个百年"奋斗目标，也是我国社会主义从初级阶段向更高阶段迈进的过程。

（二）新发展阶段以"五位一体"总体布局和"四个全面"战略布局统领中国式现代化新道路

成功的现代化一定是全面的现代化。党的二十大开启了全面建设社会主义现代化国家的新征程，对中国式现代化特征和内涵进行了更全面、更系统的论述。[1] 中国式现代化不仅体现在经济建设、政治建设、文化建设、社会建设、生态文明建设等各个领域，而且体现在内涵的完整性上：（1）中国式现代化新道路是人口规模巨大的现代化。到 21 世纪中叶，中国将使占世界近五分之一的人口进入现代化强国序列，比现在所有发达国家人口总和还要多。（2）中国式现代化新道路是物质文明和精神文明协调发展的现代化。新时代中国特色社会主义是全面发展、全面进步的伟大事业。（3）中国式现代化新道路是人与自然和谐共生的现代化。生态文明建设已纳入中国特色社会主义"五位一体"总体布局。（4）中国式现代化新道路是和平发展的现代化。中国式现代化既是一种过程的和平，也将是一种结果的和平，中国不仅是全球发展的贡献者，2012 年以来对世界经济增长的年平均贡献率超过30%，而且一直是世界和平的建设者。（5）中国式现代化新道路是共同富裕的现代化。共同富裕是社会主义的本质要求，是人民群众的共同期盼。党的十八大以来，我们党统筹推进经济建设、政治建设、文化建设、社会建设、生态文明建设的总体布局，协调推进全面建设社会主义现代化国家、全面深化改革、全面依法治国、全面从严治党的战略布局。"两大布局"统领的中国式现代化新道路就是中国特色社会主义道路，既始终坚持社会主义的发展

---

[1] 习近平：《高举中国特色社会主义伟大旗帜　为全面建设社会主义现代化国家而团结奋斗》，人民出版社 2022 年版，第 22—23 页。

方向，又根据自己的历史传统、历史方位和现实基础而赋予其鲜明的中国特色，创造了人类文明的新形态。

（三）新发展阶段以高质量发展为首要任务，必须完整、准确、全面贯彻创新、协调、绿色、开放、共享的新发展理念

理念是行动的先导，发展理念从根本上决定着发展质量。发展环境一旦发生变化，发展理念自然也不会一成不变。新发展阶段必须完整、准确、全面贯彻创新、协调、绿色、开放、共享的新发展理念，推动高质量发展，实现全面建设社会主义现代化国家的目标。新发展理念是一个系统的理论体系，回答了关于发展的目的、动力、方式、路径等一系列重大理论和实践问题（殷德生，2022）。为了解决发展动力问题，践行创新是引领发展的第一动力的理念；为了解决发展不平衡问题，将协调作为持续健康发展的内在要求；为了实现人与自然和谐共生的现代化，将绿色发展作为永续发展的必要条件和人民对美好生活追求的重要体现；为了解决内外联动问题，践行开放是国家繁荣发展的必由之路的发展理念；为了实现共同富裕的现代化，将共享理念作为解决社会公平正义问题的本质要求。

（四）构建新发展格局是新发展阶段把握发展主动权的战略性布局和先手棋，主动延长和创造战略机遇期

构建新发展格局是关系我国发展全局的重大战略任务，是于变局中开新局、塑造全面建设社会主义现代化新优势的重大战略。作为一个 14 亿多人口超大市场规模的社会主义国家，中国在迈向中国式现代化的新征程中，必然要承受其他国家都不曾遇到的各种压力和严峻挑战。近年来，百年未有之大变局加快演变，经济全球化遭遇逆流，国际经济循环格局发生深度调整。从党的十九届五中全会提出加快构建以国内大循环为主体、国内国际双循环相互促进的新发展格局，[1] 再到党的二十大将加快构建新发展格局作为推动

---

[1]《中共中央关于制定国民经济和社会发展第十四个五年规划和二〇三五年远景目标的建议》，人民出版社 2020 年版，第 6 页。

高质量发展的动力，[1]这是把握未来发展主动权的战略性布局和先手棋，是新发展阶段要着力推动完成的战略任务，也是贯彻新发展理念的重大举措。一方面，形成强大国内市场，畅通国内大循环。把实施扩大内需战略同深化供给侧结构性改革有机结合起来，依托强大国内市场，贯通生产、分配、流通、消费各环节，形成需求牵引供给、供给创造需求的更高水平动态结构平衡。另一方面，促进国内国际双循环。协同推进强大国内市场和贸易强国建设，促进内需和外需、进口和出口、引进外资和对外投资的结构协调发展。以国内大循环吸引全球资源要素、更好利用国内国际两个市场、两种资源，提高在全球资源配置能力，更好争取开放发展中的战略主动。当然，构建新发展格局是以全国统一大市场为基础的国内大循环为主体，不是各地都搞自我小循环。

　　总之，以高质量发展为首要任务的新发展阶段明确了中国发展的历史方位，贯彻新发展理念明确了中国式现代化的指导原则，构建新发展格局明确了中国式现代化新道路的路径选择。把握新发展阶段是贯彻新发展理念、构建新发展格局的现实依据，贯彻新发展理念为把握新发展阶段、构建新发展格局提供了行动指导，构建新发展格局则是应对新发展阶段机遇和挑战、贯彻新发展理念的战略举措。

二、新发展阶段的新要求——以高质量发展为首要任务

（一）新发展阶段要全面回应我国社会主要矛盾发生变化，不断满足人民美好生活需要的发展新阶段

　　社会主要矛盾就是在社会矛盾运动中居于主导地位的矛盾，是各种社会矛盾的主要根源和集中反映。带动全局工作就需要抓住主要矛盾，这不仅符合唯物辩证法的要求，也是"五位一体"总体布局和"四个全面"战略布局

---

[1] 习近平：《高举中国特色社会主义伟大旗帜　为全面建设社会主义现代化国家而团结奋斗》，人民出版社 2022 年版，第 28 页。

的理论依据之一。党的十九大报告指出："中国特色社会主义进入新时代，我国社会主要矛盾已经转化为人民日益增长的美好生活需要和不平衡不充分的发展之间的矛盾"[1]。这一重大政治论断，发展了马克思主义关于社会矛盾的学说，反映了我国社会发展的客观实际，指明了新发展阶段论的根本着力点。

从总体上实现小康到全面建成小康社会，人民美好生活需要日益广泛且有了更高的品质要求，尤其是在民主、法治、公平、正义、安全、生态等方面，此时更加突出的问题是发展不平衡不充分。在新时代我国社会主要矛盾中，发展不平衡，主要指各区域各领域各方面发展不够平衡，制约了整体发展水平提升。发展不充分，主要指一些地区、一些领域、一些方面还存在发展不足的问题。发展不平衡不充分问题，已经成为满足人民日益增长的美好生活需要的主要制约因素。这要求中国式现代化必然是全面的现代化，更好满足人民在经济、政治、文化、社会、生态等方面日益增长的需要，更好推动人的全面发展、社会全面进步，基本原则就是"两大布局"理论（"五位一体"总体布局和"四个全面"战略布局）。

（二）新发展阶段开启全面建设社会主义现代化国家新征程、向第二个百年奋斗目标进军

党的十九大报告作出了"两个阶段"的战略安排：第一个阶段，从2020年到2035年，在全面建成小康社会的基础上，再奋斗十五年，基本实现社会主义现代化。第二个阶段，从2035年到本世纪中叶，在基本实现现代化的基础上，再奋斗十五年，把我国建成富强民主文明和谐美丽的社会主义现代化强国。[2]党的二十大再次确认了这个"两步走"就是全面建成社

---

[1] 习近平：《决胜全面建成小康社会　夺取新时代中国特色社会主义伟大胜利》，人民出版社2017年版，第11页。

[2] 习近平：《决胜全面建成小康社会　夺取新时代中国特色社会主义伟大胜利》，人民出版社2017年版，第28—29页。

会主义现代化强国的战略安排。[1]新时代"两步走"战略安排，把基本实现现代化的时间提前了十五年，提出了全面建成社会主义现代化强国这一更高目标，发出了实现中华民族伟大复兴中国梦的最强音。中国式现代化新道路是富强民主文明和谐美丽的全面现代化，是经济建设、政治建设、文化建设、社会建设、生态文明建设共同推进的现代化，全面性是其鲜明标志。

"富强"是人类社会的共同追求，是社会主义中国的核心价值。"富强"是民富与国强的协调统一。新时代我国经济已由高速增长阶段转向高质量发展阶段，正处在转变发展方式、优化经济结构、转换增长动力的攻关期。要贯彻新发展理念，坚定不移把发展作为党执政兴国的第一要务，坚持解放和发展社会生产力，加快实现经济现代化。党的二十大提出，到2035年基本实现社会主义现代化的远景目标。在富强方面，"人均国内生产总值迈上新的大台阶，达到中等发达国家水平；实现高水平科技自立自强，进入创新型国家前列；建成现代化经济体系，形成新发展格局，基本实现新型工业化、信息化、城镇化、农业现代化"[2]。

"民主"是人民当家作主，这是社会主义民主政治的本质和核心。国家治理体系和治理能力是一个国家政治文明的集中体现。坚持党的全面领导、人民当家作主、依法治国有机统一是社会主义政治文明的必然要求。党的十九届四中全会通过的《中共中央关于坚持和完善中国特色社会主义制度推进国家治理体系和治理能力现代化若干重大问题的决定》提出，到2035年基本实现国家治理体系和治理能力现代化，人民平等参与、平等发展权利得到充分保障，基本建成法治国家、法治政府、法治社会；到新中国成立100年时，全面实现国家治理体系和治理能力现代化，使中国特色社会主义制度

---

[1]　习近平：《高举中国特色社会主义伟大旗帜　为全面建设社会主义现代化国家而团结奋斗》，人民出版社2022年版，第24页。

[2]　习近平：《高举中国特色社会主义伟大旗帜　为全面建设社会主义现代化国家而团结奋斗》，人民出版社2022年版，第24页。

更加巩固、优越性充分展现。[1]

"文明"展现出的是综合文化实力，包括思想觉悟、价值观念、道德素养、社会秩序、生产生活方式、科学文化程度等多个方面，是一个社会进步状态的显著标志。文明特别是思想文化是一个国家、一个民族的灵魂。没有文明的继承和发展，没有文化的弘扬和繁荣，就没有中国梦的实现。党的二十大作出"推进文化自信自强，铸就社会主义文化新辉煌"[2]的部署。构建社会主义文化强国是全面推进社会主义现代化的战略任务，也是实现中华民族伟大复兴的基本支柱。

"和谐"的目标是建设美好社会。社会主义和谐社会最根本的特征就是民主法治、公平正义、诚信友爱、充满活力、安定有序。促进社会公平正义，形成有效的社会治理、良好的社会秩序，使人民获得感、幸福感、安全感更加充实、更有保障、更可持续。党的二十大报告指出，"中国式现代化是全体人民共同富裕的现代化"，"我们坚持把实现人民对美好生活的向往作为现代化建设的出发点和落脚点，着力维护和促进社会公平正义，着力促进全体人民共同富裕，坚决防止两极分化"[3]。

"美丽"的目标就是实现生态文明，建设美丽中国。社会主义现代化是人与自然和谐共生的现代化。现代化的生态文明建设，以资源环境承载能力为基础，以自然规律为准则，以可持续发展、人与自然和谐为目标，坚定走生产发展、生活富裕、生态良好的文明发展道路。党的二十大报告提出到2035年我国发展的总体目标，"广泛形成绿色生产生活方式，碳排放达峰后

[1] 《中共中央关于坚持和完善中国特色社会主义制度　推进国家治理体系和治理能力现代化若干重大问题的决定》，人民出版社 2017 年版，第 5—6 页。
[2] 习近平：《高举中国特色社会主义伟大旗帜　为全面建设社会主义现代化国家而团结奋斗》，人民出版社 2022 年版，第 42 页。
[3] 习近平：《高举中国特色社会主义伟大旗帜　为全面建设社会主义现代化国家而团结奋斗》，人民出版社 2022 年版，第 22 页。

稳中有降，生态环境根本好转，美丽中国目标基本实现"[1] 是其中一项重要内容。

（三）新发展阶段要在已具备过去前所未有的良好发展条件上全面推进高质量发展

党的十九届四中全会《决定》指出："我们党领导人民创造了世所罕见的经济快速发展奇迹和社会长期稳定奇迹，中华民族迎来了从站起来、富起来到强起来的伟大飞跃"[2]。从 2010 年开始，我国的国内生产总值一直稳居世界第二。改革开放之初的 1978 年，我国人均 GDP 只有 156 美元，2019年我国人均 GDP 破 1 万美元，达到世界的平均水平，中国进入人均 GDP 超过 1 万美元的国家行列，意味着整个世界上人均 GDP 超过 1 万美元的人口，从原来的 15 亿变成了近 30 亿。1978 年我国的贫困人口有 7.7 亿，党的十八大召开的 2012 年，还有 9899 万，到了 2020 年，我国实现了全面脱贫，历史性地消除了绝对贫困，这是中国创造的又一大奇迹。党的十八大以来，通过进一步全面深化改革的冲刺，顺利实现了第一个百年目标，全面建成了小康社会，从 2012 年到 2021 年，我国的 GDP 总量从 54 万亿增长到 114 万亿，翻了一番，我国的人均 GDP 从 6300 美元增长到 1.25 万美元，也是翻了一番。与此同时，经济结构日益优化，我国最终消费支出对经济增长的贡献率超过 80%，国内大循环的主体作用在不断增强。第三产业增加值在 GDP 中占主导。消费和第三产业成为中国经济增长韧性的主要支撑。党的十八大以来，我国的经济实力、科技实力、综合国力跃上新的台阶，人民生活水平显著提高，高等教育进入普及化阶段，建成了世界上规模最大的社会保障体系。全面建成小康社会的第一个百年目标如期实现，我们比历史上任何时期都更加接近实现中华民族伟大复兴的宏伟目标。

---

［1］习近平：《高举中国特色社会主义伟大旗帜　为全面建设社会主义现代化国家而团结奋斗》，人民出版社 2022 年版，第 24—25 页。

［2］《中共中央关于坚持和完善中国特色社会主义制度推进国家治理体系和治理能力现代化若干重大问题的决定》，人民出版社 2019 年版，第 2 页。

党的十九大指出，"我国经济已由高速增长阶段转向高质量发展阶段"[1]。党的二十大将高质量发展当作全面建设社会主义现代化国家的首要任务。[2]从经济转入高质量发展阶段到整个发展转向高质量发展阶段，更加注重发展的全面性和系统性。在新发展阶段，以推动高质量发展为主题，以深化供给侧结构性改革为主线，以全面深化改革为根本动力，以满足人民日益增长的美好生活需要为根本目的，统筹发展和安全，加快建设现代化经济体系、加快构建以国内大循环为主体、国内国际双循环相互促进的新发展格局，推进国家治理体系和治理能力现代化。为实现高质量发展，我国把新发展理念贯穿发展全过程和各领域。全面深化改革开放，破除制约高质量发展、高品质生活的体制机制障碍，有利于提高资源配置效率，持续增强发展动力和活力。

（四）新发展阶段要统筹百年未有之大变局和中华民族伟大复兴的战略全局，主动延长和塑造战略机遇期的发展新阶段

当前和今后一个时期，我国发展仍然处于重要战略机遇期，但机遇和挑战都有新的发展变化。这体现了党中央对新发展阶段形势任务的清醒认识和科学把握，为我们党和国家谋划新发展提供了根本遵循。党的二十大科学总结了国内外环境特征：[3]从国际形势看，百年未有之大变局正向纵深发展，新一轮科技革命和产业变革深入发展，国际力量对比深刻调整，和平与发展仍然是时代主题，人类命运共同体理念深入人心，同时国际环境日趋复杂，不稳定性不确定性明显增加，经济全球化遭遇逆流，世界进入动荡变革期，单边主义、保护主义、霸权主义对世界和平与发展构成威胁；从国内形势看，我国发展环境面临深刻复杂变化，一方面，在新发展阶段，我国已转向

---

[1] 习近平：《决胜全面建成小康社会 夺取新时代中国特色社会主义伟大胜利》，人民出版社 2017 年版，第 30 页。

[2] 习近平：《高举中国特色社会主义伟大旗帜 为全面建设社会主义现代化国家而团结奋斗》，人民出版社 2022 年版，第 28 页。

[3] 习近平：《高举中国特色社会主义伟大旗帜 为全面建设社会主义现代化国家而团结奋斗》，人民出版社 2022 年版，第 26 页。

高质量发展阶段，制度优势显著，治理效能提升，经济长期向好，社会大局稳定；另一方面，新发展阶段我国发展还面临许多新的挑战，发展不平衡不充分问题仍然突出，重点领域关键环节改革任务仍然艰巨。这需要深刻认识错综复杂的国际环境带来的新矛盾新挑战，增强机遇意识和风险意识，科学应变、主动求变。高质量发展的新要求，来自外部的打压遏制不断升级，诸如局部冲突和动荡频发、全球性问题加剧的外部重大风险挑战，这些也正是进一步深化改革、推进中国式现代化的迫切需要。

第二节　新发展格局的内涵、依据与路径

一、构建新发展格局的内涵与优势

构建以国内大循环为主体、国内国际双循环相互促进的新发展格局。这是适应我国发展新阶段要求、创造国际合作和竞争新优势的必然选择。2008年国际金融危机是我国发展格局演变的一个重要分水岭。面对严重的外部危机冲击，我国把扩大内需作为战略基点，推动经济发展向内需主导转变，对外贸易依存度从 2006 年峰值的 67% 下降到目前的 35% 左右，经济增长的主导性贡献源自内需。但新发展格局决不是封闭的国内循环，而是更加开放的国内国际双循环，不仅是中国自身发展需要，而且将更好造福各国人民。习近平总书记在《新发展阶段贯彻新发展理念必然要求构建新发展格局》中系统阐述了新发展格局理论的内涵和重要着力点：[1]（1）新发展格局是以国内大循环为主体。大国经济的特征都是内需为主导、内部可循环。我国作为全球第二大经济体和制造业第一大国，构建新发展格局是国内经济循环同国际经济循环关系调整的客观需要，不是被迫之举和权宜之计，而是把握发展

---

[1]　习近平：《新发展阶段贯彻新发展理念必然要求构建新发展格局》，《求是》2022 年第 17 期。

主动权的先手棋。（2）新发展格局是开放的国内国际双循环，不是封闭的国内单循环。新发展格局要求通过发挥内需潜力，使国内市场和国际市场更好联通，以国内大循环吸引全球资源要素，更好利用国内国际两个市场两种资源。实施扩大内需战略和实行高水平对外开放并不是相互矛盾的，而是相辅相成的。国内循环越顺畅，越能形成对全球资源要素的引力场，越有利于重构我国国际合作和竞争新优势。（3）新发展格局是以全国统一大市场为基础，不是各地都搞自我小循环。各地区要找准自己在国内大循环和国内国际双循环中的位置和比较优势，把构建新发展格局同实施区域重大战略、区域协调发展战略、主体功能区战略、建设自由贸易试验区等有机衔接起来。（4）构建新发展格局必须完整、准确、全面贯彻新发展理念。将国内大循环和国际循环与创新发展、协调发展、绿色发展、开放发展、共享发展有机统一起来，既包括内需体系的完善、科技自立自强，也包括产业链供应链优化升级以及提高人民生活品质。这是畅通国内大循环的出发点和落脚点，也是国内国际双循环相互促进的关键联结点。

构建新发展格局的第一个依据或者说优势是超大规模内需市场。我国是全球最大且最有潜力的消费市场。拥有 14 亿多人口，人均 GDP 已突破 1 万美元；拥有 4 亿中等收入人口，绝对规模世界最大，居民消费不断优化升级。超大规模内需市场不仅是内部可循环的基础，而且是催生新技术革命的独特力量。超大的国内市场为新技术、新产业、新业态的发展提供了占领先机的机会和优势。我国在人工智能、新一代信息技术、大数据等新技术、新产业、新业态等方面蓬勃发展，其中的逻辑就是国内超大规模市场的支撑。以国内大循环为主体，促进形成强大的国内市场，旨在释放我国国内市场的巨大潜力。

构建新发展格局的第二个依据或者说优势是拥有全球最完整、规模最大的工业体系。我国拥有 1 亿多市场主体及 1.7 亿多受过高等教育和拥有各类专业技能的人力资本。畅通国内大循环后，超大市场规模的优势和完整的工业体系就成为提升产业链、价值链、创新链和供应链现代化水平的新优势。

全球产业链供应链的竞争新格局昭示着，大国要着力布局和打造自主可控、安全可靠的产业链、供应链，通过拉长长板、补齐短板，重构新的产业链，力争重要产品和供应渠道都形成必要的产业备份系统。

构建新发展格局的第三个依据或者说优势是要素、产业和市场循环的腹地辽阔。新发展格局不仅要畅通产业链循环、市场供求循环，而且要畅通更为复杂的经济社会循环和国内国际双循环，需要有腹地支撑。我国幅员辽阔，仅陆地面积就有约 960 万平方公里，居世界第三位，还有广阔的海洋国土。经济循环，特别是从推进新型工业化、新型城镇化、区域开放格局来看，离不开国土空间腹地。我国基本形成了主体功能定位清晰的国土空间格局，基本实现了人口分布、产业布局与生态环境相协调。生活空间、生产空间和生态空间结构合理、疏密得当的经济空间格局为新发展格局的构建奠定了坚实基础。

二、构建新发展格局的基本路径

习近平总书记在《加快构建新发展格局　把握未来发展主动权》中科学论证了构建新发展格局的两个维度：一是更有针对性地加快补上我国产业链供应链短板弱项，确保国民经济循环畅通；二是提升国内大循环内生动力和可靠性，提高国际竞争力，增强对国际循环的吸引力、推动力。[1] 据此，加快构建新发展格局的基本路径就是两大领域：增强国内大循环动力和可靠性、确保国民经济循环畅通，提升国际循环的质量和水平。具体路径包括五个方面：

（一）更好统筹扩大内需和深化供给侧结构性改革

构建新发展格局，首先取决于供给侧的高质量发展，增强产业链供应链的竞争力和安全性。党的十九大报告指出，以供给侧结构性改革为主线，推动经济发展质量变革、效率变革、动力变革，提高全要素生产率；党的二十

---

[1]　习近平：《加快构建新发展格局　把握未来发展主动权》，《求是》2023 年第 8 期。

大报告强调，把实施扩大内需战略同深化供给侧结构性改革有机结合起来。党的二十届三中全会通过的《中共中央关于进一步全面深化改革、推进中国式现代化的决定》（以下简称"党的二十届三中全会《决定》"）要求，健全因地制宜发展新质生产力体制机制，推动技术革命性突破，催生新产业、新模式、新动能，发展以高技术、高效能、高质量为特征的生产力；健全促进实体经济和数字经济深度融合制度，加快推进新型工业化，促进数字经济发展；打造自主可控的产业链供应链，健全强化集成电路、工业母机、医疗装备、仪器仪表、基础软件、工业软件、先进材料等重点产业链发展体制机制。[1] 以自主可控、高质量的供给适应满足现有需求，创造引领新的需求。其次要取决于内需的扩大和内需体系的完善。增强消费对经济发展的基础性作用和投资对优化供给结构的关键作用。完善扩大消费长效机制，形成市场主导的有效投资内生增长机制，健全政府投资有效带动社会投资体制机制。

（二）加快科技自立自强步伐

坚持新发展格局与创新驱动发展战略更好结合，增强国民经济高质量发展的动力。党的十八大以来，面对全球新一轮科技革命与产业变革带来的重大机遇与挑战，我国坚持创新在现代化建设全局中的核心地位，把科技自立自强作为国家发展战略支撑。科技创新不仅要依靠超大规模的国内市场，而且必须面向世界科技前沿，扩大科技开放合作的步伐将会越迈越大。党的二十大报告要求：坚持创新在我国现代化建设全局中的核心地位，健全新型举国体制，强化国家战略科技力量，提升国家创新体系整体效能；以国家战略需求为导向，集聚力量进行原创性引领性科技攻关，坚决打赢关键核心技术攻坚战。通过进一步深化科技体制改革，优化配置创新资源，使我国在重要科技领域成为全球领跑者，在前沿交叉领域成为开拓者，建成世界主要科

---

[1]《中共中央关于进一步全面深化改革推进中国式现代化的决定》，人民出版社 2024 年版，第 10—13 页。

学中心和创新高地，实现教育科技人才一体化的良性循环。

（三）以现代化产业体系夯实新发展格局的产业基础

加快推进新型工业化，推动制造业高端化、智能化、绿色化发展，促进实体经济和数字经济深度融合，建设制造强国、质量强国、网络强国、数字中国。党的二十届三中全会《决定》要求，在技术创新上，加强关键共性技术、前沿引领技术、现代工程技术、颠覆性技术创新，建立未来产业投入增长机制；在战略性新兴产业上，完善推动新一代信息技术、人工智能、航空航天、新能源、新材料、高端装备、生物医药、量子科技等战略性产业发展政策和治理体系，在传统产业升级上，以国家标准提升引领传统产业优化升级，支持企业用数智技术、绿色技术改造提升传统产业。[1]坚持新发展格局与现代产业体系的更好结合。新发展格局将带动我国企业在全球产业链、价值链、创新链的跃升，在全球占据更高位置。坚持扩大内需这个战略基点，以完整内需体系促进创新驱动和高质量供给体系。从以货物贸易为主向货物和服务贸易、数字贸易协调发展转变，从依靠模仿跟随向依靠创新创造转变，从大进大出向优进优出转变。

（四）构建全国统一大市场，全面推进城乡、区域协调发展，扩展国内大循环的空间

以深化要素市场化改革为纽带，推动统一大市场和城乡区域协调发展格局的形成，建设高标准市场体系，完善产权保护、市场准入、公平竞争、社会信用等市场经济基础制度。只有实现了城乡、区域协调发展，国内大循环的空间才能更加广阔。统一大市场和城乡区域高质量协调发展，是打通消费市场和要素市场的重要举措，是国内大循环空间扩展的动力来源。党的二十届三中全会《决定》提出，统筹新型工业化、新型城镇化和乡村全面振兴，促进城乡要素平等交换、双向流动。把实施扩大内需战略和促进国内

---

[1]《中共中央关于进一步全面深化改革推进中国式现代化的决定》，人民出版社2024年版，第11页。

国际双循环同优化国土空间布局、推进区域协调发展和新型城镇化紧密结合，更好推进以人为核心的城镇化，在发挥规模经济效益的同时必须把生态和安全放在更加突出的位置，形成多中心、多层级、多节点的网络型城市群结构。

（五）提升国际循环的质量和水平

坚持新发展格局与实行高水平对外开放要更好地结合，实施更大范围、更宽领域、更深层次对外开放，依托我国大市场优势，促进国际合作。在稳步扩大制度型开放上，党的二十届三中全会《决定》指出了重点在于产权保护、产业补贴、环境标准、劳动保护、政府采购、电子商务、金融领域等实现规则、规制、管理、标准相通相容，[1]主动对接国际高标准经贸规则，扩大自主开放。在深化外贸体制、外商投资和对外投资管理体制改革上，党的二十届三中全会《决定》要求：强化贸易政策和财税、金融、产业政策协同，打造贸易强国制度支撑和政策支持体系；扩大鼓励外商投资产业目录，合理缩减外资准入负面清单，落实全面取消制造业领域外资准入限制措施，推动电信、互联网、教育、文化、医疗等领域有序扩大开放；营造市场化、法治化、国际化一流营商环境。在区域开放布局的优化上，加快形成陆海内外联动、东西双向互济的全面开放格局，实施自由贸易试验区提升战略。在推进高质量共建"一带一路"上，构建立体互联互通网络，加强绿色发展、数字经济、人工智能、能源、税收、金融、减灾等领域的多边合作平台建设。[2]

---

[1]《中共中央关于进一步全面深化改革推进中国式现代化的决定》，人民出版社2024年版，第25页。

[2]《中共中央关于进一步全面深化改革推进中国式现代化的决定》，人民出版社2024年版，第27页。

第三节　构建新发展格局的特征事实

一、新发展格局面临的环境特征

（一）新发展格局的国际环境特征

世界经济增速自 2008 年国际金融危机以来一直处于低迷状态，增长动能不足，全球贸易增速继续低于经济增速。传统增长引擎对经济的拉动作用减弱，人工智能、大数据等新技术虽然不断涌现，但新的经济增长点和未来产业尚未形成。全球产业布局在加速调整，新的产业链、价值链、供应链、创新链、人才链在变革中逐步形成，而贸易和投资规则未能跟上新形势，机制封闭化、规则碎片化、贸易投资近岸化日益突出。世界经济处于下行期，全球经济蛋糕已经无法满足各国分配的需求，增长和分配、资本和劳动、效率和公平的矛盾越发突出，贫困、失业、收入差距拉大，在发达国家和发展中国家普遍存在对全球化的质疑和反全球化的呼声。少数发达国家泛起民粹主义和贸易保护主义浪潮，在国际政治经济交往中奉行单边主义和霸权主义，动辄以经济制裁、科技封锁等手段对包括中国在内的各国发展施加压力。百年未有之大变局纵深发展，新一轮科技革命尤其是人工智能技术带来的产业变革前所未有。保护主义、单边主义上升，全球产业链、供应链因非经济因素而面临冲击，国际经济、科技、文化、安全、政治等格局都在发生深刻调整，甚至发生局部战争，世界进入动荡变革期。但是，和平与发展仍然是时代主题，人类命运共同体理念深入人心，世界各国人民的命运从未像今天这样紧紧相连。

（二）新发展格局的国内环境特征

加快构建新发展格局的优势条件和发展基础已具备。面对高质量发展，我国制度优势突出，中国特色社会主义制度是既植根中国大地、具有深厚文化根基，又适应时代潮流、代表先进生产力的优越制度；市场对资源配置的决定性作用以及政府宏观调控作用都得到更好发挥，尽管外部不确定性有所增强，但中国经济的基本条件和经济长期向好趋势并未改变，例如，拥有全球最完整、规模最大的工业体系，具有超大规模内需市场。

党的十八大以来，我国 GDP 总量在不断提高，2012 年我国国内生产总值近 54 万亿元，2020 年就突破了 100 万亿，2023 年我国国内生产总值超过 126 万亿元，自 2010 年开始稳居世界第二大经济体。如图 1-1 所示，2023 年我国人均 GDP 接近 9 万元。虽然经济增速在下降，但在世界主要经济体中仍处于前列（如图 1-2），年均 GDP 净增量超过 6 万亿元。

图 1-1　我国人均 GDP 的增长（2012—2023 年）

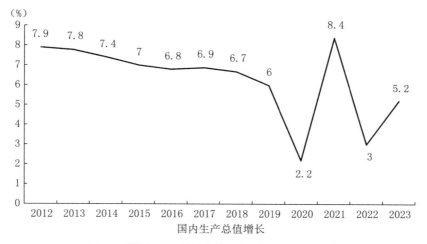

图 1-2　我国 GDP 增长率的变化（2012—2023 年）

　　我国经济结构不断优化，经济增长质量快速提升，第三产业已成为我国国民经济的主导产业，占 GDP 的比重接近 55%（如图 1-3），一二三产业对经济增长的贡献率呈现结构合理之状态（如图 1-4）。以供给侧结构性改革为主线，推动经济发展质量变革、效率变革、动力变革，提高全要素生产率；把实施扩大内需战略同深化供给侧结构性改革有机结合起来；以新发展理念指导破解制约高质量发展的结构性矛盾、体制机制障碍。2012 年到 2023 年，高技术制造业增加值、装备制造业增加值占规模以上工业增加值分别从 9.4%、28% 提高到 15.7%、33.6%。

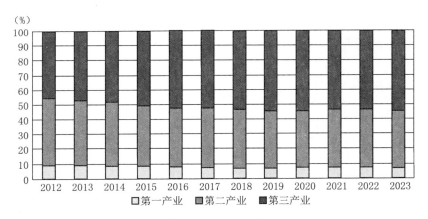

图 1-3　我国三大产业增加值占 GDP 的比例（2012—2023 年）

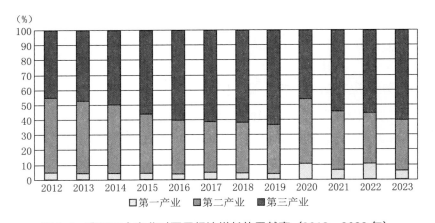

图 1-4　我国三大产业对国民经济增长的贡献率（2012—2023 年）

同时我们也要看到，发展不平衡不充分问题仍然突出。农业基础还不稳固，表现在农业劳动力大幅下降、农田水利建设滞后、农业科技和设施装备尚存短板等方面；创新能力还不适应高质量发展要求，体现在基础研究相对薄弱、高水平人才培养和学科布局有待优化、颠覆性技术和关键技术设备亟待突破等方面。区域发展和收入分配差距仍较大，城乡之间在收入、医疗、教育、就业、卫生、基础设施等方面存在一定差距。例如，基尼系数是衡量居民收入差距的常用指标，我国的基尼系数总体相对偏高（如图 1-5）。在生态文明领域，我国环境污染和生态保护的严峻形势依然需要重视；在民生发展领域，在人口老龄化问题、人口长期均衡发展、多层次社会保障体系建设等诸多方面依然存在明显不足。

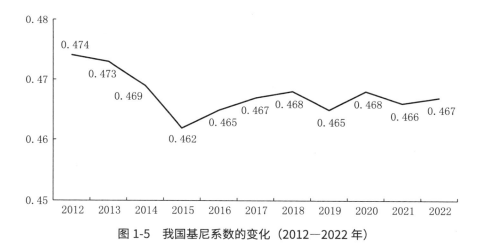

图 1-5　我国基尼系数的变化（2012—2022 年）

二、新发展格局的结构特征

（一）我国进入了"以结构促增长"的新阶段

随着我国转入高质量发展阶段，结构性改革成为新发展阶段的改革重点。在新发展格局下，经济发展必须越来越多依赖结构性潜力，而不是资源投入的总量。这是我国能否实现可持续增长的关键。一方面，国际力量的结构对比深刻调整，全球的结构性问题日趋复杂，产业链结构、能源结构、贸易结构、金融结构等深刻变革。另一方面，我国发展不平衡不充分的问题日益表现在结构上，增长动力结构、产业结构、供给与需求结构、经济的国内大循环与国际循环的结构、城乡区域结构、收入分配结构等亟需全面深化改革。

与以前经济高速赶超增长时期以房地产、传统基建、出口为主要特征的结构性增长不同，在高质量发展的新阶段，供给侧结构性增长潜力日益依赖于创新驱动发展、结构升级驱动发展、城市群驱动发展等新的结构特征。"结构性障碍"是当前和未来较长一段时期里阻碍高质量发展的主要因素。这不仅在中国是一个重要挑战，其他国家也面临类似的挑战，已成为全球治理的重要问题。在加快构建新发展格局中，我国要重点解决产业结构性难题、政府与市场边界的结构性难题以及城乡区域结构性难题。

在供需协调匹配上，通过深化供给侧结构性改革，既提升供给体系适配性，又提高供给适应引领创造新需求能力。一是要优化提升供给结构，促进农业、制造业、服务业、能源资源等产业协调发展；二是要调整需求结构，加快培育完整内需体系，深入实施扩大内需战略，增强消费对经济发展的基础性作用，优化投资需求结构。坚持居民收入增长和经济增长基本同步、劳动报酬提高和劳动生产率提高基本同步。

在国内大循环与国际循环的协调匹配上，不仅要实现产业链循环、市场供求循环、经济社会循环以及国内国际双循环的协同，还需要与创新驱动发展战略、区域发展战略、现代产业体系、高水平社会主义市场经济体制以及更高水平对外开放等实现统筹发展。

在空间结构与区域协调的匹配上，新发展阶段的重点是城市群，抓住城市群驱动发展模式的特点，以城市群、都市圈为依托促进大中小城市和小城镇协调发展；优化城市群内部空间结构，形成多中心、多层级、多节点的网络型城市群。建立健全城市群一体化协调发展机制和成本共担、利益共享机制，统筹推进基础设施协调布局、产业分工协作、公共服务共享、生态共建环境共治。深入实施区域协调发展战略，健全区域协调发展体制机制，实现各地区在发展中促进相对平衡。

（二）新发展理念中创新、协调、绿色、开放、共享之间的结构特征

党的十八届五中全会系统地确立了创新、协调、绿色、开放、共享五大新发展理念，自此以后尤其是党的十九大以来，我国一直在坚定不移地贯彻实施，取得了显著成效。在加快构建新发展格局中，要把新发展理念贯穿发展全过程和各领域，构建新发展格局，切实转变发展方式，推动质量变革、效率变革、动力变革，实现更高质量、更有效率、更加公平、更可持续、更为安全的发展。党的二十大提出的我国经济社会发展重点任务，就是以新发展理念为基本逻辑展开的。在创新发展上，坚持创新驱动发展，全面构建发展新优势；加快发展现代产业体系，推动经济体系优化升级；全面深化改革，构建高水平社会主义市场经济体制。在协调发展上，形成强大国内市场，构建新发展格局；优先发展农业农村，全面推进乡村振兴；优化国土空间布局，推进区域协调发展和新型城镇化。在绿色发展上，推动绿色发展，促进人与自然和谐共生。在开放发展上，实行高水平对外开放，开拓合作共赢新局面，中国的开放大门只会越开越大。在共享发展上，繁荣发展文化事业和文化产业，提高国家文化软实力；改善人民生活品质，提高社会建设水平；统筹发展和安全，建设更高水平的平安中国；加快国防和军队现代化，实现富国和强军相统一。

（三）国内大循环与国际循环之间的结构特征

新发展格局是以国内大循环为主体、国内国际双循环相互促进为特征。以国内大循环为主体，依据的是超大规模内需市场优势。这不仅是内部可循环的基础，而且是催生新技术革命的独特力量。超大的国内市场为新技术、新产业、新业态的发展提供了占领先机的机会和优势。大国经济的第二个显著特征和优势是拥有全球最完整、规模最大的工业体系。畅通国内大循环后，超大市场规模的优势和完整的工业体系就成为提升产业链、价值链、创新链和供应链现代化水平的新优势。

新发展阶段的经济增长动能发生转换，传统的外需拉动型增长模式已不再适应新发展阶段国内外环境，内需成为经济增长的主导力量。党的十八大以来，我国外贸依存度逐年下降，从 2012 年的 45.3% 下降至 2023 年的 33.1%（如图 1-6），说明我国经济增长正由外需拉动向内需驱动转变。

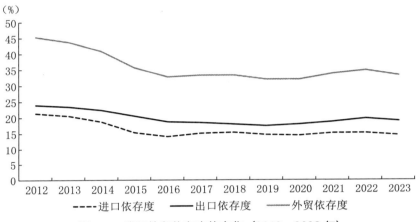

图 1-6 我国外贸依存度的变化（2012—2023 年）

国内消费对经济增长的贡献日益增强。我国是世界上最大的消费市场之一，拥有规模最大的中等收入群体。居民人均消费支出呈现出逐年递增态势（如图 1-7），我国居民人均消费支出水平从 2012 年的 1.2 万元迅速上升到 2023 年的 2.7 万元。从全社会消费品零售总额来看，2012 年我国社会消

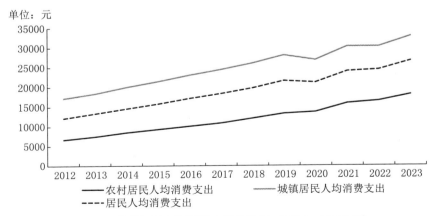

图 1-7 我国居民人均消费支出的增长（2012—2023 年）

费品零售总额为 20.6 万亿元，2023 年我国社会消费品零售总额超过 47 万亿元（如图 1-8）。

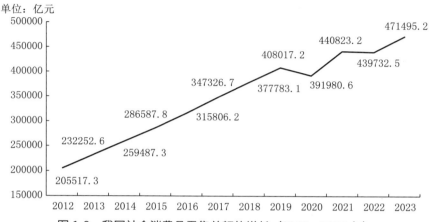

图 1-8　我国社会消费品零售总额的增长（2012—2023 年）

在消费总额增长的同时，我国居民消费结构也在持续优化，城乡恩格尔系数逐年降低（如图 1-9）。2023 年我国城乡居民恩格尔系数分别为 28.8% 和 32.4%，城市居民生活已经进入富裕的阶段，乡村居民生活总体进入相对富裕的阶段。居民对产品和服务质量的需求与日俱增，居民消费热点已经从满足物质生活需要的实物消费转变为满足美好生活需要的服务消费。

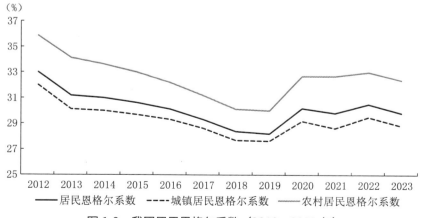

图 1-9　我国居民恩格尔系数（2012—2023 年）

国内国际双循环相互促进也是新发展格局的题中应有之义。实施扩大内需战略和实行高水平对外开放并不是相互矛盾的，而是相辅相成的。国内循环越顺畅，越能形成对全球资源要素的引力场，越有利于重构我国国际合作和竞争新优势。新发展格局既强调坚定实施扩大内需战略，又注重国内国际双循环，不是国内经济的单循环，国内循环也是建立在国内统一大市场基础上的大循环，要坚持更高水平的对外开放与新发展格局的更好结合。更高水平的对外开放既要实施更大范围、更宽领域、更深层次对外开放，又要建设更高水平开放型经济新体制；既要促进国际合作、实现互利共赢，又要积极参与全球经济治理体系改革。

三、新发展格局的动力特征

党的二十大明确构建新发展格局的目标，即到 2035 年建成现代化经济体系，形成新发展格局，基本实现新型工业化、信息化、城镇化、农业现代化。[1]

（一）加强党的全面领导、尊重人民首创精神并朝着共同富裕方向迈进

中国特色社会主义最本质的特征是中国共产党领导，中国特色社会主义制度的最大优势是中国共产党领导。党中央总揽经济社会发展领域重大工作的顶层设计、总体布局、统筹协调、整体推进、督促落实，丰富和发展了对社会主义发展本质特征的认识，为加快构建新发展格局提供了根本保证。

人民首创精神为中国特色社会主义事业发展提供源源不断的智慧和力量。中国特色社会主义事业发展每一个方面经验的创造和积累，都来自亿万人民的创造性实践和智慧。尊重人民首创精神是践行以人民为中心的发展思想的集中体现，坚持一切为了人民、一切依靠人民，坚持发展为了人民、发展依靠人民、发展成果由人民共享，丰富和发展了对社会主义生产目的的认

---

[1]　习近平：《高举中国特色社会主义伟大旗帜　为全面建设社会主义现代化国家而团结奋斗》，人民出版社 2022 年版，第 24 页。

识，为推动我国经济社会发展提供了强大动力。

共同富裕是社会主义的本质要求，是中国式现代化的重要特征。实现共同富裕不仅是经济问题，而且是关系党的执政基础的重大政治问题，要坚持以人民为中心的发展思想，在高质量发展中促进共同富裕。党的十八大以来，党中央把握发展阶段新变化，把逐步实现全体人民共同富裕摆在更加重要的位置上，推动区域协调发展，采取有力措施保障和改善民生，打赢脱贫攻坚战，全面建成小康社会，为促进共同富裕创造了良好条件。党的二十大提出"全体人民共同富裕取得更为明显的实质性进展"的发展目标。[1]这是一项长期任务，也是一项现实任务。高质量发展是促进共同富裕的基础，正确处理效率和公平的关系，构建初次分配、再分配、三次分配协调配套的基础性制度安排，形成橄榄型分配结构。

（二）以经济体制改革为重点，牵引带动政治、文化、社会、生态文明等各领域的进一步全面深化改革

经济基础决定上层建筑，全面深化改革坚持以经济体制改革为重点。我国仍处于并将长期处于社会主义初级阶段的基本国情，决定了经济建设是党长期的中心工作。在全面深化改革中，以经济体制改革为主轴，带动了政治、文化、社会、生态文明体制改革，改革呈现全面发力、全面深化、多点突破、蹄疾步稳、纵深推进的良好局面，实现改革由局部探索、破冰突围到系统集成、全面深化的转变。在经济体制改革上，使市场在资源配置中起决定性作用、更好发挥政府作用。在政治体制改革上，坚持党的领导、人民当家作主、依法治国有机统一，推进社会主义民主政治制度化、规范化、程序化，建设社会主义法治国家。在文化体制改革上，围绕建设社会主义文化强国这个主线，以社会主义核心价值观引领文化建设，更好构筑中国精神、中国价值、中国力量，建立健全现代公共文化服务体系、现代文化市场体系。

---

[1] 习近平：《高举中国特色社会主义伟大旗帜　为全面建设社会主义现代化国家而团结奋斗》，人民出版社 2022 年版，第 24 页。

在社会体制建设上，围绕更好保障和改善民生、促进社会公平正义进行，在收入分配、就业、教育、社会保障、医疗卫生、住房保障等方面推出一系列重大举措，注重加强普惠性、基础性、兜底性民生建设，推进基本公共服务均等化。在生态文明体制改革上，紧紧围绕建立和健全生态文明制度体系，坚持绿水青山就是金山银山的理念，推进绿色发展、循环发展、低碳发展，坚持走生产发展、生活富裕、生态良好的文明发展道路。党的十八届三中全会提出的全面深化改革目标任务在建党百年之时总体如期完成。但改革开放只有进行时，没有完成时。党的二十届三中全会再次吹响了进一步全面深化改革的号角，牢牢扭住到二〇三五年基本实现社会主义现代化的目标，把改革摆在更加突出位置，以经济体制改革为牵引，带动政治、文化、社会、生态文明体制改革。[1] 新一轮改革将继续呈现全面发力、全面深化、多点突破、纵深推进的格局，实现改革更加注重系统集成，更加注重突出重点，更加注重改革实效。

（三）坚持稳中求进工作总基调，以全面的"稳"确保高质量的"进"

百年未有之大变局纵深发展，需求收缩、供给冲击、预期转弱三重压力下，经济增速呈下行趋势。国际力量的结构对比深刻调整，全球的结构性问题日期复杂，产业链结构、供应链结构、价值链结构、世界贸易结构等深刻变革。从经济运行规律来看，需要统筹"稳""进"，把握高质量发展的节奏。进入新发展阶段后，我国经济运行出现一些新问题，对此需要准确认识和把握：实现共同富裕是一个长期的历史过程，要稳步朝着这个目标迈进，就要为资本设置"红绿灯"，防止资本野蛮生长，作为人口大国要保障初级产品供给，抓好风险处置工作，实现碳达峰碳中和"不可能毕其功于一役"。把握好经济运行的时度效，不能把长期目标短期化、系统目标碎片化，不能把持久战打成突击战。

---

[1]《中共中央关于进一步全面深化改革推进中国式现代化的决定》，人民出版社 2024 年版，第 3 页。

稳中求进的根本点在于在保持大局稳定的前提下谋进。自 2016 年中央经济工作会议首次强调"稳中求进工作总基调是治国理政的重要原则"以来，其一直是做好经济工作的方法论，适应了经济已由高速增长阶段转向高质量发展阶段的内在要求。稳中求进工作总基调的主要依据是：经济稳中向好、长期向好的基本趋势没有改变；我国发展仍处于并将长期处于重要战略机遇期；统筹推进稳增长、促改革、调结构、惠民生、防风险、保稳定，保持经济运行在合理区间。求"进"的目标是坚持高质量发展，包括宏观、微观、结构、科技、改革开放、区域、社会等各方面，紧紧围绕我国发展不平衡不充分中的结构性问题，增长动力结构、产业结构、供给与需求结构、经济的国内大循环与国际循环的结构、城乡区域结构、收入分配结构等亟须全面深化改革。经济运行是个动态过程，"稳"和"进"之间是辩证统一的：只静态的"稳"，没有求"进"，终究也稳不住；一味地求"进"，不注重"稳"，最终也"进"不了。

政策组合旨在实现多重目标的动态平衡，这是经济政策的基本规律。"跨周期调控"意味着不仅要考虑当下经济运行情况，更要考虑刺激政策对未来经济的影响，有没有后遗症，统筹协调短期与中长期、规模与质量、节奏与目标等复杂关系。宏观政策要稳健有效，微观政策要持续激发市场主体活力，提振市场主体信心；结构政策要着力畅通国民经济循环，重在畅通国内大循环，重在突破供给约束堵点，重在打通生产、分配、流通、消费各环节；改革开放政策要激活发展动力，抓好要素市场化配置综合改革；区域政策要增强发展的平衡性、协调性；社会政策要兜住兜牢民生底线。

第四节　加快构建新发展格局的主攻方向

"从现在起，中国共产党的中心任务就是团结带领全国各族人民全面建成社会主义现代化强国、实现第二个百年奋斗目标，以中国式现代化全面推进中华民族伟大复兴"，"高质量发展是全面建设社会主义现代化国家的首要任务"，这是党的二十大作出的战略部署。[1]

一、经济主战场领域的强国建设

党的二十大报告在"建设现代化产业体系"的部署上提出，加快建设制造强国、质量强国、航天强国、交通强国、网络强国；在"全面推进乡村振兴"中提出加快建设农业强国；在"促进区域协调发展"中要求加快建设海洋强国；在"推进高水平对外开放"中部署了贸易强国的建设；[2]2023年10月中央金融工作会议上首次提出加快建设金融强国。

（一）制造强国

世界强国的兴衰史和改革开放以来的发展经验证明，没有强大的制造业，就没有国家和民族的强盛。我国已建立了全世界最完整的现代工业体系，有力推动我国现代化进程，显著增强综合国力，支撑我国世界大国地位。然而，与世界先进水平相比，"世界工厂"在规模上的辉煌难掩在自主创新能力、产业结构水平、信息化程度、质量效益等方面的差距，中国经济要实现高速增长向高质量发展转变，必须坚持把制造业高质量发展放在更加突出的位置，实现中国制造向中国创造转变、中国速度向中国质量转变、中国产品向中国品牌转变。

人工智能、新一代信息技术与制造业深度融合，正在引发影响深远的产业变革，形成新的生产方式、产业形态、商业模式和经济增长点：智能装备、智能工厂等智能制造如雨后春笋，网络众包、协同设计、大规模个性化定制、精准供应链管理、全生命周期管理等正重塑产业价值链体系。发达国家纷纷实施"再工业化"战略，重构制造业竞争新优势。发展中国家也在加快谋划和布局，积极参与全球产业再分工。在构建新发展格局中，我们要坚

---

[1]　习近平：《高举中国特色社会主义伟大旗帜　为全面建设社会主义现代化国家而团结奋斗》，人民出版社2022年版，第28页。

[2]　习近平：《高举中国特色社会主义伟大旗帜　为全面建设社会主义现代化国家而团结奋斗》，人民出版社2022年版，第30—33页。

持走中国特色新型工业化道路，保持制造业比重基本稳定，巩固壮大实体经济根基，实现制造强国的战略目标。其基本路径就是高端化、智能化和绿色化：以制造业创新能力全面提升为主题，以提质增效为中心，以加快新一代信息技术与制造业深度融合为主线，加快发展先进制造业，实施制造业重点产业链高质量发展行动，增强产业链供应链韧性和竞争力。人工智能关键核心技术是发展新质生产力、抢占战略制高点的重中之重，也是国际科技竞争的焦点领域，充分发挥人工智能技术促进产品创新、产业聚集、应用赋能的作用；全面推行绿色制造，实现低碳化、循环化和集约化，提高制造业资源利用效率，构建高效、清洁、低碳、循环的绿色制造体系。

（二）质量强国

发展的质量和效益不够高，是当前我国经济发展存在的主要问题之一。建设质量强国，在既定的资源投入条件下提高产出效率和价值，推动中国制造向中国创造转变、中国速度向中国质量转变、中国产品向中国品牌转变，加快培育国际竞争新优势，推动我国经济高质量发展。深化供给侧结构性改革的重要目的也是提升供给质量。

满足人民美好生活需要和增强国家综合实力是实施质量强国战略的根本目的。我国社会主要矛盾在质量领域表现为人民群众对高质量产品的需求和不平衡不充分的质量发展之间的矛盾。2023年2月国家发布了《质量强国建设纲要》，擘画了具体目标和重点领域。一方面，保障质量安全。夯实质量安全领域的科技力量，构建市场主体自治、行业自律、社会监督、政府监管的质量共治格局；另一方面，维护平等竞争的市场环境。增强市场主体提升质量的内生动力，深化质量管理的"放管服"改革，破除质量领域的行政壁垒；此外，完善国家质量基础设施，加强标准、计量、专利等体系和能力建设，健全质量服务体系。这是我国产品和服务走向全球价值链高端的制度和规则保障。

（三）航天强国

党的二十大针对航天强国建设，要求航天科技实现高水平自立自强。载人航天作为系统最复杂、科技最密集、创新最活跃的科技工程之一，如期建成的中国空间站，是建设科技强国、航天强国的重要引领性工程，攻克了快速交会对接、空间站组装建造等 10 余项重大关键核心技术、200 余项系统级关键技术，部组件和核心元器件国产化率达到 100%。我国探月工程实施 20 年来，从嫦娥一号到嫦娥六号，从初探月宫到详细勘察，从月面观测到月背探秘，从遥感观测到取样返回，不断开启人类月球探测新篇章。以火星探索为起点，我国实现从地月系到行星际的跨越。"羲和""夸父"双星逐日，太阳探测"三步走"计划稳步推进。航天强国建设已成为我国经济高质量发展的新动能。航天产业的跨越发展带动了自动控制、计算机、电子信息、精密制造、新材料、新能源等一系列高新技术领域快速发展。实现载人空间站长期在轨、载人月球探测、月球极区采样返回、月球科研站基本型构建、火星着陆巡视等新的里程碑，全面赶超世界航天强国。在人工智能、先进探测、新材料与新器件、量子信息等航天基础与前沿领域达到国际领先水平。

（四）网络强国

互联网快速发展的影响范围之广、程度之深，是以往其他科技成果所难以比拟的，更是"人工智能+"的重要基础。党的十八大以来，从建设网络强国战略目标的提出，到我国数字经济规模跃居全球第二，再到线上新经济以及人工智能技术日益广泛的应用，充分表明建设网络强国对于我国抢占新一轮发展制高点、构筑国际竞争新优势的特殊意义。习近平总书记强调："网信事业发展必须贯彻以人民为中心的发展思想，把增进人民福祉作为信息化发展的出发点和落脚点，让人民群众在信息化发展中有更多获得感、幸福感、安全感。"[1] 当前，互联网已经融入社会生产生活的方方面面。

---

[1]　中央网络安全和信息化委员会办公室编：《习近平总书记关于网络强国的重要思想概论》，人民出版社 2023 年版，第 128 页。

没有信息化就没有现代化，建设网络强国的战略部署要与"第二个百年"奋斗目标同步推进，向着网络基础设施基本普及、自主创新能力显著增强、数字经济全面发展、人工智能（AI）技术广泛应用、网络安全保障有力的方向不断前进。一方面，充分发挥信息化对经济社会发展的驱动引领作用。以新一代信息技术和人工智能为代表的前沿技术代表着新质生产力的发展方向，加速推动信息和人工智能领域核心技术突破，加快推动从数字产业化、产业数字化向 AI 产业化、产业 AI 化转变；以信息化推进国家治理体系和治理能力现代化。另一方面，筑牢国家网络信息安全屏障，网络信息安全牵一发而动全身，深刻影响政治、经济、文化、社会、军事等各领域安全。最后，系统布局和升级新型基础设施，除了加快新一代移动通信、工业互联网、大数据中心等建设，还要构建由大型语料库、算法、算力构成的人工智能基础设施体系。

（五）交通强国

交通运输是国民经济中具有基础性、先导性、战略性的产业，是重要的服务性行业和现代化经济体系的重要组成部分，是构建新发展格局的重要支撑。《交通强国建设纲要》《国家综合立体交通网规划纲要》等作了具体规划部署。第一步，在"十四五"期间，完善综合运输大通道、综合交通枢纽和物流网络，加快城市群和都市圈轨道交通网络化，提高农村和边境地区交通通达深度，综合交通运输基本实现一体化融合发展；第二步，完善结构优化、一体衔接的设施网络，扩大多样化高品质的服务供给，培育创新驱动、融合高效的发展动能，强化绿色安全、开放合作的发展模式，构建现代综合交通运输体系，为全面建设社会主义现代化国家提供战略支撑。

（六）农业强国

党的二十大对建设农业强国进行了总体部署：到 2035 年基本实现农业现代化，到本世纪中叶建成农业强国。2022 年，习近平总书记在中央农村工作会议上指出，"农业强国是社会主义现代化强国的根基"，"没有农业强国就没有整个现代化强国；没有农业农村现代化，社会主义现代化就是不全面的。"[1]保障粮食和重要农产品稳定安全供给始终是建设农业强国的头等大事。[2]农业是近两亿人就业的产业，农村是近 5 亿农民常住的家园，他们整体迈入现代化，会释放巨大的创造动能和消费潜能，为经济社会发展注入强大动力。建设农业强国，既要遵循农业现代化一般规律，建设供给保障强、科技装备强、经营体系强、产业韧性强、竞争能力强的农业强国，[3]又要立足我国国情，立足人多地少的资源禀赋、人与自然和谐共生的时代要求，走中国特色的农业强国之路。

（七）贸易强国

贸易强国代表着一国对外贸易竞争力更强、产品质量效益更佳，并在国际贸易中拥有重要产品定价权、贸易规则制定权和贸易活动主导权，推动外贸发展由要素驱动向创新驱动转变，由规模速度型向质量效益型转变，由成本、价格优势为主向竞争新优势转变。党的十八大以来，习近平总书记对建设贸易强国作出一系列重要指示。党的二十大报告提出了建设贸易强国的基本路径：一是提升贸易投资合作质量和水平，依托我国超大规模市场优势，以国内大循环吸引全球资源要素，增强国内国际两个市场两种资源联动效应；二是稳步扩大规则、规制、管理、标准等制度型开放；三是推动货物贸易优化升级，创新服务贸易发展机制，发展数字贸易；四是合理缩减外资准入负面清单，营造市场化、法治化、国际化一流营商环境。五是推动共建"一带一路"高质量发展，加快建设海南自由贸易港，实施自由贸易试验区提升战略，扩大面向全球的高标准自由贸易区网络。

（八）金融强国

金融是现代经济的核心。习近平总书记在 2023 年中央金融工作会议上提出了建设金融强国要求，"党的十八大以来，我们积极探索新时代金融发展规律，不断加深对中国特色社会主义金融本质的认识，不断推进金融实践

---

[1]《中共中央　国务院关于做好 2023 年全面推进乡村振兴重点工作的意见》，人民出版社 2023 年版，第 23 页。

[2][3]　习近平：《加快建设农业强国　推进农村农业现代化》，《求是》2023 年第 6 期。

创新、理论创新、制度创新，积累了宝贵经验，逐步走出一条中国特色金融发展之路"[1]；金融配置资源能力进一步增强，合理分工、相互补充、功能完整的现代金融体系初步形成。习近平总书记2024年1月在省部级主要领导干部推动金融高质量发展专题研讨班上，提出"金融强国应当基于强大的经济基础"，"拥有强大的货币、强大的中央银行、强大的金融机构、强大的国际金融中心、强大的金融监管、强大的金融人才队伍"[2]。我国已成为重要的世界金融大国，拥有全球最大的银行体系，外汇储备规模稳居世界第一。目前，我国金融业机构总资产超过450万亿元，5家大型商业银行入选全球系统重要性银行，存款贷款、支付清算、理财投资、信息查询等基础金融服务的便利性和普惠性走在世界前列，金融市场的登记、托管、清算、结算、征信、评级体系基本健全。金融强国建设践行"八个坚持"：坚持党中央对金融工作的集中统一领导，坚持以人民为中心的价值取向，坚持把金融服务实体经济作为根本宗旨，坚持把防控风险作为金融工作的永恒主题，坚持在市场化法治化轨道上推进金融创新发展，坚持深化金融供给侧结构性改革，坚持统筹金融开放和安全，坚持稳中求进工作总基调。金融强国建设需要实现金融体系更加完备、金融市场更趋成熟、金融风险有效防范、金融服务实体经济更具活力。

（九）海洋强国

我国是一个海洋大国，海洋在国际政治、经济、军事、外交舞台上的地位日益凸显。早在2013年，习近平总书记就在十八届中央政治局第八次集体学习时强调"建设海洋强国是中国特色社会主义事业的重要组成部分"[3]。党的二十大报告指出，"发展海洋经济，保护海洋生态环境，加快建

［1］《〈中共中央关于进一步全面深化改革、推进中国式现代化的决定〉辅导读本》，人民出版社2024年版，第236页。

［2］中央金融委员会办公室、中央金融工作委员会：《锚定建设金融强国目标　扎实推动金融高质量发展》，《人民日报》2024年2月2日。

［3］中共中央党史和文献研究院编：《习近平关于总体国家安全观论述摘编》，中央文献出版社2018年版，第41页。

设海洋强国"[1]。海洋强国战略是一条坚持陆海统筹，以海富国、以海强国、人海和谐、合作发展的道路。《"十四五"海洋经济发展规划》对加快构建现代海洋产业体系、加快建设中国特色海洋强国进行了部署。首先，海洋是推动我们强国战略的重要方面，海洋是高质量发展战略要地。要加快发展海洋经济，建设世界一流的海洋港口、完善的现代海洋产业体系、绿色可持续的海洋生态环境。促进传统海洋产业转型升级，培育壮大海洋新兴产业和现代海洋服务业。其次，海洋科技将来是未来重要主攻方向，聚焦深海领域，实施深海进入、深海探测和深海开发等前沿领域。围绕海洋核心关键技术提升自主创新，加强海洋生物、海洋可再生能源等核心关键技术攻克。加快发展海洋信息技术，服务海洋资源保护和开发，保护修复海洋生态系统；推动海洋生态文明建设，实现海洋资源节约集约利用；积极参与全球海洋治理和科技合作。

二、科技教育人才领域的强国建设

党的二十大报告强调：教育、科技、人才是全面建设社会主义现代化国家的基础性、战略性支撑；必须坚持科技是第一生产力、人才是第一资源、创新是第一动力，深入实施科教兴国战略、人才强国战略、创新驱动发展战略；坚持教育优先发展、科技自立自强、人才引领驱动，加快建设教育强国、科技强国、人才强国。[2]党的二十届三中全会《决定》提出了构建支持全面创新体制机制的重大举措，统筹推进教育科技人才体制机制改革。[3]

（一）科技强国

加快构建新发展格局必须坚持创新在我国现代化建设全局中的核心地

---

[1] 习近平：《高举中国特色社会主义伟大旗帜　为全面建设社会主义现代化国家而团结奋斗》，人民出版社 2022 年版，第 32 页。

[2] 习近平：《高举中国特色社会主义伟大旗帜　为全面建设社会主义现代化国家而团结奋斗》，人民出版社 2022 年版，第 33 页。

[3] 《中共中央关于进一步全面深化改革推进中国式现代化的决定》，人民出版社 2024 年版，第 55 页。

位，把科技自立自强作为国家发展的战略支撑，面向世界科技前沿、面向经济主战场、面向国家重大需求、面向人民生命健康，深入实施科教兴国战略、人才强国战略、创新驱动发展战略，完善国家创新体系，到2035年，进入创新型国家前列，建成科技强国。党的十八大以来，我国创新指数不断攀升。随着我国劳动力等生产要素低成本优势逐渐减弱，加快自主创新成为了提升全要素生产率、增强经济动能的关键途径。经济增长越来越依赖于技术进步、制度创新等驱动的全要素生产率，以及颠覆性技术和前沿技术驱动的新质生产力。一方面，强化国家战略科技力量。健全社会主义市场经济条件下新型举国体制，打好关键核心技术攻坚战，提高创新链整体效能。加强基础研究、注重原始创新，优化学科布局和研发布局，推进学科交叉融合，完善共性基础技术供给体系。瞄准人工智能、量子信息、集成电路、生命健康、脑科学、生物育种、空天科技、深地深海等前沿领域，实施一批具有前瞻性、战略性的国家重大科技项目。另一方面，提升企业技术创新能力。强化企业创新主体地位，促进各类创新要素向企业集聚，以颠覆性技术和前沿技术应用驱动新质生产力加快发展。推进产学研深度融合，支持企业牵头组建创新联合体，推动产业链上中下游、大中小企业融通创新，实现科技—产业—金融的良性循环。

（二）教育强国

教育已经成为国家的战略必争和决定兴衰存亡的关键因素。党的十九大将建设教育强国视为"中华民族伟大复兴的基础工程"[1]，"建设教育强国"第一次在党代会的报告中被明确提出来；这是对1995年以来我党确立的科教兴国战略的继承和发展。党的二十大报告把建设教育强国作为全面建成社会主义现代化强国的战略先导，提出2035年建成教育强国的发展目标。当前，我国已建成世界上规模最大的教育体系，教育现代化发展总体水

---

[1] 习近平：《决胜全面建成小康社会 夺取新时代中国特色社会主义伟大胜利》，人民出版社2017年版，第45页。

平已跨入世界中上国家行列，教育强国指数已位居全球第 23 位，比 2012 年上升 26 位。教育强国建设是实现高水平科技自立自强的重要支撑，是促进全体人民共同富裕的有效途径。《中国教育现代化 2035》和党的二十大报告都规划了教育强国建设的关键环节：一是实现基本公共教育服务均等化，促进教育公平；二是加快建设高质量教育体系，优化教育资源配置，完善学前教育、特殊教育、职业教育、高等教育、继续教育、民办教育的统筹协调、协同创新，构建服务全民的终身学习体系；三是提升人才培养与创新能力。

（三）人才强国

综合国力竞争说到底是人才竞争。党的十八大以来，党中央深刻回答了为什么建设人才强国、什么是人才强国、怎样建设人才强国的重大理论和实践问题，提出了一系列新理念新战略新举措：坚持党对人才工作的全面领导，坚持人才引领发展的战略地位，坚持面向世界科技前沿、面向经济主战场、面向国家重大需求、面向人民生命健康，坚持全方位培养用好人才，坚持深化人才发展体制机制改革。[1] 习近平总书记在《深入实施新时代人才强国战略　加快建设世界重要人才中心和创新高地》中提出了我国人才强国建设的目标：到 2030 年，适应高质量发展的人才制度体系基本形成，创新人才自主培养能力显著提升，在主要科技领域有一批领跑者；到 2035 年，国家战略科技力量和高水平人才队伍位居世界前列。[2] 为此，党的二十大部署了两个"加快"：加快建设世界重要人才中心和创新高地，促进人才区域合理布局和协调发展，着力形成人才国际竞争的比较优势；加快建设国家战略人才力量，努力培养造就更多大师、战略科学家、一流科技领军人才和创新团队、青年科技人才、卓越工程师、大国工匠、高技能人才。[3]

---

[1][2]　习近平：《深入实施新时代人才强国战略　加快建设世界重要人才中心和创新高地》，《求是》2021 年第 24 期。

[3]　习近平：《高举中国特色社会主义伟大旗帜　为全面建设社会主义现代化国家而团结奋斗》，人民出版社 2022 年版，第 36 页。

三、社会文化建设领域的强国建设

（一）文化强国

文化软实力是国家综合国力的重要支撑。建成文化强国是 2035 年我国发展的总体目标之一，党的二十大提出的重大举措中就有"推进文化自信自强，铸就社会主义文化新辉煌"，对如何建设社会主义文化强国进行了部署：[1]一是坚持马克思主义在意识形态领域指导地位的根本制度，坚定文化自信，以社会主义核心价值观引领文化建设。在新发展阶段，加强社会主义精神文明建设，促进满足人民文化需求和增强人民精神力量相统一；二是提高社会文明程度。提升人民思想道德素质、科学文化素质和身心健康素质；统筹推动文明培育、文明实践、文明创建，推进城乡精神文明建设融合发展，推进公民道德建设，实施文明创建工程。三是增强公共文化服务水平。推进城乡公共文化服务体系一体建设，推动公共文化数字化建设，传承弘扬中华优秀传统文化，创新推进国际传播平台建设。四是健全现代文化产业体系。全面深化文化体制改革，加强文化市场体系建设，扩大优质文化产品供给；实施文化产业数字化战略，推动文化和旅游融合发展。

（二）体育强国

在党的二十大报告中，体育强国纳入了 2035 年我国发展的总体目标中。[2]"增强广大人民群众特别是青少年体育健康意识，增强我国竞技体育的综合实力和国力，加快建设体育强国的步伐"[3]。2019 年 9 月国务院办公厅印发了《体育强国建设纲要》，部署推动体育强国建设，提出了具体目标：到 2035 年，体育治理体系和治理能力实现现代化；到 2050 年，全面建成社会主义现代化体育强国，人民身体素养和健康水平、体育综合实力和国际

---

[1][2]　习近平：《高举中国特色社会主义伟大旗帜　为全面建设社会主义现代化国家而团结奋斗》，人民出版社 2022 年版，第 36 页。

[3]　习近平：《在北京冬奥会、冬残奥会总结表彰大会上的讲话》，人民出版社 2022 年版，第 13 页。

影响力居于世界前列。《体育强国建设纲要》着力推动的重点任务包括：在全民健身活动普及上，完善全民健身公共服务体系、推进全民健身智慧化发展；在国家体育训练上，构建建立中国特色现代化竞赛体系、推进职业体育发展；在体育产业升级上，加快推进体育产业高质量发展，培育经济转型新动能；在体育文化建设上，推动运动项目文化建设、丰富体育文化产品，繁荣体育文化，增强中国体育国际影响力。

第二章

超大城市率先构建新发展格局的逻辑与经验

党的十八大以来，我国经济发展阶段性特征发生了深刻变化这在特大城市体现的更为明显：消费需求已从模仿型排浪式消费向多样化、个性化消费转变；投资需求从传统产业、房地产领域转向新技术、新产品、新业态、新商业模式；出口优势从以前的低成本优势转向新的综合比较优势；产业结构向生产智能化、专业化的产业组织新特征转变；劳动力低成本优势在减弱，经济增长将更多依靠人力资本质量和技术进步；市场竞争正逐步由数量扩张和价格竞争转向质量型、差异化为主的竞争；环境承载能力已经达到或接近上限，必须推动形成绿色低碳循环发展新方式；各类经济隐性风险正在逐渐显性化，必须守住不发生系统性风险的底线；全面刺激政策边际效应明显递减，资源配置和宏观调控方式必须将市场在资源配置中的决定性作用和更好发挥政府作用有机结合起来。

党的二十大报告指出，"加快转变超大特大城市发展方式"。超大城市在加快构建新发展格局上具有示范性和引领性。一方面，超大城市拥有超大规模市场优势，在增强国内大循环上率先形成改革经验并复制推广，在科技创新策源、高端产业引领等功能上发挥引领和溢出效应，在形成以现代服务业为主体、先进制造业为支撑的产业结构上具有先发优势。另一方面，超大城市都是开放水平较高的城市，是加快培育世界级先进制造业集群，以及更高层次参与国际经济合作和竞争的桥头堡，在全球资源配置功能和开放枢纽门户功能上发挥主导作用，提升国际循环质量和水平。

第一节 超大城市率先构建新发展格局的特征与要求

一、新发展阶段对加快构建新发展格局的要求

在新发展阶段，我国经济发展呈现出增长速度变化、发展方式转变、经济结构优化、增长动力转换的新特点：在增长速度上，从高速转向中高速。经济增长速度的变化，既反映了世界经济发展的客观趋势，又体现了我国经济增长动能的转换。在发展方式转变上，从规模速度型转向质量效益型。经济发展更多依靠效率改进，包括提高劳动效率、资本效率、土地效率、管理效率、技术效率和全要素生产率等。在经济结构调整上，从增量扩能为主转向调整存量、做优增量以及供给侧结构性改革并举。在需求结构方面，消费需求成为拉动经济增长的第一力量；在产业结构方面，第三产业成为经济的主导产业；在城乡结构方面，城镇化进程持续推进，城镇化率已超过65%；在区域结构方面，中西部地区表现出强劲的发展潜力，京津冀、长三角以及粤港澳大湾区等东部城市群驱动发展模式已经形成，"一带一路"建设、长江经济带建设贯通东中西联动。在增长动力转换上，从主要依靠资源和低成本劳动力等要素投入向更多依靠创新驱动转变。尽管我国经济面临下行压力，但经济发展长期向好的基本面没有变，支撑经济持续增长的良好基础和条件没有变，我国发展仍处于重要战略机遇期，拥有足够的韧性、巨大的潜力和不断迸发的创新活力。经济增速虽然总体放缓，但综合实力显著提升，大国经济优势日益显著，高质量发展成为主题。

我国经济发展的障碍日益集中于结构性问题，要求扩大内需战略和深化供给侧结构性改革有机结合，两者都是推动我国经济实现高质量发展的必然要求。在扩大总需求的同时，着力加强供给侧结构性改革，着力提高供给体系质量和效率，增强经济持续增长动力，推动我国社会生产力水平实现整体跃升。围绕高质量发展目标，用改革的办法推进结构调整，矫正要素配置扭曲，扩大有效供给，提高供给结构对需求变化的适应性和灵活性，提高全要素生产率，更好满足广大人民群众的需要，促进经济社会持续健康发展。供

给和需求是市场经济内在关系的两个基本方面，是既对立又统一的辩证关系，两者你离不开我、我离不开你，相互依存、互为条件。没有需求，供给就无从实现，新的需求可以催生新的供给；没有供给，需求就无法满足，新的供给可以创造新的需求。需求侧管理，重在解决总量性问题，注重短期调控，主要是通过调节税收、财政支出、货币信贷等来刺激或抑制需求，进而推动经济增长。供给侧管理，重在解决结构性问题，注重激发经济增长动力，主要通过优化要素配置和调整生产结构来提高供给体系质量和效率，进而推动经济增长。

二、新发展理念对加快构建新发展格局的要求

党的十八届五中全会系统地确立了创新、协调、绿色、开放、共享五大新发展理念，是关系我国发展全局的一场深刻变革。新发展理念是一个系统的理论体系，回答了关于发展的目的、动力、方式、路径等一系列理论和实践问题。经济社会发展是一个多维度、多层次、多因素的整体，新发展理念作为发展实践的思想引领，也是一个内涵丰富的整体，必须完整、准确、全面理解和贯彻。

新发展理念对完成第一个百年目标——全面建成小康社会发挥了重大作用，并将继续作为实现第二个百年目标的发展理念引领。为了解决发展动力问题，践行创新是引领发展的第一动力的理念；解决发展不平衡问题，将协调作为持续健康发展的内在要求；为了实现人与自然和谐共生的现代化，将绿色发展作为永续发展的必要条件和人民对美好生活追求的重要体现；为了解决内外联动问题，践行开放是国家繁荣发展的必由之路的发展理念；为了实现共同富裕的现代化，将共享理念作为解决社会公平正义问题的本质要求。

加快构建以国内大循环为主体、国内国际双循环相互促进的新发展格局，这是适应我国新发展阶段、统筹发展和安全的必然选择，是把握未来发展主动权的战略部署，对于扎实推进中国式现代化、实现第二个百年奋斗目标和中华民族伟大复兴，具有重要的战略意义。党的二十届三中全会《决定》在

"聚焦构建高水平社会主义市场经济体制"方面再次强调"加快构建新发展格局，推动高质量发展"[1]，并且继续以新发展理念引领全面深化改革。

（一）强化创新在现代化建设全局中的核心地位，把科技自立自强作为发展的战略支撑

党的二十大报告提出，"坚持创新在我国现代化建设全局中的核心地位"，把科技自立自强作为国家发展的战略支撑，"强化国家战略科技力量"；目标是加快建设创新型国家和世界科技强国，手段是"面向世界科技前沿、面向经济主战场、面向国家重大需求、面向人民生命健康"，"深入实施科教兴国战略、人才强国战略、创新驱动发展战略"[2]。发展现代产业体系、提升产业链供应链现代化水平都要依赖于创新驱动。目前，我国的研发经费投入强度达到了中等发达国家水平；科技进步贡献率达到 65%，若干领域实现从"跟跑"到"并跑"再到"领跑"的跃升；知识产权产出居世界前列。

党的二十大报告以及二十届三中全会都强调加快数字化发展，推进数字产业化和产业数字化，推动数字经济和实体经济深度融合。[3]在世界数字经济竞争格局中，中美两国是世界数字经济规模最大的两个经济体，美国数字经济占到其 GDP 总量的三分之二，数字经济规模全球第一，中国保持全球第二大数字经济体地位，目前我国数字经济规模占 GDP 比重超过 40%。产业链和供应链的现代化，其中"现代化"的含义包括产业链数字化和供应链的智能化的发展。2013 年我国提出"宽带中国"战略，2015 年提出"互联网 +"行动，2016 年提出深化制造业和互联网融合发展的指导意见，2019 年提出"数字乡村发展纲要"，2024 年实施"人工智能 +"战略。

（二）强化协调发展，尤其是消费与投资的协调、区域协调发展以及发展和安全的统筹

当前我国最终消费支出对经济增长的年均贡献率稳定在 60% 以上。第

---

[1]《中共中央关于进一步全面深化改革推进中国式现代化的决定》，人民出版社 2024 年版，第 4 页。

[2] 习近平：《高举中国特色社会主义伟大旗帜　为全面建设社会主义现代化国家而团结奋斗》，人民出版社 2022 年版，第 35—36 页。

[3]《中共中央关于进一步全面深化改革推进中国式现代化的决定》，人民出版社 2024 年版，第 11 页。

三产业增加值占 GDP 的比重接近 55%。第三产业在经济增长中的贡献占主导地位还有助于增加就业。一般而言，第三产业对就业的拉动效应远强于第二产业，产业结构协调发展和优化升级是就业增加的驱动力。协调发展最突出的体现就是坚持"两大布局"，即统筹推进经济建设、政治建设、文化建设、社会建设、生态文明建设的"五位一体"总体布局，协调推进全面建设社会主义现代化国家、全面深化改革、全面依法治国、全面从严治党的"四个全面"战略布局，这是未来我国经济社会发展的指导方针，意味着全面建设社会主义现代化国家是各领域协调发展的现代化（殷德生，2022）。我们一方面注重制造业和服务业的协调，保持制造业比重基本稳定，壮大战略性新兴产业，加快发展现代服务业；另一方面强调消费与投资的协调，坚持扩大内需这个战略基点，形成强大的国内市场，拓展投资空间，优化投资结构，发挥投资对优化供给结构的关键作用；再次推进区域协调发展，健全区域协调发展体制机制；最后是新的提法，即统筹发展和安全，"把安全发展贯穿国家发展各领域和全过程，防范和化解影响我国现代化进程的各种风险"[1]。

（三）突出共享发展成果，从全面建成了小康社会走向共同富裕取得实质性进展

共享发展最大的一个亮点就是全面脱贫，贫困地区经济社会发展明显加快。我国如期完成了新时代脱贫攻坚目标任务，现行标准下农村贫困人口全部脱贫，贫困县全部摘帽，消除了绝对贫困和区域性整体贫困，党的十八大以来有近 1 亿贫困人口实现脱贫，取得了令全世界刮目相看的重大胜利。1978 年我国的贫困人口有 7.7 亿，党的十八大召开的 2012 年，还有 9899 万，2019 年只有 551 万了，到了 2020 年，我国实现了全面脱贫。这种贡献在世界发展史上是绝无仅有的，这也是中国在世界上创造的又一个奇迹。因此，与中国经济长期高速增长和社会长期保持稳定这两大奇迹相比，7.7 亿人 40 年内全部脱贫，这是中国创造的第三大奇迹。坚持把实现好、维护好、

---

[1]《中国共产党第十九届中央委员会第五次全体会议公报》，人民出版社 2020 年版，第 18 页。

发展好最广大人民根本利益作为发展的出发点和落脚点，尽力而为、量力而行，健全基本公共服务体系，完善共建共治共享的社会治理制度，扎实推动共同富裕，不断增强人民群众获得感、幸福感、安全感，促进人的全面发展和社会全面进步。"'十四五'末，全体人民共同富裕迈出坚实步伐，居民收入和实际消费水平差距逐步缩小；到 2035 年，全体人民共同富裕取得更为明显的实质性进展，基本公共服务实现均等化；到本世纪中叶，全体人民共同富裕基本实现，居民收入和实际消费水平差距缩小到合理区间"[1]。实现共同富裕这项工作"不能等"，"让人民群众真真切切感受到共同富裕不仅仅是一个口号，而是看得见、摸得着、真实可感的事实"[2]。我们要正确认识和把握实现共同富裕的战略目标和实践途径，"在高质量发展中促进共同富裕"，"构建初次分配、再分配、三次分配协调配套的基础性制度安排，加大税收、社保、转移支付等调节力度并提高精准性，扩大中等收入群体比重，增加低收入群体收入，合理调节高收入，取缔非法收入，形成中间大、两头小的橄榄型分配结构"[3]。共同富裕本身就是中国式现代化的重要特征之一。

三、作为超大型城市的上海主动服务新发展格局的战略定位

"有条件的地区可以率先探索有利于促进全国构建新发展格局的有效路径，发挥引领和带动作用"[4]。上海主动服务新发展格局的战略定位是，打造国内大循环的中心节点、国内国际双循环的战略链接。这要求，顺应国内外发展格局深刻调整，充分发挥超大型城市的辐射带动作用，调整优化城市空间格局、经济格局、城乡格局，进一步巩固上海对内对外开放两个扇面枢纽地位，进一步构筑未来发展的战略优势，更好地服务全国发展大局。

国内大循环包括生产领域的强大国内市场、分配领域的有序收支、流通

---

［1］《习近平谈治国理政》第 4 卷，外文出版社 2022 年版，第 142 页。

［2］《习近平谈治国理政》第 4 卷，外文出版社 2022 年版，第 171 页。

［3］《习近平谈治国理政》第 4 卷，外文出版社 2022 年版，第 144 页。

［4］习近平：《加快构建新发展格局　把握未来发展主动权》，《求是》2023 年第 8 期。

领域的正常运转以及消费领域的充分有效需求。在国内大循环的形成过程中，最为关键的还是激活国内有效需求。作为超大型城市，上海拥有巨大市场的优势，2023 年上海社会消费品零售总额达到 1.85 万亿元，一直居全国城市首位。解决有效需求不足问题需要生产、分配和流通等环节形成合力。畅通要素流动，构建统一大市场，上海要发挥排头兵的作用，在生产领域，要推动重点消费品更新升级，加大生产性服务业、生活性服务业的供给质量；在分配领域，深化社会保障体系的改革以及减税降费为主的收入分配制度改革，继续在国民收入分配结构上更多向居民倾斜，让居民真正有钱花、敢花钱。在流通领域，重点任务就是有效降低经济社会非市场交易成本，提高经济主体的边际收益率，更好地推动政府简政放权改革，在提高治理水平的同时，要进一步深化"放管服"改革。

随着上海建设具有世界影响力的社会主义现代化国际大都市，以及新型工业化、信息化、城镇化同步推进，超大规模内需潜力不断释放，为上海占据国内大循环的中心节点提供了广阔空间，尤其是各行业新的装备需求、人民群众新的消费需求、社会管理和公共服务新的民生需求。"上海制造"基于长期形成的传统优势和完整的工业体系，抢占制造业新一轮竞争制高点，重点打造先进制造业、生产性服务业、服务型制造业和绿色技术，在人工智能、集成电路、大数据与新一代信息技术、生物医药与生物工程等领域提前布局、引领新突破。上海作为"放管服"改革最先破题的地方，在简政放权、放管结合、优化服务上迈出实质步伐，从负面清单管理到"证照分离"，从"一网通办"到"一网统管"，上海一直都是"放管服"改革的前沿阵地，探索形成"放管服"改革的上海样本，初步建立现代化政府治理体系，以简政放权实现市场准入更精简，以精准服务实现政务服务更便捷。"放管服"改革的要义就在于转变政府管理模式，提升营商环境，为国内大循环的中心节点的形成增强了软实力。

与传统的国内循环不同，现代的国内大循环还表现为数字经济模式，其包含现代生产制造（无人工厂、工业互联网）、生产性服务业（电商零售、在线金融服务、在线展览展示、在线研发设计）和生活性服务业（在线教育、在线文娱、在线医疗、无接触配送、新型移动出行、远程办公），不仅涉及规模庞大的市场和众多复杂领域，而且需要大量科技创新企业作为纽带和平台，注重科技创新的示范应用，具有科技创新要素密集型特征。科创板更好地促进了金融资本和创新型经济的有机结合，助推金融资本和国内大循环"联姻"，培育更多连接生产、分配、流通、消费各国内大循环的环节的"硬核"上市资源。传统的以间接融资为主的方式以及传统资本市场以审批制为代表的运行、监管模式不能满足科技创新和现代大循环的需要。科创板建立起了科技、资本、实体经济、消费经济等之间畅通的循环机制，增强了国内大循环的经济动能。作为高新技术和高成长性企业的"赛马场"和"试金石"，科创板为国内大循环"硬核"企业提供了市场化的竞争平台和优胜劣汰机制。

第二节　上海加快构建新发展格局的环境与路径

一、打造国内大循环的中心节点、国内国际双循环的战略链接的环境分析

当今世界正经历百年未有之大变局，新一轮科技革命和产业变革深入发展，国际环境日趋复杂，不稳定性不确定性明显增加。上海作为我国改革开放的前沿窗口和对外依存度较高的国际大都市，既首当其冲受到外部环境深刻变化带来的严峻冲击，也面临着全球治理体系和经贸规则变动特别是我国深化对外开放带来的新机遇。

在构建新发展格局中，全国各地千帆竞发、百舸争流，上海面临着国家赋予更大使命、开展先行先试的新机遇。当前上海率先进入了高质量发展的新阶段，但对标中央要求、人民期盼，对照国际最高标准、最好水平，城市的国际影响力、竞争力和全球要素资源配置能力还不够强，新动能培育和关键核心技术突破还需下更大力气，城市管理、生态环境等方面仍需不断提升

品质，教育、医疗、养老等公共服务供给和保障水平有待进一步提升，人才、土地等要素资源对高质量发展的约束需要加快破解，应对潜在风险隐患对超大城市安全运行的挑战一刻也不能松懈。面向未来，必须统筹中华民族伟大复兴战略全局和世界百年未有之大变局，全面、辩证、长远地审视上海发展所面临的内外部环境，在更加开放的条件下实现更高质量的发展。要把上海未来发展放在中央对上海发展的战略定位上来谋划和推动，在全球政治经济格局深刻调整中更好地参与国际合作与竞争，助力国家在严峻的外部挑战中突出重围；放在经济全球化的大背景下来谋划和推动，在开放潮流中坚定不移融入世界，为我国深度参与引领全球经济治理作出应有贡献；放在全国发展的大格局中来谋划和推动，把握打造国内大循环的中心节点、国内国际双循环的战略链接的定位要求，充分发挥人才富集、科技水平高、制造业发达、产业链供应链基础好和市场潜力大等优势，更加主动服务全国构建新发展格局；放在国家对长三角发展的总体部署中来谋划和推动，充分发挥龙头带动作用，共同打造强劲活跃增长极，辐射带动更广大区域发展。

二、上海加快构建新发展格局的基本路径

顺应国内外发展格局深刻调整，上海要充分发挥经济中心城市的辐射带动作用，调整优化城市空间格局、经济格局、城乡格局，打造国内大循环的中心节点、国内国际双循环的战略链接，进一步构筑未来发展的战略优势。

（一）推动长三角高质量一体化发展

上海要发挥龙头带动作用，以一体化的思路举措为突破口，以联动畅通长三角循环为切入点，积极推动国内大循环、促进国内国际双循环。聚焦打造联通国际市场和国内市场的新平台，充分发挥浦东高水平改革开放的引领带动作用、自贸试验区及其临港新片区的试验田作用、长三角生态绿色一体化发展示范区的窗口示范作用，持续放大中国国际进口博览会溢出带动效应和虹桥国际开放枢纽功能，打造联动长三角、服务全国、辐射亚太的进出口商品集散地，推动贸易和投资自由化便利化，更好配置全球资源。聚焦打造一体化市场体系，着力打破行政壁垒，推动各类要素在更大范围畅通流动，加快建设上海大都市圈，推动长三角各地发展规划协同，促进更高水平区域分工协作。

（二）以五大新城规划建设优化空间新格局

新城是上海推动城市组团式发展，形成多中心、多层级、多节点的网络型城市群结构的重要战略空间。国务院批复的《上海市城市总体规划（2017—2035 年）》明确，将位于重要区域廊道上、发展基础较好的嘉定、青浦、松江、奉贤、南汇五个新城，培育成在长三角城市群中具有辐射带动作用的综合性节点城市。到 2035 年，五个新城各集聚 100 万左右常住人口，基本建成长三角地区具有辐射带动作用的综合性节点城市。到 2025 年，五个新城常住人口总规模达到 360 万，新城所在区的 GDP 总量达到 1.1 万亿元，基本形成独立的城市功能，在长三角城市网络中初步具备综合性节点城市的地位。具体表现为：一是城市产业能级大幅提升。高起点布局先进制造业和现代服务业，高浓度集聚各类创新要素，实现新增一批千亿级产业集群，新城中心初步具备上海城市副中心的功能能级，新城成为上海产业高质量发展的增长极、"五型经济"的重要承载区和产城融合发展的示范标杆。二是公共服务品质显著提高。拥有一批服务新城、辐射区域、特色明显的教育、医疗、文化、体育等高能级设施和优质资源，形成保障有力的多样化住房供应体系，基本实现普惠性公共服务优质均衡布局。三是交通枢纽地位初步确立。形成支撑"30、45、60"出行目标的综合交通体系基本框架，即30 分钟实现内部通勤及联系周边中心镇，45 分钟到达近沪城市、中心城和相邻新城，60 分钟衔接国际级枢纽。四是强化功能引领，全面提升新城城市综合竞争力。嘉定新城强化沪宁发展轴上的枢纽节点作用，建设国家智慧交通先导试验区，打造新能源和智能网联汽车、智能传感器、高性能医疗设备等产业集群。青浦新城承接支撑虹桥国际开放枢纽和长三角生态绿色一体化发展示范区重大功能，积极发展数字经济，形成创新研发、旅游休闲等具有竞争力的绿色产业体系。松江新城加强 G60 科创走廊战略引领作用，做大做强智能制造装备、电子信息等产业集群，发展文创旅游、影视传媒等特色功能。奉贤新城发挥上海南部滨江沿海发展走廊上的综合节点作用，打响"东方美谷"品牌，打造国际美丽健康产业策源地。南汇新城以"五个重要"为统领，构建集成电路、人工智能、生物医药、航空航天等"7+5+4"面向未来的创新产业体系，打造更具国际市场影响力和竞争力的特殊经济功能区。

（三）加快完善现代产业发展新格局

着眼于稳固产业链供应链价值链、增强经济发展韧性和动能、勇当科技和产业创新的开路先锋，上海要进一步优化产业结构、增长动力结构、市场主体结构和新业态结构。持续优化和推进以现代服务业为主体、战略性新兴产业为引领、先进制造业为支撑的现代产业体系建设，打好产业基础高级化、产业链现代化的攻坚战。持续优化消费、投资和出口三大动力结构，抢抓国内扩大内需的新机遇，完善现代流通体系，大力发展线上消费、体验消费、健康消费等新型消费，积极发展高端消费；构建系统完备、高效实用、智能绿色、安全可靠的现代化基础设施体系，扩大战略性新兴产业投资；推动对外投资和扩大出口更好结合，开拓多元化外贸市场。持续优化充满活力的市场环境，做强做优做大经济循环的各类市场主体，大力培育具有全球竞争力的世界一流企业，鼓励支持"在上海、为世界"，更好服务全球市场，全面提升配置国内国际资源的能力。持续打造代表未来都市经济发展方向的新业态结构，大力发展具有引领策源作用和增长潜力的创新型经济，大力发展辐射区域大、附加值高、具有品牌优势的服务型经济，大力发展更具全球影响力和产业控制力的更多功能、更高能级的总部型经济，大力发展融入全球产业链价值链中高端、体现高水平投资贸易便利化自由化的开放型经济，大力发展要素资源高频流动、高效配置、高效增值、线上线下融合联动的流量型经济。

（四）构建供给侧结构性改革的新格局

无论是党的二十大，还是二十届三中全会，都把科技创新放在突出位置。强化国家战略科技力量和增强产业链供应链自主可控能力，提升供给体系质量，这成为上海供给侧结构性改革的重点。瞄准新一代信息技术、人工智能、航空航天、新能源、新材料、高端装备、生物医药、量子科技等前沿领域，着力解决制约国家发展和安全的重大难题，推动科研力量优化配置和资源共享。发挥企业在科技创新中的主体作用，支持领军企业组建创新联合体。完善激励机制和科技评价机制，落实好攻关任务"揭榜挂帅"等机制。实施好关键核心技术攻关工程，尽快解决一批"卡脖子"问题。实施好产业链基础再造工程。加强顶层设计、应用牵引、整机带动，强化共性技术供给，深入实施质量提升行动。

（五）在需求侧扩大内需以形成强大国内市场

在消费需求上，坚持扩大内需这个战略基点，形成强大国内市场。一方面，以促进就业、完善社保、优化收入分配结构、扩大中等收入群体和扎实推进共同富裕为突破口扩大消费，尤其要构建居民可支配收入持续增长的长效机制；完善按要素分配政策制度，健全各类生产要素由市场决定报酬的机制。合理增加公共消费，提高教育、医疗、养老、育幼等公共服务支出效率。另一方面，要把扩大消费同改善人民生活品质结合起来，尤其是要解决好大城市住房突出问题，坚持住房"只住不炒"的基本定位，促进房地产市场平稳健康发展，在保障性租赁住房建设、加快完善长租房政策等方面增加制度供给。

在投资需求上，切实增强投资增长后劲，形成市场主导的投资内生增长机制，发挥中央预算内投资的外溢效应和乘数效应，尤其是数字经济、新型基础设施投资、制造业设备更新和技术改造投资等重点领域。紧盯战略性新兴产业，发挥集成电路、生物医药、人工智能三大产业引领作用和促进电子信息、生命健康、新能源与智能汽车、高端装备、新材料、现代消费品六大重点产业集群发展；加快发展现代服务业；促进数字经济的创新发展，推动数字产业化和产业数字化高质量发展，推动数字经济和实体经济深度融合。

（六）全面推进改革开放的系统集成

全面推进改革开放的系统集成是构建新发展格局的重要支撑。党的二十届三中全会部署了完善高水平对外开放体制机制的改革任务，坚持以开放促改革，深化外贸体制改革，以及外商投资和对外投资管理体制改革。[1]一是以要素市场体制机制改革为重点激发各类市场主体活力。持续优化市场化法治化国际化营商环境，形成高效规范、公平竞争的国内统一市场，实施统一的市场准入负面清单制度。二是实行高水平对外开放，以制度型开放推动改革和开放相互促进。由商品和要素流动型开放向规则标准等制度型开放转变，意味着更深领域、更加全面、更加系统的改革开放，尤其是在中国正式加入全球最大的自贸区 RCEP（区域全面经济伙伴关系协定）和积极考虑加入 CPTPP（全面与进步跨太平洋伙伴关系协定）之后。基于中国与东亚地区产业链的区域化网络特征，要充分利用 RCEP 高水平对外开放机制，促进中国与区域内各经济体的商品、服务和各类要素自由流动，加速产业链供应链深度融合，推动中国对接国际经贸规则。近十年来，全球双边或区域自由贸易协定加速重构国际经贸新规则，高标准国际经贸新规则和新议题不断涌现，呈现出开放政策制度由边境向边境内延伸、开放政策制度体系的系统集成程度更高、开放政策制度由标准化向定制化转变等新的特征和趋势。我国要在国际经贸规则重构中争取主动，从国内制度层面进行系统性改革，稳步扩大制度型开放。

第三节　上海加快构建新发展格局的政策体系

一、强化全球资源配置功能

习近平总书记要求上海强化全球资源配置、科技创新策源、高端产业引领、开放枢纽门户"四大功能"，为推动经济高质量发展，提升城市能级指明了方向。十一届上海市委八次全会对此作为了专门部署，把强化"四大功

---

[1]《中共中央关于进一步全面深化改革推进中国式现代化的决定》，人民出版社 2024 年版，第 25—27 页。

能"与落实重大战略任务紧密结合。上海市第十二次党代会报告再次强调，"以强化'四大功能'为主攻方向"。

全球资源配置功能的核心在于对全球战略性资源、战略性产业和战略性通道具有控制力与影响力。一方面，全球城市体系的核心节点必须要具有现代产业体系，这是上海全球资源配置功能的基础。上海现代产业体系不仅要实现实体经济、科技创新、现代金融、人力资源的协同发展，而且要求结构优化，即以现代服务业为主体、战略性新兴产业为引领、先进制造业为支撑。在发挥全球配置资源功能时，充分发挥自身比较优势，防止产业结构形态虚高，防止资源、资金、资产脱实转虚。上海的制造业增加值占全市生产总值比重要求保持在25%左右，战略性新兴产业增加值要占全市GDP的20%以上，生产性服务业增加值占服务业增加值2/3左右。另一方面，吸纳全球的高端人才、资本、信息、技术等战略资源加速集聚，促进战略资源交易交换交流，作为全球城市体系的核心节点，要增强对资源要素流量的管控和增值能力，推动上海在全球产业链、价值链、创新链、人才链、服务链中，占据更多的高端环节，成为全球资金、信息、人才、科技等要素流动的重要枢纽。

强化全球资源配置能力，要显著提升上海国际金融中心能级，推动国际金融资产交易平台建设，构建更具国际竞争力的金融市场体系、金融机构体系和业务创新体系。大力发展直接融资，强化资本市场服务境内外企业的主平台作用。推进人民币国际化先行先试，完善外汇管理体制，加快全球资产管理中心建设，积极推动债券市场建设，提升"上海金""上海油"等基准价格国际影响力。积极争取数字货币运用试点，加快推进上海金融科技中心建设，构建联通全球的数字化金融基础设施，提高金融风险防范能力。

强化全球资源配置能力，要推进上海国际贸易中心枢纽功能实现全面跃升。充分利用RCEP等自贸协定，建设新型国际贸易先行示范区，发展数字贸易、知识密集型服务贸易，实现离岸贸易创新突破，统筹发展在岸业务和离岸业务，建设国际消费中心城市，全面建成国际会展之都。建设全球领先的国际航运中心，完善港航服务功能，推动全产业链融合发展，提升多式联运服务比重，促进航运服务业提质增效，优化具有国际竞争力的港航创新创业环境，提升港航业智能化和低碳化发展水平，积极参与国际航运事务治理，加快同长三角其他省份共建辐射全球的航运枢纽，引领长三角世界级港口群协调发展。提升全球海洋中心城市能级，服务海洋强国战略。

科技创新中心是上海吸引和配置全球高端资源的核心平台。上海要更加注重科技创新资源密集、科技创新活动集中、科技创新人才聚集，以及全球新技术和新兴产业的策源地的功能建设。为构建全球创新网络重要枢纽，一方面，夯实重大共性技术和关键核心技术攻关，在基础科技领域取得大的进展，在关键核心技术领域实现大的突破；另一方面，将上海打造成为全球学术新思想、科学新发现、技术新发明、产业新方向的重要策源地，积极主动参与全球科技协同创新。

高效的制度供给是上海全球高端资源配置功能的保障。增强上海全球资源配置功能，需要以高水平制度供给破除制约因素，促进全球高端资源要素在这里高效流动、高效配置、高效增值。走创新和开放双轮驱动的发展道路，培育以资本、技术、品牌、质量、服务为核心的竞争新优势，形成一批具有全球竞争力的现代产业，其制度供给体系和治理体系集中于全球金融网络、贸易投资网络、航运资源配置、技术创新网络的构建与保障。

二、强化科技创新策源功能

创新型经济是上海经济的鲜明特征和显著优势，是成为国内大循环的中心节点、国内国际双循环的战略链接的支撑点，是更好地代表国家参与国际竞争合作的重要着力点。上海要建成卓越的全球城市和具有世界影响力的社会主义现代化国际大都市，首要任务就是打造创新之城。当前，上海形成了科技创新中心基本框架体系，创新人才、创新要素、创新企业、创新组织数量和质量位居全国前列，科技进步贡献率全面提升。英国《自然》杂志发布的《2023自然指数—科研城市》显示，上海在全球科研城市中排名第三。

　　突出国家重大战略任务需求导向，进一步提高张江综合性国家科学中心的集中度和显示度，加紧布局一批国家技术创新中心，牵头和参与实施一批国际大科学计划和大科学工程，加强重大科学问题前瞻研究和重要基础学科专业建设，提升原始创新能力，形成一批基础研究和应用基础研究重大原创成果。一方面，瞄准世界重大前沿技术，实现技术领跑，解决"卡脖子"技术难题，在天宫、北斗、天眼、蛟龙、墨子号和大飞机等重大科技前沿领域异军突起。另一方面，打造一批全国领先、具有国际竞争力的重大科技基础设施，尤其是"一个中心、三个一批"，即张江综合性国家科学中心、一批共性技术研发与转化平台、一批科创中心承载区、一批众创空间。张江综合性国家科学中心在光子领域形成了世界级重大科技基础设施集群，并与上海光源、活细胞成像、神光等设施初步形成全球规模最大、种类最全、综合能力最强的光子大科学设施群。一批代表世界科技前沿发展方向的新型研发机构集聚上海，如李政道研究所、量子科学中心、上海期智研究院、上海树图区块链研究院、上海人工智能实验室等，有力夯实了上海在人工智能、量子计算、区块链等领域的可持续创新能力。上海强化科技创新策源功能，不只是为了实现自身发展，更重要的是代表国家参与国际竞争合作。

　　上海创新型经济的鲜明特征就是基本形成了以现代服务业为主体、战略性新兴产业为引领、先进制造业为支撑的现代产业体系。上海在蓝天梦、中国芯、创新药、智能造、未来车、数据港等新兴产业上加速布局，并取得显著成效。例如，由总部位于上海的商飞公司自主研制的大飞机 C919 成功飞上蓝天；上海在全国率先启动建立公里级高温超导电缆应用示范工程；集成电路、人工智能、生物医药三大先导产业"上海方案"已获国家批准实施，2023 年三大先导产业规模达到 1.6 万亿元。目前，上海全社会研发投入占 GDP 比重超过 4%，节能环保、新一代信息技术、生物、高端装备、新能源、新能源汽车、新材料等工业战略性新兴产业的工业总产值占全市规模以上工业总产值比重超过 33%。上海正全力推动城市数字化转型，全面打造数字产业化和产业数字化高地，构筑城市未来发展战略新优势。

作为创新之城，上海特别重视为创新型头部企业大展身手提供丰沃的"土壤"和"养料"，加速创新企业、创新机构的集聚。例如，在2015、2018和2020年三次与阿里巴巴集团、蚂蚁集团开展深度合作，聚焦云计算、人工智能、区块链等新技术研发与应用，基于阿里巴巴上海研发中心、阿里新零售中心、蚂蚁科技中心等创新平台，围绕数字经济、数字新基建、金融科技、跨境业务、数字生活等领域扩展新业务、创造新业态、探索新模式。华为青浦研发中心项目成功实施，聚焦集成电路、软件和信息服务业、物联网、车联网、工业互联网、智慧城市示范应用等领域，打造华为全球创新基地。落户上海的国内规模最大的互联网音频分享平台——喜马拉雅——为上千万音频内容创作者提供了就业创业机会。

坚持制度创新改革，建立符合创新规律的政府管理制度、建立积极灵活的创新人才发展制度、健全企业主体的创新投入制度、构建市场导向的科技成果转移转化机制、推动形成跨境融合的开放创新机制等，这些举措为创新型经济升级保驾护航。从2015年的《关于加快建设具有全球影响力的科技创新中心的意见》（"科创22条"），到2020年《上海市推进科技创新中心建设条例》的施行，都为上海科创中心建设构建了更具竞争力的法治环境。上海还正在打造超一流的营商环境。2020年《上海市全面深化国际一流营商环境建设实施方案》要求的以"一网通办""一表申请、一窗发放""证照分离"全覆盖、市场准入负面清单制度为重点的36条措施全面落实，并将对实施《优化营商环境条例》情况进行全面评估，兼顾指标水平评价与工作绩效评价，加快打造体现上海创新型经济需求的营商环境评估"上海样本"。

三、强化高端产业引领功能

加快先进制造业与现代服务业融合发展，强化"高端、数字、融合、集群、品牌"的产业发展策略，加快产业链供应链锻长板、补短板，努力掌握产业链核心环节、占据价值链高端地位。大力发展知识密集型服务业，加快做强专业服务、信息服务、科技服务、文化创意等优势服务业，培育数字内容、在线服务、文体娱乐等新兴服务业，推动生产性服务业向专业化和价值链高端延伸，推动生活性服务业向高品质和多样化升级。推动三大先导产业规模倍增，加快提升六大重点产业能级，打造具有国际竞争力的高端产业集群，推进特色产业园区建设。

以全产业链招商打造更有竞争力的主导产业。围绕补链、扩链、强链进行精准招商、定点招商、出海招商、全球招商。这意味着上海营商环境的显著改善推动招商引资进入了新的高质量发展阶段——全产业链招商。产业链是上下游各个产业部门之间的技术经济关联，表现为具有内在联系的企业群结构，其不仅包含价值链、企业链，而且包含供需链和空间链。上游环节向下游环节输送产品或服务，下游环节向上游环节反馈信息。这种内在的"对接机制"就像一只"无形之手"，调控着产业链的形成和运行。全产业链招商，顾名思义，就是要按照产业发展的规律来招商，把产业链中的上、中、下游相关企业，关联成一个大的产业集群，彼此间互通标准、互通信息、互相服务，既可降低成本，也能增强抵御市场风险的能力。只有全链条地引进一批具有先进技术和广阔前景的产业，才能培育出竞争力强的产业集群，提高市场占有度和话语权。全产业链招商，是上海打造产业新优势、培育增长新动能的必要手段。可以说，上海已经初尝全产业链招商带来的红利。比如，嘉定区围绕打造万亿元级"汽车产业"集群，培育"集成电路及物联网"和"高性能医疗设备及精准医疗"两个千亿元级产业集群；在临港新片区，集成电路设计、制造、封装测试、设备材料、EDA等领域的企业都能拥有良好的发展空间。

全产业链不仅是资产链，使资源在产业链不同环节配置从而更加有效率，而且是运营协同链，需要立体化多方位的营商环境支撑。从孵化、研发到制造、产业化和后期服务，上海都要为企业提供符合全产业链要求的承载空间和服务体系。在营商环境上，对初创型企业，提供包括研发、楼宇、人才政策支持；对扩大生产型企业，要有诸如技术改造的扩大再生产政策支撑；对于企业"引进来"，探索放宽外资准入、跨境资金流动、外籍人才出入境等政策供给；对于企业"走出去"，要在进出口、融资方面提供更好服务。实施全产业链发展模式，旨在提升主导产业在全球的综合竞争力，吸引和集聚全球的高端资源和要素，对产业链关键环节"填空补强"。

四、强化开放枢纽门户功能

开放是上海的最大优势。在强化开放枢纽门户功能上，一是打造联通全球的网络枢纽新高地，持续推进以枢纽型、功能性、网络化和智能化为特征的超大城市现代化基础设施体系建设，构筑各类有形和无形网络通道；二是建设最具影响力的世界级航空枢纽，全力拓展亚洲最高水平的洲际航线网络，巩固和提升上海航空货运枢纽港地位；三是打造全球数据汇聚流转枢纽平台，加快建设国际数据港，率先探索数据本地存储、数据跨境传输等制度规范，在生产制造、航运物流、跨境贸易、金融服务等领域推进数据安全高效流动。

强化开放枢纽门户功能要与实施扩大内需战略和创新驱动发展战略更好结合，增强高质量发展的动力。通过高水平对内开放优化城市空间布局，构建新型工业化、新型城镇化和区域协调发展的新格局，带动上海和长三角的企业在全球产业链、价值链、创新链、人才链、资金链的跃升，在全球迈向更高位置。制造强国、贸易强国、数字中国等都需要高水平开放体制的支撑，从以货物贸易为主向货物和服务贸易、数字贸易协调发展转变，从依靠模仿跟随向依靠创新创造转变，从"大进大出"向"优进优出"转变。我国进入了消费规模持续扩大、消费结构加快升级的新阶段，中等收入群体不断扩大，消费需求多样性日益增长，要通过提高供给体系质量、合理扩大高品质消费品和服务进口，丰富国内消费选择，满足人民群众个性化、多元化、差异化需求。

党的二十届三中全会《决定》指出，"开放是中国式现代化的鲜明标识"。依托我国超大规模市场优势，在扩大国际合作中提升开放能力，建设更高水平开放型经济新体制。[1] 作为开放的前沿阵地，上海要加大开放制

---

[1]《中共中央关于进一步全面深化改革推进中国式现代化的决定》，人民出版社 2024 年版，第 25 页。

度创新。例如，实行更高水平的贸易和投资自由化便利化政策，全面实行准入前国民待遇加负面清单管理制度，更广领域扩大外资市场准入，扩大服务业对外开放；赋予上海自由贸易试验区及其临港新片区更大开放自主权；加强知识产权保护国际合作，保护外商投资合法权益，更加有效地扩大国际合作包括国际宏观经济政策协调。具体的突破口主要体现在两个方面：

（一）打造社会主义现代化建设引领区和更高水平改革开放的开路先锋

30 多年来，上海浦东成为"中国改革开放的象征"和"上海现代化建设的缩影"。2021 年 7 月，中共中央、国务院发布《关于支持浦东新区高水平改革开放打造社会主义现代化建设引领区的意见》，提出支持浦东新区高水平改革开放打造社会主义现代化建设引领区，成为更高水平改革开放的开路先锋、全面建设社会主义现代化国家的排头兵。首先，实施更高水平和更高质量的开放，打造全球高端资源要素集聚地，尤其是上海国际金融中心的核心功能区建设，实现上海国际金融中心的能级提升，形成现代服务业核心体系；"加快建设上海国际金融中心"也写入了党的二十届三中全会《决定》。[1] 上海自由贸易试验区要打造成以自由贸易投资为核心功能的世界转口贸易中心，临港新片区打造成以离岸为核心功能的贸易和金融中心，张江科学城和临港新片区携手打造成科技创新中心与现代产业体系一体化的核心承载区。其次，打造世界级人工智能、集成电路、生物医药产业集群。世界经济竞争日益集中于数字经济和人工智能经济领域，以张江人工智能岛和临港国际智能制造中心为载体，加快工业互联网、人工智能技术发展，建设世界级人工智能创新应用先导区。以新一代信息技术应用为依托，建设世界级数据中心和数字经济集聚区。加大力度集聚集成电路产业，以上海集成电路设计产业园建设为基地，集聚千家企业、汇聚十万人才、形成千亿规模。促进创新药产业集聚，提升张江创新药产业基地、张江医疗器械产业基地等

---

[1]《中共中央关于进一步全面深化改革推进中国式现代化的决定》，人民出版社 2024 年版，第 21 页。

10 平方公里的产业园能级。最后，浦东新区还在打造大飞机和现代汽车为特色的高端制造集聚区，抢占新能源、智能网联汽车，特斯拉超级工厂等具有较强国际市场影响力和竞争力的先进制造业。

（二）以高水平制度型开放推进进一步全面深化改革

稳步扩大制度型开放，成为党的二十届三中全会《决定》中完善高水平对外开放体制机制重大举措的首要任务。[1] 上海进入了以制度型开放为主的新阶段，在改革系统集成协同高效上率先试出经验，推动各方面制度更加成熟更加定型，这尤其需要着力推动规则、规制、管理、标准等制度型开放，提供高水平制度供给。由商品和要素流动型开放，向规则标准等制度型开放转变，不仅意味着更深领域、更加全面、更加系统的开放，而且是建设更高水平开放型经济新体制的必然选择，更是积极参与国际经济治理体系改革的重要举措。目前我国关税总水平已经接近发达国家水平，低于发展中国家关税税率平均水平。高水平制度型开放是商品和要素流动型开放的自然延伸。一方面，服务业为主的增长结构特征依赖于高水平制度型开放。目前，上海的第三产业增加值占 GDP 比重超过 70%，推进规则、规制、标准、管理等制度型开放，是形成以服务经济为重点高水平开放新格局的内在需求，并成为服务经济领域改革系统集成的引擎。对内对标国际最高水平的开放，在商事、投资、贸易、事中事后监管、行业管理制度等重点领域推进系统集成改革。对外推进服务业领域规则、规制、管理、标准等更大程度开放与国际接轨。另一方面，国际经贸规则重构新趋势倒逼我国高水平制度型开放。发达国家主导的高标准国际经贸新规则和新议题不断涌现，呈现出开放政策制度由边境向边境内延伸、开放政策制度体系的系统集成程度更高、开放政策制度由标准化向定制化转变等新的特征和趋势。我国要在国际经贸规则重构中争取主动，高水平制度型开放是关键环节。

---

[1]《中共中央关于进一步全面深化改革推进中国式现代化的决定》，人民出版社 2024年版，第 25 页。

第三章

新发展格局与加快形成新质生产力

　　作为现代产业体系的标签，新质生产力是创新尤其是以颠覆性技术和前沿技术创新起主导作用，摆脱传统经济增长方式、生产力发展路径，具有高科技、高效能、高质量特征，符合新发展理念的先进生产力质态。2023 年 9 月，习近平总书记在东北考察时首次提出新质生产力这个全新概念。新质生产力是马克思主义生产力理论在当代中国的新发展。2023 年 12 月，中央经济工作会议强调，要以科技创新推动产业创新，特别是以颠覆性技术和前沿技术催生新产业、新模式、新动能，发展新质生产力。这涉及新质生产力的实现载体。2024 年 1 月中共中央政治局第十一次集体学习强调发展新质生产力是推动高质量发展的内在要求和重要着力点，对新质生产力的内涵、结构、质态、载体和新型生产关系都作了科学阐述。高质量发展需要新的生产力理论来指导，而新质生产力已经在实践中形成并展示出对高质量发展的强劲推动力、支撑力，需要从理论上进行总结、概括，用以指导新的发展实践。2024 年 3 月，习近平总书记参加十四届全国人大二次会议江苏代表团审议，再次对发展新质生产力的方法论进行了深刻阐述：一方面要因地制宜发展新质生产力，要突出构建以先进制造业为骨干的现代化产业体系这个重点，以科技创新为引领，统筹推进传统产业升级、新兴产业壮大、未来产业培育；另一方面，发展新质生产力不是忽视、放弃传统产业，要防止一哄而上、泡沫化，也不要搞一种模式。2024 年的政府工作报告将大力推进现代化产业体系建设、加快发展新质生产力作为首要任务，要求充分发挥创新主导作用，以科技创新推动产业创新，加快推进新型工业化，提高全要素生产率，不断创造发展新动能新优势，促进社会生产力实现新的跃升。党的二十届三中全会《决定》提出健全因地制宜发展新质生产力体制机制，推动技术革命性突破、生产要素创新性配置、产业深度转型升级，推动劳动者、劳动资料、劳动对象优化组合和更新跃升，催生新产业、新模式、新动能。[1]

第一节　文献综述

随着新质生产力这一新概念的提出，学术界开始探讨新质生产力的理论内涵、形成机理和政策支撑，尤其是加快形成新质生产力的重大意义和主攻方向（洪银兴等，2024；林毅夫等，2024）。新质生产力是马克思主义政治经济学中国化的重要产物，是高质量发展的重要着力点，要想加快形成新质生产力，要从制度、科技创新、人才、产业和市场发展等多方面着手（黄群慧，2024），做好创新这篇大文章。新质生产力本质上是一种生产力理论的跃升，因此新质生产力的分析和度量要基于生产力理论及其度量方法。生产力的度量通常可分为增长会计法和经济计量法两大类（郭庆旺等，2005）；Solow（1957）基于生产函数，使用残差来定义全要素生产率，将产出增长率中除要素投入增长率以外的部分解释为技术进步。Solow 的方法可能存在测量误差，为了解决该问题，人们开始使用经济计量模型估计全要素生产率。Olley 和 Pakes（1996）采用 OP 法，即使用企业的当期投资作为生产率冲击的代理变量，还有学者使用中间投入品指标作为代理变量（Levinsohn & Petrin，2003），为了克服其中的内生性问题，Blundell 和 Bond（1998）使用了一种广义矩方法。学术界对科技创新促进生产力增长的机制理论有着长期积累，对于科技创新的测度也有着多种方法尤其是科技投入和专利授权量。例如，李光龙和范贤贤（2019）采用各城市专利申请授权量作为科技创

---

[1] 《中共中央关于进一步全面深化改革、推进中国式现代化的决定》，人民出版社 2024 年版，第 10 页。

新的代理变量，刘思明等（2019）从创新资源、知识创新、企业创新和协同创新等维度构建科技创新指标体系，还有不少学者采用数据包络法（DEA）计算创新效率和环境效率（官建成和陈凯华，2009；Xu et al.，2022；Bai et al.，2023）。

新质生产力与传统生产力有着本质区别，例如，从驱动力来看，传统生产力的驱动力主要依赖于劳动、资本、土地要素，新质生产力的驱动力是先进技术和数据要素。从表现结果来看，传统生产力以产值来衡量，而新质生产力以产业创新以及能否构筑新的竞争优势为尺度。因此，基于新质生产力的质态，创新度量方法就成为本章的重点任务，只有对新质生产力进行合理度量才能更好的理解新质生产力的结构特征、变化趋势和支撑政策。本章以下内容是这样安排的：第二节系统地梳理和阐明新质生产力的性质、形态、结构和生产关系；第三节采用两种方法测度我国新质生产力，从地区层面和行业层面揭示新质生产力的变化特征；第四节从新质生产力的三个着力点来实证检验新质生产力的决定因素及其变动趋势；最后是结论及政策含义。

第二节　新质生产力的质态与结构

一、新质生产力的性质

按照马克思主义基本原理，无论是生产力人的因素，还是生产力物的因素，它们都与科学技术密切相关，马克思就指出，"生产力中也包括科学"[1]，邓小平同志强调，"科学技术是生产力，而且是第一生产力"[2]。生产力的要素随着科学技术的不同发展层级而不断跃升。当新的科学技术实现突破、发生质变，必然引发生产力要素的变革，从而产生新质生产力。新质生产力就是以先进技术为主要投入要素，以战略性新兴产业和未来产业为核

---

[1]《马克思恩格斯全集》第31卷，人民出版社1998年版，第94页。
[2]《邓小平文选》第3卷，人民出版社1993年版，第275页。

心载体，以新技术、新服务、新产业为主要内涵，符合高质量发展要求的生产力。加快形成新质生产力，不仅意味着以科技创新为主要驱动力，更体现了以产业创新构筑新竞争优势、赢得发展的主动权。新质生产力的提出，指明了我国经济高质量发展的着力点，丰富和发展了马克思主义生产力理论。

当新的科学技术实现突破、发生质变，必然引发生产力要素的变革，从而产生新质生产力。因此，新质生产力就是以先进技术为主要投入要素，以战略性新兴产业和未来产业为核心载体，以新技术、新服务、新产业为主要内涵，符合高质量发展要求的生产力。加快形成新质生产力，不仅意味着以科技创新为主要驱动力，更体现了以产业创新构筑新竞争优势、赢得发展的主动权。新质生产力由技术革命性突破、生产要素创新性配置、产业深度转型升级而催生，以劳动者、劳动资料、劳动对象及其优化组合的跃升为基本内涵，以全要素生产率大幅提升为核心标志，特点是创新，关键在质优，本质是先进生产力。新质生产力与传统生产力的显著区别就在于要素的驱动力不同，新质生产力主要依靠科技创新尤其是前沿颠覆性技术及其应用为重要驱动力，表现出来的就是经济新产业、新模式、新业态，占据未来产业制高点，其中新技术和数据要素日益成为最主要的投入。

我国正在按照党的二十届三中全会的部署，因地制宜发展新质生产力，加快形成同新质生产力更相适应的生产关系，完善推动新一代信息技术、人工智能、航空航天、新能源、新材料、高端装备、生物医药、量子科技等战略性产业发展政策和治理体系，加强新领域新赛道制度供给，建立未来产业投入增长机制。[1]如今的现代化企业车间，代替生产线上工人的是数百上千有条不紊地运转的机器人。世界各国都在加大科技创新力度，推动移动互联网、云计算、大数据、区块链、人工智能的应用，正在重构产业的全球价值链。我国在人工智能、云计算、大数据、区块链、量子信息等新兴技术跻

---

[1]《中共中央关于进一步全面深化改革、推进中国式现代化的决定》，人民出版社2024年版，第11页。

身全球第一梯队，数字经济规模稳居世界第二。加快形成新质生产力的着力点就是瞄准新一轮科技革命和产业变革的突破方向，布局新领域、开辟新赛道、增强新动能、创造新优势、抢占未来产业制高点。依靠原创性、前沿性和颠覆性新技术创造新产业，进而占据全球产业链的高端位置，这是新质生产力促进高质量发展的基本运行规律。

二、发展新质生产力的形态及其结构

科技创新能够催生新产业、新模式、新动能，是发展新质生产力的核心要素。必须加强科技创新特别是原创性、颠覆性科技创新，加快实现高水平科技自立自强，打好关键核心技术攻坚战，使原创性、颠覆性科技创新成果竞相涌现，培育发展新质生产力的新动能。从前沿技术和颠覆性技术到现实生产力，中间就需要及时将科技创新成果应用到具体产业和产业链上，改造提升传统产业，培育壮大新兴产业，布局建设未来产业，完善现代化产业体系。据此，加快发展新质生产力包括四个着力点，这也就构成了新质生产力的结构：

一是改造传统产业，推动产业链供应链优化升级。重点是实施制造业重点产业链高质量发展行动，增强产业链供应链韧性和竞争力，推动传统产业高端化、智能化、绿色化转型。具体举措包括：补齐基础零部件及元器件、基础软件、基础材料、基础工艺和产业技术基础等瓶颈短板；提升高铁、电力装备、新能源、船舶等领域全产业链竞争力；在集成电路、航空航天、船舶与海洋工程装备、机器人、先进轨道交通装备、先进电力装备、工程机械、高端数控机床、医药及医疗设备等领域，以集群发展实现产业创新。

二是壮大新兴产业，推动战略性新兴产业融合集群发展。聚焦新一代信息技术、人工智能、航空航天、新能源、新材料、高端装备、生物医药、量子科技等，加快布局新一批战略性新兴产业，以集群发展方式壮大各产业集群。

三是培育未来产业，抢占新的产业赛道。在类脑智能、量子信息、基因技术、未来网络、深海空天开发、氢能与储能等前沿科技和产业变革领域谋划布局一批未来产业。抢占新兴氢能、新材料、创新药等产业新赛道，积极打造生物制造、商业航天、低空经济等新产业引擎。

四是加快推进数字经济创新发展。一方面，推动数字产业化，壮大数字部门。聚焦高端芯片、操作系统、人工智能关键算法、传感器等关键领域，加快推进基础理论、基础算法、装备材料等研发突破与迭代应用，加快形成全国一体化算力体系，培育算力产业生态。另一方面，推进产业数字化转型。深化大数据、人工智能等研发应用，开展"人工智能+"行动。此外，加快发展数字新产业。在数字知识生产、智慧新零售、智能出行、数字娱乐、智慧健康等领域不断涌现出新的应用场景和产业生态，加快形成第三方大数据服务产业。

三、新质生产力的新型生产关系

习近平总书记在 2024 年 1 月的中共中央政治局第十一次集体学习时强调：生产关系必须与生产力发展要求相适应。[1]发展新质生产力，必须进一步全面深化改革开放，形成与之相适应的新型生产关系，尤其要深化教育体制、科技体制和人才体制等改革，要求畅通教育、科技、人才的良性循环，形成一体化的创新链、产业链、人才链。着力打通束缚新质生产力发展的堵点卡点，创新生产要素配置方式，让各类先进优质生产要素向发展新质生产力顺畅流动。加快完善产权保护、市场准入、公平竞争、社会信用等市场经济基础制度，服务好科技创新主体。要扩大高水平对外开放，形成科技国际合作新局面。党的二十大报告提出："必须坚持科技是第一生产力、人才是第一资源、创新是第一动力"[2]。厚植新质生产力对创新人才培养提出更高要求，涉及科研组织方式、科技评价、成果转化与产业化等一系列深层次改革。

新质生产力物的因素主要表现为新技术、新服务、新产业，而人的因素

---

[1]《加快发展新质生产力　扎实推进高质量发展》，《人民日报》2024 年 2 月 2 日。
[2] 习近平：《高举中国特色社会主义伟大旗帜　为全面建设社会主义现代化国家而团结奋斗》，人民出版社 2022 年版，第 33 页。

就是人才资源，新质生产力归根到底还是要依赖于人才的创新能力。我国是人力资源大国，研发人员总量稳居世界首位，研发经费投入强度超过欧盟国家平均水平；全球创新指数排名升至第 11 位；北京、上海、粤港澳大湾区三大国际科技创新中心跻身全球科技创新集群前 10 位。面对世界科技和人才的激烈竞争格局，党的二十大报告提出"教育、科技、人才是全面建设社会主义现代化国家的基础性、战略性支撑"[1]，显然，这也是新质生产力的基础性、战略性驱动力。到 2035 年我国要建成教育强国、科技强国、人才强国，全面构建创新型人才培养体系，其重点在高等教育。我国正在着力发展支撑引领国家战略实施的高等教育，在全面提高人才自主培养质量、造就拔尖创新人才上先行先试，瞄准世界科技前沿，提升基础学科、新兴学科以及交叉学科能级，推进科研组织和模式创新，激发前沿性创新、原始性创新和颠覆性创新能力。

第三节　新质生产力的测量方法、水平及其变化特征

一、新质生产力的测度方法
（一）样本及数据

党的十八大以来，我国聚焦发展新一代信息技术、生物技术、先进制造、高端装备、新能源、新材料等战略性新兴产业，实施融合集群发展模式，加快形成新质生产力，增强发展新动能。它们在新质生产力中占据举足轻重的地位。基于数据的可得性，本章选择集成电路行业、电子与通信设备类行业、计算机及办公设备类行业、医药和医疗仪器类行业来测度新质生产力水平。具体包括集成电路制造、电子及通信设备制造、通信终端设备制造、其他电子设备制造、计算机外围设备制造、电子器件制造、计算机整机

---

[1]　习近平：《高举中国特色社会主义伟大旗帜　为全面建设社会主义现代化国家而团结奋斗》，人民出版社 2022 年版，第 33 页。

制造、计算机及办公设备制造、化学药品制造、中成药制造、医疗仪器仪表制造、医疗设备及器械制造 12 个行业。

在我国新质生产力体系中，电子及通信设备类行业占据着核心地位。根据中国高技术产业统计年鉴的数据，2022 年，电子及通信设备制造业营业收入达到近 15 万亿元，占高技术产业总营业收入三分之二；企业数量超 2.7 万家，占高技术产业总企业数的 55%。在该行业的部分科技领域，我国已经具备了国际领先优势。例如，在 5G 技术商用化领域，无论是网络规模建设、标准制定的数量，还是应用创新，都走在世界前列。目前，我国 5G 基站建设总量已超过 285 万个，移动物联网终端用户超过 20 亿，5G 技术已渗透到国民经济 97 个大类中的各个领域，应用场景超过 5 万个（徐佩玉，2023），对制造业生产运营模式转型、智慧交通体系构建、移动支付等关键领域产生了广泛且深远的影响。生物医药类行业作为高技术、高效能的新质生产力产业，已成为我国高质量发展的重要支撑。该行业已由传统的药品生产模式向生物技术前沿、创新药物研发和现代医疗器械制造方向加速转型。早在 2016 年国务院就颁布了《仿制药质量和疗效一致性评价》，旨在支持新药创新研究与开发，推动行业由"以仿为主"整体向"仿创结合"的跨越，医疗器械产业也正在从传统产品快速朝着中高端产品迈进，特别是医用影像设备（包括 CT、MRI）、先进超声诊断设备、内窥镜器材等。我国计算机及办公设备类行业在国际产业链供应链中处于不可或缺的地位，处在中高端位置，像华为、小米等中国自有品牌已跻身国际前列。从 2023 年 PCT 专利申请数量来看，中国排名前五的技术领域是计算机技术、数字通信、电气机械、医疗技术和制药，它们的申请量约占当年公布 PCT 申请总量的 2/5（谷业凯，2024）。其创新能力充分体现了新质生产力的状态。

新质生产力是以先进技术作为主要投入要素，笔者以企业的技术引进、购买国内技术以及技术改造作为企业技术升级的主要路径，以新产品的研发及市场化作为企业技术创新、开发与应用效能的主要体现。相对应地，将企业技术获取成本作为投入要素，以新产品销售额作为产出指标，对企业的投入—产出效率进行数据集成，进而测度新质生产力的综合状况。通常而言，在利用数据包络分析法（DEA）评估时，决策单元（DMU）的数目越多，更能界定投入与产出之间的关系，越能获得更加符合实际的效率前沿面（官建成和陈凯华，2009）。基于此，笔者以电子及通信设备行业、医药医疗产业，以及计算机及办公设备行业所属的分支产业作为决策单元。具体是选取电子及通信设备制造、通信终端设备制造、计算机整机制造、计算机及办公设备制造、其他电子设备制造、化学药品制造、中成药制造、医疗仪器仪表制造、电子器件制造、计算机外围设备制造、集成电路制造和医疗设备及器械制造，构成 12 个决策单元。样本数据来自历年的《中国高技术产业统计年鉴》。

（二）测度方法

传统的效率评估方法需要设定具体的生产函数，其形式受研究对象异质性影响而与现实的事实特征产生较大偏差。相比之下，基于非参数的 DEA 模型可以规避函数设定形式导致的偏误，通过构建生产包络前沿面，从资源高效配置和产出质量提升的双重视角综合评价新质生产力水平。对于早期的径向 DEA 和非径向 DEA 模型，在应用到新质生产力的度量中时均存在一定缺陷：前者关于投入与产出等比例改进的严格假设与现实差异较大，后者则以牺牲效率前沿投影值的原始比例信息为代价。Tone（2001）提出的 SBM 模型，试图克服传统 DEA 模型中的这些局限性，特别是在处理非径向测度和松弛变量方面的局限；Tone 和 Tsutsui（2010）提出的 EBM 模型，融合了径向 DEA 模型和 SBM 模型，从径向改进和松弛改进两个角度对指标进行改进。相较于无导向的模型，以产出为导向的 DEA 模型假定投入是不变的，专注于如何提高产出；以投入为导向的 DEA 模型则是假定产出是不变的，专注于如何优化投入要素配置。为对新质生产力进行更为科学的衡量，本章同时采用产出导向的 SBM（Output-Oriented-SBM）模型和投入导向的 EBM（Input-Oriented-EBM）模型进行测度，确保评估结果的可靠性与稳健性。

对于以产出为导向的 SBM 模型，我们记 (x_{ij}, y_{rj})（$i = 1, 2, \cdots, m; r = 1, 2, \cdots, s; j = 1, 2, \cdots, n$）为指标数据组合，则 DMU_o 的效率值可以由式（1）计算求得：

$$\frac{1}{\rho_o^*} = \text{Max } 1 + \frac{1}{s}\sum_{r=1}^{s}\frac{s_r^+}{y_{ro}}$$

$$\text{s.t. } x_{io} = \sum_{j=1}^{n}\lambda_j x_{ij} + s_i^- \ (i = 1, 2, \cdots, m)$$

$$y_{ro} = \sum_{j=1}^{n}\lambda_j y_{rj} - s_r^+ \ (r = 1, 2, \cdots, s) \tag{1}$$

$$\lambda_j \geqslant 0, \ s_i^- \geqslant 0, \ s_r^+ \geqslant 0$$

（1）式中，ρ_o^* 表示决策单元的效率值，x_{io} 表示决策单元（DMU_o）先进技术投入变量，本章选取技术引进费用、购买技术费用以及技术改造费用；y_{ro} 表示决策单元（DMU_o）高效能产出变量，使用新产品销售收入。模型（1）中的结构约束条件 $\sum_{j}^{n}\lambda_j = 1$，表示采用可变规模报酬下（VRS）的生产技术。

对于以投入为导向的 EBM 模型，Tone 和 Tsutsui（2010）提出兼顾径向与非径向特征的 Epsilon-Based Measure 方法，解决可能存在的多个决策单元同时有效，而无法进一步比较的问题。据此使用模型（2）对决策单元的效率进行测度：

$$\delta^* = \text{Min}\left(\theta - \varepsilon\sum_{i=1}^{m}\frac{\omega_i^- s_i^-}{x_{io}}\right)$$

$$\text{s.t. } \sum_{j=1, j\neq 0}^{J}\lambda_j x_{ij} + s_i^- = \theta x_{io} \ (i = 1, 2, \cdots, m)$$

$$\sum_{j=1, j\neq 0}^{J}\lambda_j y_{rj} \geqslant y_{ro} \ (r = 1, 2, \cdots, s) \tag{2}$$

$$\sum_{j=1, j\neq 0}^{J}\lambda_j = 1$$

$$\lambda_j \geqslant 0, \ s_n^- \geqslant 0$$

（2）式中，δ^* 表示战略性新兴产业的新质生产力发展水平，先进技术投入与高效能产出变量均与模型（1）保持一致。θ 为径向模型的效率值，s_i^- 为投入要素非径向松弛向量，ε 为结合径向 θ 和非径向松弛 s_i^- 的关键参数，约束条件 $\sum\limits_{j=1,\,j\neq0}^{J} \lambda_j = 1$ 可以保证模型采用规模报酬可变（VRS）生产技术。

（三）测度结果

本章以 2009—2020 年 12 个战略性新兴产业为样本，运用模型（1）与模型（2），分别从产业层面和地区层面测算新质生产力水平，具体结果总结在表 3-1 和表 3-2 中。

二、新质生产力的水平及变化特征

（一）新质生产力行业层面的水平及变化特征

根据图 3-1 和图 3-2 的结果发现，无论使用以产出为导向的 SBM 模型还是以投入为导向的 EBM 模型，测算结果及其均值都呈趋同性特征。这在一定程度上证实了测度结果的稳健性。依据 2009—2020 年两种方法测算结果的均值，12 个战略性新兴产业新质生产力水平及其变化趋势呈现以下两种类型：

第一，电子及通信设备类行业和计算机及办公设备类行业的新质生产力水平长期维持在较高水平。依据 SBM 模型测算的均值在 0.8 以上、EBM 模型测算的均值在 0.6 以上，我国的电子及通信设备制造、通信终端装备制造、计算机整机制造以及计算机及办公设备制造业、计算机外围设备制造业和其他电子设备制造业的新质生产力水平总体维持在较高水平。自 2013 年实施"宽带中国"战略，2015 年推进"互联网+"行动，2016 年深化制造业与互联网融合发展以及"互联网+先进制造"，2019 年实施数字乡村发展战略以及"智能+"行动，再到 2024 年实施"人工智能+"行动，各项行动加速了电子及通信设备类行业和计算机及办公设备类行业的技术研发

表 3-1　战略性新兴产业的新质生产力发展水平的测算

战略性新兴产业	Output-Oriented-SBM 模型测算法						Input-Oriented-EBM 模型测算法					
	2010	2012	2014	2016	2018	2020	2010	2012	2014	2016	2018	2020
电子及通信设备制造	0.71	0.89	1.00	0.93	0.94	1.00	0.38	0.77	1.01	0.87	0.89	1.00
通信终端设备制造	0.76	0.70	1.00	0.94	1.00	1.00	0.53	0.50	1.04	0.78	1.01	1.00
计算机整机制造	0.75	1.00	1.00	0.92	1.00	0.95	0.45	1.19	1.00	0.63	1.05	0.66
化学药品制造	0.46	0.49	0.56	0.59	0.64	0.62	0.04	0.04	0.05	0.07	0.08	0.08
中成药制造	0.60	0.57	0.63	0.62	0.66	1.00	0.36	0.19	0.20	0.18	0.28	1.02
医疗仪器仪表制造	0.48	0.49	0.57	0.61	0.62	0.67	0.04	0.04	0.07	0.10	0.13	0.13
电子器件制造	0.43	0.62	0.68	0.91	0.70	0.74	0.03	0.08	0.11	0.51	0.21	0.37
计算机及办公设备制造	0.77	1.00	1.00	1.00	0.88	1.00	0.26	1.01	1.03	1.02	0.42	1.03
计算机外围设备制造	0.71	0.52	1.00	0.67	0.94	0.87	0.33	0.12	1.00	0.75	0.75	0.63
其他电子设备制造	0.71	0.52	1.00	0.67	0.94	0.87	1.03	0.38	0.44	0.40	0.23	1.01
集成电路制造	0.50	0.63	0.55	0.59	0.54	0.48	0.18	0.32	0.11	0.14	0.06	0.05
医疗设备及器械制造	0.59	0.53	0.58	0.62	0.56	0.56	0.26	0.12	0.14	0.18	0.26	0.15

表 3-2　主要地区新质生产力发展水平的测算

主要地区	Output-Oriented-SBM 模型测算法						Input-Oriented-EBM 模型测算法					
	2010	2012	2014	2016	2018	2020	2010	2012	2014	2016	2018	2020
北京	1.00	0.48	1.00	0.69	0.90	1.00	1.00	0.32	1.01	0.61	0.94	1.03
广东	0.64	0.88	1.00	1.00	0.99	1.00	0.48	0.83	1.02	1.01	0.94	1.00
天津	0.24	0.60	1.00	1.00	1.00	1.00	0.19	0.67	1.01	1.01	1.00	1.08
上海	0.26	0.23	0.37	0.61	0.40	0.70	0.21	0.20	0.36	0.65	0.21	0.54
重庆	1.00	1.00	0.38	0.64	0.60	0.78	1.02	1.00	0.57	0.64	0.57	0.75
江苏	0.23	0.54	0.58	0.76	0.84	1.00	0.12	0.30	0.29	0.52	0.82	1.03
浙江	0.16	0.23	0.40	0.84	0.97	0.65	0.13	0.12	0.26	0.76	0.95	0.58
安徽	0.08	0.31	0.33	0.48	0.58	0.74	0.72	0.50	0.39	0.37	0.40	0.59
山东	0.35	0.25	0.26	0.53	0.41	0.41	0.19	0.14	0.14	0.39	0.24	0.29
河北	0.07	0.12	0.14	0.25	0.28	1.00	0.96	0.50	0.32	0.50	0.41	0.98
湖北	0.26	0.33	0.30	0.32	0.59	0.69	0.71	0.44	0.39	0.36	0.51	0.55
湖南	0.07	0.22	0.52	0.89	0.25	1.00	0.36	0.21	0.26	0.80	0.17	1.04
陕西	0.23	1.00	0.16	0.23	0.15	0.35	0.91	1.00	0.16	0.23	0.20	0.33
四川	0.03	0.11	0.29	0.26	0.24	0.25	0.13	0.12	0.14	0.17	0.10	0.15
福建	0.16	0.19	0.19	0.18	0.17	0.40	0.13	0.13	0.14	0.12	0.08	0.24

和产业创新。通过引进先进技术，企业得以提供性能出众、效率卓越的电子设备与通信解决方案，以满足市场对先进功能性和可靠性要求的日益增加的需求。为维持行业的先发优势，制造商们投入大量资源于产品的研发环节。

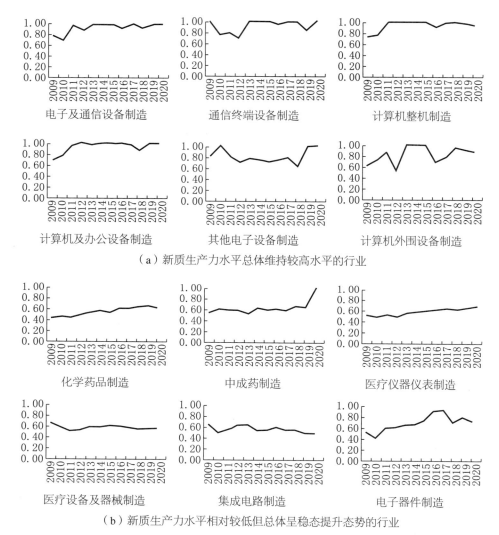

（a）新质生产力水平总体维持较高水平的行业

（b）新质生产力水平相对较低但总体呈稳态提升态势的行业

图 3-1 基于 Output-Oriented-SBM 模型的战略性新兴产业新质生产力水平

第二，医药和医疗仪器类行业和集成电路行业的新质生产力水平呈现稳态提升态势。化学药品制造、中成药制造、医疗仪器仪表制造、医疗设备及器械制造、集成电路制造、电子器件制造等产业的新质生产力水平总体维持在 0.6 左右（SBM 模型均值）并呈现稳态上升趋势。大数据、人工智能的广泛应用显著提升药物研发效率、降低成本、缩短研发周期，抗肿瘤、心血管等领域的医药研发投入和成果产出显著增长。集成电路行业是我国重点发展的新质生产力行业，在尺寸、材料、晶体管结构、制造设备升级等方面不断加强技术创新，但中国集成电路对高端技术及设备进口依赖严重。中美贸易摩擦以来，受技术壁垒、光刻机等高端设备和高端材料限制，该行业的自主研发能力相较发达国家依然有较大差距，受之影响的还有电子器件制造

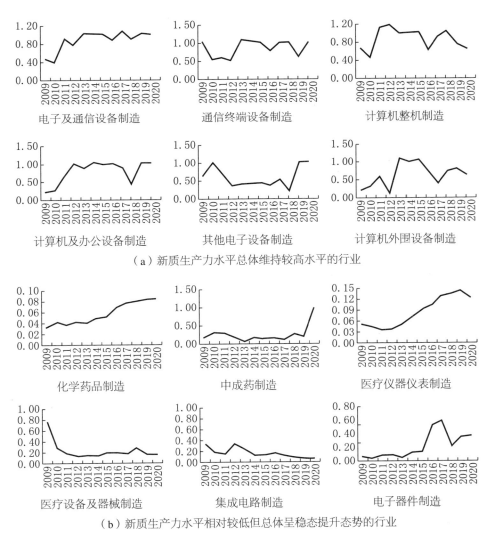

（a）新质生产力水平总体维持较高水平的行业

（b）新质生产力水平相对较低但总体呈稳态提升态势的行业

图3-2　基于 Input-Oriented-EBM 模型的战略性新兴产业新质生产力水平

业。加快发展新质生产力，要求在集成电路、芯片的核心关键技术及设备上取得突破。

（二）新质生产力地区层面的水平及变化特征

本章选取 15 个代表性省市作为决策单元，既包括东部沿海的经济发达省市，也包括中西部的内陆省份。同样地，我们使用模型（1）和模型（2）测算各省（市）新质生产力，即投入—产出效率。根据图 3-3 和图 3-4 的度量结果及其均值，在全国的新质生产力版图上呈现如下特征：

一是新质生产力水平整体较高的地区，包括北京、广东、江苏、浙江、天津、重庆等，主要集中于城市群区域，SBM 模型测算的均值在 0.5 以上。随着长三角一体化发展、京津冀协同发展、粤港澳大湾区建设上升为国家战略，这些地区的研发和技术创新优势得以发挥，形成了高度成熟的技术交易与转化体系，基于中国专利申请和技术转让数据的研究也证实这点。

二是新质生产力增长速度快的地区，包括上海、安徽、河北、湖南、湖北等地区。例如，上海的新质生产力呈快速上升趋势，随着具有全球影响力的科创中心建设提速，充分发挥了国家实验室、重大科学装置等基础设施集

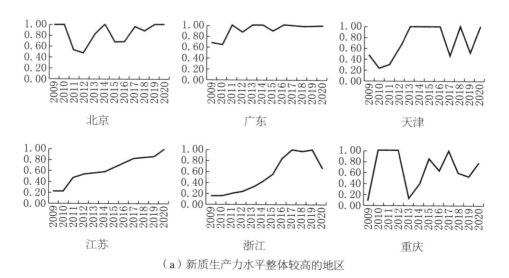

（a）新质生产力水平整体较高的地区

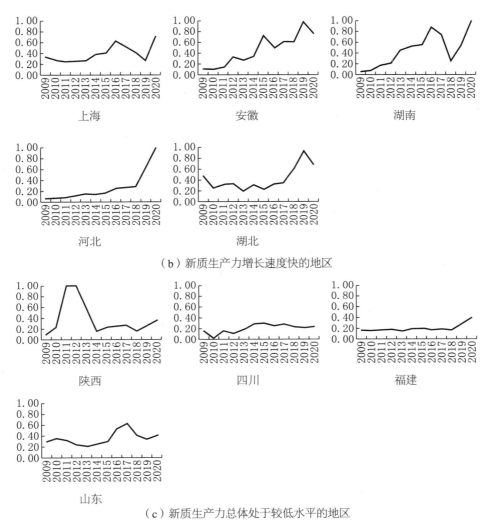

（b）新质生产力增长速度快的地区

（c）新质生产力总体处于较低水平的地区

图 3-3　基于 Output-Oriented-SBM 模型的主要地区新质生产力水平

群优势，瞄准健康、智能、能源、材料等前沿新兴领域和重大方向，着力打造新兴产业创新高地和人工智能、集成电路、生物医药三大主导产业，加快构筑电子信息、生命健康、汽车、高端装备 4 个万亿级产业集群。安徽致力于打造科技创新策源地，区域创新能力已跃升至全国前十，在量子技术、磁约束核聚变、脑科学领域位居全国乃至全球前列。

　　三是新质生产力总体处于较低水平的地区，主要集中于四川、陕西等西部地区，也包括山东、福建这样的东部地区。在新质生产力的分布上，东部地区也出现了分化。一般认为，西部地区对外开放程度较低而影响了国际先进的引进和吸收能力，高新技术产业的比重也相对较低，产业升级和创新动力不足。有些东部地区因为高等教育和科技创新领域缺乏优势，先进技术在支撑新产业、新模式和新动能方面能力不够。

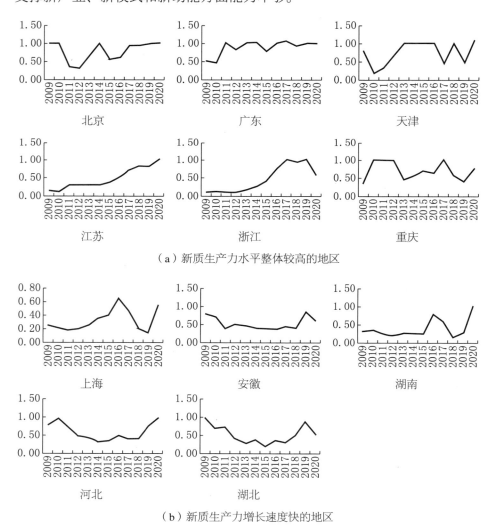

（a）新质生产力水平整体较高的地区

（b）新质生产力增长速度快的地区

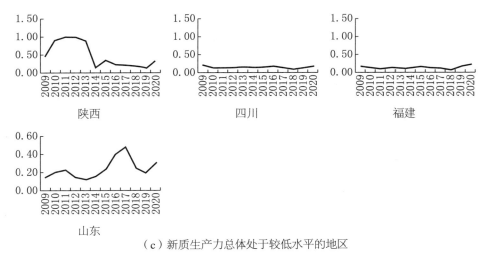

（c）新质生产力总体处于较低水平的地区

图 3-4　基于 Input-Oriented-EBM 模型的主要地区新质生产力水平

第四节　新质生产力的决定因素与支撑体系

一、新质生产力的影响因素

与传统生产力不同，新质生产力主要依靠科技创新尤其是前沿颠覆性技术及其应用为主要驱动力，依托经济新模式、新产业、新业态占据未来产业制高点，新技术和数据要素日益成为最主要的投入。加快发展新质生产力的主要着力点体现在以下三个方面：

一是产业数字化转型。作为新一轮科技革命和产业变革的重要驱动力量，数字经济是决定新质生产力的重要因素。新质生产力以创新为主导，由技术革命性突破、生产要素创新性配置、产业数字化转型而催生。数字经济以数字技术为基础，结合人工智能、大数据、云计算等不断迭代升级的前沿技术，具有高度信息化、智能化特征，是驱动新质生产力的核心支撑。他们两者之间的关系是通过数据要素来链接的。传统的数字化转型主要是应用互联网、区块链和大数据技术，赋能传统产业，以及数字部门本身的发展壮大；新型的数字化转型依赖于生成式人工智能，以及基于通用大模型和行业垂类大模型的机器人的战略性新兴产业和未来产业，其对新质生产力的驱动能力更加强劲。

二是产业链优化升级。作为各产业部门之间的一种复杂链式关联关系，产业链现代化反映区域产业结构的优化和升级状况，包括关键技术自主可控、产业链韧性、价值创造能力、各要素协同水平（刘志彪，2019），其本质在于通过科技创新提高产业附加值、控制力和竞争力（罗仲伟、孟艳华，2020）。发展新质生产力以能否构筑新竞争优势为重要的评价尺度，将最前沿的科技创新成果应用到产业链优化升级和未来产业布局上。

三是战略性新兴产业研发投入力度。发展新质生产力要求推动战略性新兴产业融合集群发展，尤其是加快集成电路、人工智能、新能源、新材料、量子计算等前沿技术研发和应用推广，培育壮大战略性新兴产业发展新动能，构建一批各具特色、优势互补、结构合理的增长新引擎。推动战略性新兴产业融合化、集群化、生态化发展，推进现代服务业同战略性新兴产业深度融合，加速生产性服务业向专业化和价值链高端延伸。这些都会集中体现在前沿技术研发的资源投入水平的变化上。

二、检验模型设定与变量选择

本章将实证检验产业数字化转型、产业链现代化水平和前沿技术研发投入等因素对新质生产力水平的影响，采用考虑控制时间、地区效应的双向固定模型：

$$Y_t = \alpha + X_t \boldsymbol{\beta} + Z_t \theta + \boldsymbol{\mu} + \varphi_t + \boldsymbol{\varepsilon}_t$$

Y_t 为以新质生产力地区水平表示的 $N \times 1$ 阶因变量向量；X_t 分别为以产业数字化转型、产业链现代化水平和技术研发投入表示的核心自变量向量，Z_t 为控制变量矩阵，t 为时间；α 为常数项参数；φ_t 为特定的时间效应，表示控制所有的特定时间效应和非空间单位变化；$\boldsymbol{\mu}$、$\boldsymbol{\varepsilon}_t$ 为地区固定效应和扰动项。为消除指标量纲影响以及潜在异方差问题，本章针对相应变量进行取对数处理。

对于变量选择，本章关注的自变量包括数字经济发展、产业链现代化和研发投入强度。其中，产业数字化转型指标参考赵涛等（2020）的思路，在考虑地区数据可得性前提下，选择互联网普及率、互联网从业人数、互联网相关产出、移动互联网用户数 4 个指标度量互联网经济发展指标，以北京大学数字金融中心与蚂蚁金服集团共同编制的数字普惠金融指数度量数字金融发展水平。本章采用主成分分析法将上述指标进行数据标准化降维处理，使其折算成数字经济综合发展指数。

表 3-3　中国地区数字经济综合发展水平

一级指标	二级指标	三级指标
产业数字化转型	互联网经济发展	互联网普及率：每百人互联网用户数
		互联网从业人数：计算机服务和软件从业人数占比
		互联网相关产出：人均电信业务量
		移动互联网用户数：每百人移动电话数
	数字金融发展	中国数字普惠金融指数

本章的产业链现代化指标参考张虎等（2022）的方法，基于产业链基础、产业链数字化、产业链创新、产业链韧性、产业链协同和产业链可持续 6 个维度构建产业链现代化水平评价指标体系。对于前沿技术研发投入指标，我们以地区规模以上工业企业 R&D 人员全时当量刻画地区新型劳动者要素投入，预期更多的 R&D 人员投入会显著改善各地区的新质生产力发展水平。

为控制新质生产力的其他因素，本章将以下变量纳入模型：第一，宏观经济外部冲击。随着前期宏观刺激性政策效应衰减、中美贸易摩擦与地缘政治紧张引致的供应链动荡与经济下行风险（Jin et al., 2019），深度嵌入全球生产网络的中国经济面临更多不确定性，企业处于充满不确定性和复杂性的高度竞争市场（Patterson et al., 2003）。以往强调企业内部要素配置和成本管理优化的战略难以应对新形势下的挑战。本章参考 Jin et al.（2019）选择中国各地区季度 GDP 数据，运用广义自回归条件异方差模型（GARCH）求解省份 GDP 增长的条件方差，以此衡量各地区宏观经济的外部冲击。第二，技术市场成交额。发展新质生产力要求实现技术要素自由流动和高效转化，对技术要素的市场配置效率提出更高要求。笔者以各地区技术市场成交额衡量先进技术市场转化水平。第三，区域研发能力，以各地区当年新增专利授权量刻画本地在技术研发领域的实力。第四，高等教育水平，以各地区本科高校在校大学生数量刻画高等教育水平。第五，对外开放水平，以各地区进出口贸易总额占 GDP 比重表示的外贸依存度刻画对外开放水平。第六，科技财政支持力度，以各地区财政支出中科技支出额表示政府对科技创新的支持水平。第七，市场中介组织和法治环境。发展新质生产力需要打通不同区域、产业之间的创新要素流动堵点和卡点，降低数据、技术等新要素的交易成本，营造良好的知识产权保护和创新激励制度环境，因此需要良好的市场中介组织和营商环境作为外部保障。

对于数据说明，考虑部分地区的数据缺失情况，本章的实证样本为有代表性的中国 15 个省份，时间区间为 2009—2020 年。其中，数字金融发展指标来自北京大学数字金融中心；宏观经济外部冲击变量依据国家统计局发布的各省季度经济增长数据计算得到；各省规模以上企业 R&D 人员全员当量来自《中国科技统计年鉴》；技术市场成交额、进出口贸易总额、高等教育水平、科技财政支出等数据源自 EPS 数据库；各省专利授权量来自《中国统计年鉴》。产业链现代化指数来源于张虎等（2022），市场中介组织和营商环境指数源于王小鲁等（2021）在中国分地区市场化指数报告中提供的各省市场中介组织和法治环境指数。

表 3-4　主要变量描述性统计

变　量	Obs	Mean	Std.	Min	Max
基于 Output-Oriented-EBM 模型的新质生产力	180	0.56	0.70	0.03	8.53
基于 Input-Oriented-EBM 模型的新质生产力	180	0.50	0.32	0.08	1.08
数字经济综合指数	150	0.32	0.22	0.07	1.00
产业链现代化水平	180	0.19	0.07	0.09	0.25
规模以上工业企业研发人员全员当量	180	141391.60	140680.70	23279	700017
宏观经济不确定性	180	0.18	0.20	0.01	1.56
技术市场成交额	180	652.35	996.13	17.21	6316.16
专利申请授权量	180	90785.08	103857.20	6087.00	709725.00
高等教育水平	180	657510.50	234850.90	255643	1222533
科技财政支出	180	184.73	184.85	15.55	1168.79
对外开放水平	180	0.42	0.38	0.05	1.55
市场中介组织和法治环境	180	9.09	2.63	2.65	14.30

三、实证结果及其解释

笔者依据发展新质生产力的三个着力点，分别检验它们对新质生产力发展的影响。首先，本章考察产业数字化转型与新质生产力发展之间的关系。具体以双向固定效应模型（TW-FE）回归结果为基准，将基于混合面板 OLS、省份固定效应和随机效应的估计结果作为参照系。表 3-5 中，产业数字化转型指数每提升 1% 使新质生产力水平提升 0.785%，证实产业数字化转型是推动新质生产力跃升的关键性因素。一方面，从产业数字化角度看，当前我国注重在电子信息产业、装备制造业、生物医药领域实施智能制造工程，利用 5G 和时间敏感网络（TSN）打造工业互联网，以数字技术和数据支撑驱动产业数字化，拓展高新技术产品和服务的价值增量空间，

表 3-5 产业数字化转型对新质生产力发展的影响

	因变量：基于 Output-Oriented-EBM 模型测算结果				因变量：基于 Output-Oriented-SBM 测算模型结果
	（1） OLS	（2） RE	（3） FE	（4） TW-FE	（5） TW-FE
产业数字化转型	1.325*** （0.434）	1.075*** （0.345）	0.930*** （0.349）	0.785** （0.391）	0.589* （0.353）
宏观经济外部冲击	−0.214*** （0.063）	−0.142** （0.056）	−0.122** （0.057）	−0.174** （0.072）	−0.103 （0.065）
市场中介组织和法治环境	0.656*** （0.219）	0.285 （0.267）	0.069 （0.305）	0.192 （0.356）	0.406 （0.321）
技术市场成交额	0.390** （0.158）	0.350*** （0.124）	0.359*** （0.124）	0.319** （0.130）	0.299** （0.118）
专利申请授权量	0.187** （0.072）	0.209* （0.120）	0.121 （0.225）	−0.243 （0.319）	−0.369 （0.288）
高等教育水平	−2.289 （1.488）	−1.314 （1.209）	−0.623 （1.289）	−0.977 （1.338）	−0.440 （1.209）
科教支出水平	−0.416 （0.266）	−0.358* （0.208）	−0.307 （0.213）	−0.212 （0.245）	0.005 （0.221）
对外开放水平	−1.369*** （0.319）	−1.205*** （0.251）	−1.142*** （0.248）	−1.131*** （0.283）	−1.127*** （0.256）
常数项	−4.852*** （0.734）	−4.098*** （1.261）	−2.585 （2.422）	1.056 （3.328）	5.561 （0.482）
时间固定效应	未控制	未控制	未控制	控制	控制
省份固定效应	未控制	未控制	控制	控制	控制
N	150	150	150	150	150
R^2	0.362		0.357	0.404	0.399

注：*、** 和 *** 分别表示通过 10%、5% 和 1% 水平的显著性检验。下表同。

显著改善了新质生产力的发展条件。另一方面，从数字产业化角度看，依据《中国数字经济发展白皮书（2020）》披露，2019年我国数字经济规模仅次于美国稳居世界第二，数字产业化增加值超过7万亿元，高端软件、人工智能、区块链、大数据、云计算、信息安全等新业态蓬勃发展，推动着高新技术产业的新质生产力跃升。此外，本章将因变量更换为基于Output-Oriented-SBM模型测度新质生产力水平。产业数字化转型指数的系数为在10%水平显著为正，证实了检验结论在新质生产力不同测度方法下都保持稳健。

其次，本章检验产业链现代化水平对新质生产力水平的影响。对于处于高水平产业链中间环节的战略性新兴产业而言，上游产业能否提供新材料、新设备和更高质量的中间品，将决定其能否以更加集约、优质、高效的要素投入获得更高的新质生产力，因而笔者以Input-Oriented-EBM模型测度的新质生产力作为因变量。表3-6中列（4）基于TW-FE模型的检验最具有代表性和严格性，结果表明，当产业链现代化水平每提升1%会使地区新质生产力水平提升1.923%。由此说明，针对不同类别的战略性新兴产业，应畅通产业上下游环节，确保产业链和创新链的稳定；围绕产业链优化升级布局创新链，以基础研究赋能原创性核心高新技术攻关，依托高科技企业在产业链各个环节实现科技创新与产业创新的有机融合，最终实现以产业链现代化驱动新质生产力提升。

最后，本章检验技术研发人员投入对于新质生产力水平的影响。表3-7列（4）以Output-Oriented-EBM模型测度的新质生产力水平为因变量，结果表明，地区规模以上企业研发人员全员当量每提升1%，会使新质生产力提高0.66%。即使将因变量替换为列（5）的Input-Oriented-EBM模型测算结果，研发人员投入的估计系数依然为正。以新质生产力"高科技、高效能、高质量"要求来看我国战略性新兴产业发展状况，一个明显的制约瓶颈就是高水平前沿技术研发人才依然匮乏，尤其缺少世界级的行业尖端人才、领军型人才。在生成式人工智能时代，战略性新兴产业应坚持本土研发

表 3-6 产业链现代化水平对新质生产力发展的影响

	因变量：基于 Input-Oriented-EBM 模型结果			
	（1）OLS	（2）RE	（3）FE	（4）TW-FE
产业链现代化水平	0.060 （0.229）	0.184 （0.199）	0.169 （0.204）	1.923*** （0.543）
宏观经济不确定性	−0.079 （0.063）	0.020 （0.051）	0.012 （0.052）	−0.056 （0.066）
市场中介组织和法治环境	−0.931*** （0.354）	−0.588** （0.267）	−0.615** （0.268）	−0.495 （0.309）
技术市场成交额	0.217*** （0.066）	0.238** （0.093）	0.272** （0.107）	0.165 （0.111）
专利申请授权量	0.038 （0.181）	−0.102 （0.170）	−0.289 （0.186）	−0.814*** （0.246）
高等教育水平	−0.687** （0.307）	−0.533 （0.478）	0.925 （0.920）	0.573 （0.940）
科教支出水平	0.194 （0.161）	0.129 （0.185）	−0.053 （0.199）	−0.126 （0.214）
对外开放水平	−0.056 （0.115）	−0.299** （0.148）	−0.651*** （0.186）	−0.548*** （0.197）
常数项	7.525** （3.201）	6.572 （5.622）	−10.569 （11.167）	3.952 （12.131）
时间固定效应	未控制	未控制	未控制	控制
省份固定效应	未控制	未控制	控制	控制
N	180	180	180	180
R^2	0.165		0.199	0.285

表 3-7 前沿技术研发投入对新质生产力水平的影响

	因变量：基于 Output-Oriented-EBM 模型结果				因变量：基于 Input-Oriented-EBM 模型结果
	（1）OLS	（2）RE	（3）FE	（4）TW-FE	（5）TW-FE
研发人员全员投入当量	0.640*** (0.171)	0.582** (0.241)	0.588* (0.333)	0.660* (0.354)	0.921*** (0.305)
宏观经济外部冲击	−0.135*** (0.049)	−0.113** (0.047)	−0.084 (0.055)	−0.160** (0.076)	−0.021 (0.065)
市场中介组织和法治环境	0.004 (0.297)	−0.103 (0.274)	−0.218 (0.288)	−0.234 (0.351)	−0.555* (0.301)
技术市场成交额	0.460*** (0.079)	0.390*** (0.100)	0.312*** (0.118)	0.268** (0.126)	0.190* (0.108)
专利申请授权量	0.126 (0.164)	0.226 (0.177)	0.119 (0.206)	−0.039 (0.282)	−0.690*** (0.243)
高等教育水平	−1.027*** (0.322)	−0.927* (0.500)	0.989 (1.087)	0.864 (1.127)	−0.392 (0.969)
科教支出水平	−0.354** (0.161)	−0.280 (0.203)	−0.388* (0.225)	−0.460* (0.266)	−0.415* (0.229)
对外开放水平	−0.140 (0.086)	−0.208 (0.133)	−0.369* (0.190)	−0.321 (0.223)	−0.537*** (0.191)
常数项	2.668 (2.917)	1.132 (5.015)	−22.243* (12.094)	−19.249 (13.203)	1.874 (11.345)
时间固定效应	未控制	未控制	未控制	控制	控制
省份固定效应	未控制	未控制	控制	控制	控制
N	180	180	180	180	180
R^2	0.466		0.413	0.450	0.327

人才国际化和国际研发人才本土化两条路线，既要加大国内高校、科研院所和高新技术企业对高技能拔尖人才的自主培育，构建覆盖战略科学家、高层次领军人才、卓越工程师的多层次人才体系，又要面向全球吸引战略科学家、一流技术研发人才来华工作定居，为持续推进新质生产力发展提供强力支撑。

总之，加快新质生产力形成的关键性决定因素在于以下三个着力点：一是基于数字产业化和产业数字化，加快推进数字经济创新发展；二是推动传统产业高端化、智能化、绿色化，提升产业链现代化水平；三是培育新的战略性新兴产业、布局未来产业。我国正在重点打造生物制造、商业航天、低空经济等若干战略性新兴产业，开辟量子、生命科学等未来产业新赛道，生物医药、人工智能和纳米技术应用三大产业 2023 年产值就超过 550 亿美元。工信部等四部门 2023 年启动了《新产业标准化领航工程实施方案（2023—2035 年）》，未来的战略性新兴产业日益聚焦于新一代信息技术、新能源、新材料、高端装备、新能源汽车、绿色环保、民用航空、船舶与海洋工程装备 8 大领域，未来产业主要布局在元宇宙、脑机接口、量子信息、人形机器人、生成式人工智能、生物制造、未来显示、未来网络、新型储能 9 大领域。

第五节　结论及总结性评论

新质生产力是符合新发展理念的先进生产力质态，在性质上，以创新尤其是颠覆性技术和前沿技术创新为主要投入，具有高科技、高效能、高质量的属性；在形态上，新质生产力表现为前沿技术创新催生的新产业、新模式、新动能，具体着力点包括：改造传统产业，推动产业供应链优化升级；壮大新兴产业，推动战略性新兴产业融合集群发展；培育未来产业，抢占产业的新领域新赛道；加快推进数字经济创新发展。与新质生产力相对应的新型生产关系，除了构建高水平社会主义市场经济体制外，就是深化教育体制、科技体制和人才体制等改革，畅通教育、科技、人才、产业的国内国际双循环。

　　发展新质生产力是推动高质量发展的内在要求和重要着力点，这需要测度我国新质生产力的水平，揭示其变动趋势。本章选择了集成电路行业、电子与通信设备类行业、计算机及办公设备类行业、医药和医疗仪器类行业，具体包括 12 个战略性新兴产业，来测度新质生产力水平。新质生产力是以先进技术作为主要投入要素，本章以企业的技术引进、购买国内技术以及技术改造作为企业技术升级的主要渠道，以新产品的研发及市场化作为企业技术创新、开发与应用效能的主要体现。在非参数 DEA 模型的基础上进行方法创新，同时采用产出导向的 SBM 模型和投入导向的 EBM 模型，在 12 个战略性新兴产业和 15 个代表性地区层面进行测度，确保评估结果的可靠性与稳健性。根据两种方法测算的均值，代表性战略性新兴产业的新质生产力水平及其变化趋势呈现两种特征：电子及通信设备类行业和计算机及办公设备类行业的新质生产力水平长期维持在较高水平；医药和医疗仪器类行业的新质生产力水平呈现稳态提升态势，集成电路行业的新质生产力具有较好的韧性。同样地，代表性地区的新质生产力水平呈现出差异化特征：北京、广东、江苏、浙江、天津、重庆等集中于城市群的地区，新质生产力水平整体较高；上海、安徽、河北、湖南、湖北等地区的新质生产力均值也不低且增长速度快；新质生产力总体处于较低水平的地区既有四川、陕西等西部地区，也有山东、福建这样的东部地区。

　　为了找到新质生产力的决定因素，我们围绕产业数字化转型、产业链优化升级、战略性新兴产业研发投入强度三个着力点进行检验，具体以双向固定效应模型（TW-FE）回归结果为基准，结果证实了这三个着力点确实显著地决定着新质生产力水平。在 2009 年以来的样本期里，产业数字化转型指数每提升 1% 使得新质生产力水平提高 0.785%，产业链现代化水平每提高 1% 使得新质生产力水平改善 1.923%，规模以上企业研发人员全员当量每上升 1% 使得新质生产力水平改进 0.66%。因此，加快发展新质生产力的政策实施重点就在于：（1）推动传统产业高端化、智能化、绿色化转型，实施制造业技术改造升级工程和重点产业链高质量发展行动，增强产业供应链韧性和竞争力。（2）积极培育新兴产业和未来产业，面向世界科技前沿，全面实施"人工智能+"行动，拓展应用场景，促进战略性新兴产业集群发展和未来产业的新布局。（3）深入推进数字经济创新发展，推进数字产业化、产业数字化以及数字新产业的发展，以工业互联网规模化应用和服务业数字化为重点，促进数字技术和实体经济深度融合。（4）对标世界最高水平的开放，构建面向全球的开放创新网络，大幅缩减甚至取消外商投资准入负面清单。中国的外商投资准入负面清单从2017年的93项缩减至目前的31项，且还将进一步缩减。尤其是，制造业领域外资准入将再无限制，并出台了首份全国版跨境服务贸易负面清单，扩大数字产品、电信、医疗等领域市场准入；积极融入全球创新网络，加快形成具有全球竞争力的开放创新生态。

第四章

新发展格局下的先进制造业创新驱动路径与经验

构建新发展格局之基在于先进制造业，无论是国内大循环还是国际循环，都要依赖于先进制造业的竞争能力。全球产业的竞争日益集中于先进制造业，不仅各国在重塑制造业的产业链、价值链、创新链、资金链和人才链，而且互联网、大数据、云计算、区块链、人工智能等新一代信息技术以及绿色低碳新技术与制造业深度融合，改造着传统制造业，催生着新模式、新业态。国内大循环和国际循环的竞争力也日益体现在制造业是否处于全球价值链的高端，要求制造业的技术更先进、生产更智能、产品更优质、品牌更响亮。

第一节　中国世界制造业中心发展的特征和阶段

工业现代化是国家强盛的基石。工业的赶超型发展在我国经济发展中起到了中坚作用。改革开放 40 多年来，中国从一个贫穷落后的农业大国发展成为在世界经济体系中占有举足轻重地位的工业大国。中国工业生产经济总量已跃居世界第一位，成为"世界工厂"。在产业升级、技术创新、外资引入等多种因素的作用下，中国工业化进程呈快速推进状态。中国制造业对世界制造业生产总量的贡献值不断攀升。1980 年中国制造业增加值占世界的比重为 1.5%，仅为巴西的一半；1990 年中国制造业增加值占世界的比重达到 2.7%，超过巴西，排名世界第 8 位；2004 年中国制造业增加值在全球中的占比提高到 10% 以上，超过了德国，升至世界第 3 位；2005 年中国制造业增加值在全球的占比达到 11.66%，超过了日本，升至世界第 2 位；2010 年中国制造业增加值占世界的比重提升到 19.8%，排名超过美国，升至世界第 1 位，成为名

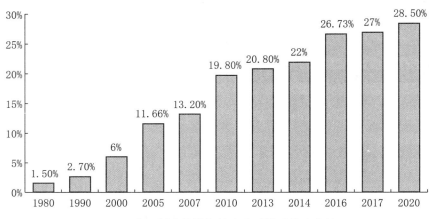

图 4-1　中国制造业增加值占全球比重的变化情况

数据来源：国家统计局。

副其实的"制造业大国"（如图 4-1）。目前，我国制造业增加值占世界的份额接近 30%，在全球工业经济增长中的驱动作用显著增强。

　　加入世界贸易组织之后，中国工业开始加快向技术密集型转型，劳动密集型制造业中轻工业比重继续下降，技术密集型的机电行业比重快速上升。2005—2015 年是中国迈入世界制造业中心最为关键的十年。一方面，技术较为密集的机电行业的利润比重持续上升，高技术行业快速发展。"十二五"期间新一代信息技术、生物、高端装备、新能源汽车、新材料、新能源、节能环保七大战略性新兴产业年均增速将近 20%，是 GDP 增速的两倍，对经济增长的贡献率超过 20%。另一方面，我国工业企业研发投入强度达到中等发达国家水平。中国工业企业的技术创新投入与发达国家相比差距不断缩小，研发投入强度从 2003 年的 1.23% 提升至 2016 年的 2.08%；2015 年，中国规模以上工业企业研发经费支出首次突破万亿元。2008 年全球金融危机以来，高技术制造业增加值的比重呈逐年上升态势，2014—2023 年中国高技术制造业增加值年均增速超过 10%，比规模以上工业企业高出 4.31 个百分点（如图 4-2）。"十三五"时期，国家实施战略性新兴产业发展行动，聚焦于新一代信息技术产业创新、生物产业倍增、空间信息智能感知、储能与分布式能源、高端材料、新能源汽车六大领域。中国工业技术创新能力持续增强，在诸如量子通信、光量子计算机、高温超导、中微子振荡、干细胞、载人航天和探月工程等一批重大技术上取得突破，形成了若干具有国际竞争力的优势产业和骨干企业。

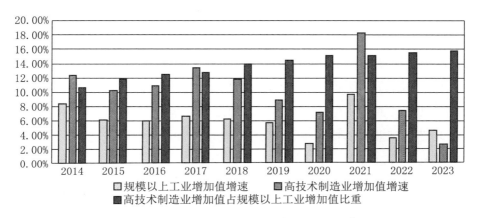

图 4-2 中国工业增加值增长（2014—2023）

数据来源：国家统计局、科技部。

中国工业技术不断升级得益于市场对外开放，中国日益从廉价最终产品生产国转向资本和技术密集型中间品的生产地，所生产和出口的产品日益倾向于高生产率和高复杂程度的产品。20 世纪 80 年代和 90 年代早期，服装、鞋帽、其他轻工产品和燃料占主导地位，20 世纪 90 年代后期转向办公机械、通信设备和工业机械产品，21 世纪以来则变成了以自动数据处理设备和电子产品为主。"中国奇迹"的发生并非只依据比较优势进行简单的专业化，而是分工生产最有效率的产品，产品结构远比同等收入水平国家所应有的更复杂。中国已具备了建设制造业强国的基础和条件。

制造业高质量发展是我国高质量发展的重中之重。党的二十大报告强调，坚持把发展经济的着力点放在实体经济上，推进新型工业化，加快建设制造强国。[1] 党的二十届三中全会要求健全促进实体经济和数字经济深度

---

[1] 习近平：《高举中国特色社会主义伟大旗帜 为全面建设社会主义现代化国家而团结奋斗》，人民出版社 2022 年版，第 30 页。

融合制度。[1]制造业是国民经济的主体，其价值链长、关联性强、带动力大，在现代产业体系中具有引领和支撑作用。习近平总书记2023年4月在广东考察时强调，"中国式现代化不能走脱实向虚的路子，必须加快建设以实体经济为支撑的现代化产业体系"。制造业的赶超型发展在我国经济发展中起到了中坚作用。制造业的进一步结构转型升级、制造业与生产性服务业的快速融合发展是实现经济结构性改革的主攻方向之一。

中国的制造业增加值占全球的份额位于世界第一，成为世界第一制造业大国，已进入了工业化后期。1981—2013年中国工业增加值年均增速超过GDP增速，工业化的快速推进带动了中国经济的高速增长。2012年中国工业增加值占GDP的比重达到38.5%，按购买力平价，中国工业化率在2008年就达到了48.5%（任泽平，2013）。中国的工业化发展趋势总体上与典型工业化国家所具有的一般规律吻合。这主要体现为：一方面，一国经济由低收入阶段向中高收入阶段迈进的过程总是伴随着工业化的快速推进，工业化率、投资率和经济增速趋势总体同步；另一方面，随着人均GDP上升，制造业由劳动和资源密集型产业向资本和技术密集型产业升级。

但中国的工业化进程也具有自己的特点：一是相对于人均GDP所处水平，中国的工业化率偏高（任泽平，2013）。二是工业结构偏重工业。以纺织业、食品工业为代表的轻工业增加值占GDP的比重过早回落，如纺织皮革制造业占GDP比重从1980年的6.1%已降到自2012年以来的3%以下。三是制造业的服务业投入系数偏低。在工业化后期，典型工业化国家普遍出现了制造业"服务化"，以及服务业专业化和外包化的趋势，服务业尤其是生产性服务业占制造业投入比重不断上升（高传胜和李善同，2008），制造业升级越来越依靠生产性服务业的推动与融合发展。从我国全要素生产率（TFP）的总体变动趋势看，改革开放以来中国的TFP年均增长接近3%，对经济增长的贡献度接近30%。1978—1985年、1990—1997年、2000—2007

---

[1]《中共中央关于进一步全面深化改革推进中国式现代化的决定》，人民出版社2024年版，第11页。

年是 TFP 增长较快的三个时期。依据日本和韩国等跨越中等收入陷阱国家的经验，后发追赶国家伴随着经济结构性改革和发展阶段的转换，TFP 增速出现阶段性下降，或者说，在经济增长上升期 TFP 上升，在经济增长下降期 TFP 下降；人均 GDP 在 5000—10000 国际元阶段，TFP 在增长主要源于技术追赶和经济结构性改革；当人均 GDP 超过 10000 国际元之后，技术创新和制度创新开始在推动经济增长中扮演日益重要的角色。中国目前的情形基本符合典型化事实。党的二十大要求构建新一代信息技术、人工智能、生物技术、新能源、新材料、高端装备、绿色环保等一批新的增长引擎，[1] 中国作为世界制造业中心迈进了高质量发展的新阶段。

第二节　中国制造业结构转型升级的特征事实及其逻辑

制造业是国民经济的主体，是立国之本、兴国之器、强国之基。世界强国的兴衰史一再证明，没有强大的制造业，就没有国家和民族的强盛。改革开放以来，我国制造业持续快速发展，建成了门类齐全、独立完整的产业体系，有力推动工业化和现代化进程，显著增强综合国力，支撑我国世界大国地位。但与世界先进水平相比，我国制造业仍然大而不强，转型升级和跨越发展的任务紧迫而艰巨。随着要素禀赋变化、创新能力持续提升、高质量发展政策的导向逐步明确，近年来我国制造业行业结构不断优化：

一是高耗能行业占比下降，转型步伐逐渐加快。2010 年后受国际市场持续低迷、国内需求增速放缓等影响，我国部分产业出现产能过剩问题，其中钢铁、水泥、电解铝等高耗能行业尤为明显。党的十八大以来，我国实施供给侧结构性改革，提出"三去一降一补"（去产能、去库存、去杠杆、降成本、补短板）五大重点任务，钢铁、煤炭等重点领域去产能力度明显加大。2020 年后随着双碳目标提出，产业绿色低碳转型步伐加快，节能降碳改造升

---

[1]　习近平：《高举中国特色社会主义伟大旗帜　为全面建设社会主义现代化国家而团结奋斗》，人民出版社 2022 年版，第 30 页。

级、提升技术和工艺水平释放先进产能等成为高耗能行业的转型方向。

二是传统劳动密集型制造业出口占全国总出口的比重逐步降低，传统劳动密集型制造业出口在全球市场份额仍相对稳定。传统劳动密集型制造业出口比重由 2000 年的 47.4% 下降到 2021 年的 18.1%。其中，纺织业、服装鞋帽等在全国出口总额占比由 2000 年的 28.7% 下降到 2021 年的 10.97%，降幅明显。

三是高技术和装备制造业快速发展，电子设备制造业、汽车制造业表现尤为突出。近年来，我国持续推动产业补短板、谋创新、促转型，高技术制造业、装备制造业已成为引领产业转型和经济高质量发展的重要力量。党的十八大以来，我国高技术行业加快发展，在制造业中的占比从 2011 年 12.0% 上升至 2020 年的 18.20%（如图 4-3）。

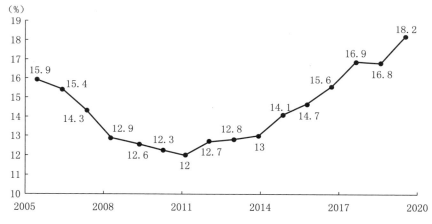

图 4-3　高技术产业营业收入占制造业的比重（2005—2020）

数据来源：国家科学技术部。

一、我国技术密集型制造业发展的特点与趋势

工业化进程中最显著的一个特征就是技术密集型制造业占比不断上升。按照霍夫曼定律，消费资料和工业资料的变化形成了工业结构变迁的四个阶段，工业体系由生产初级产品为主逐渐过渡到生产高级复杂、高附加值的产品为主的阶段。

（一）技术密集型产业增长与研发水平不断提升

党的十八大以来，我国技术密集型产业增加值总体都保持着较快年均增长率，医药制造业，计算机、通信和其他电子设备制造业，电气机械及器材制造业等基本保持两位数的增长。表 4-1 列举了 2013—2023 年我国技术密集型行业增加值同比增长情况，总体发展势头良好。

表 4-1　我国部分技术密集型行业增加值同比增长率（%）

行　业	2013	2015	2017	2019	2021	2023
化学原料及化学制品制造业	12.10	9.50	3.8	4.7	7.7	9.6
医药制造业	13.50	9.90	12.4	6.6	24.8	−5.8
通用设备制造业	9.20	2.90	10.5	4.3	12.4	2.0
专用设备制造业	8.50	3.40	11.8	6.9	12.6	3.6
汽车制造业	14.90	6.70	12.2	1.8	5.5	13
铁路、船舶、航空航天和其他运输设备制造业	4.80	6.80	6.2	7.4	8.4	6.8
电气机械及器材制造业	10.90	7.30	10.6	10.7	16.8	12.9
计算机、通信和其他电子设备制造业	11.30	10.50	13.8	9.3	15.7	3.4
仪器仪表制造业	11.60	5.40	12.5	10.5	12	3.3

数据来源：Wind 经济数据库。

R&D 经费占比直接反映着研发产出状况。从技术密集型产业最近五年 R&D 经费占全国比重来看，通用设备制造业，通信设备、计算机及其电子设备制造业，电气机械和器材制造业都保持着 6% 以上的比重（如表 4-2）。专利申请书也是研发水平的重要反映。表 4-3 描述了我国技术密集型产业申请专利数占全国的比重。从中可以看出，通用设备、计算机及其电子设备制造业申请专利数占比最大，这与该行业的 R&D 经费占全国比重最高是一致的。其次是电气机械和器材制造业、专用设备制造业和通用设备制造业专利申请数占比均在 8% 以上。

表 4-2　我国技术密集型产业 R&D 经费占全国比重（%）

行　业	2019	2020	2021	2022	均值
化学原料及化学制品制造业	6.61	5.22	4.89	5.19	5.48
通用设备制造业	5.89	6.40	6.39	6.15	6.21
专用设备制造业	5.56	6.33	5.91	5.94	5.93
通信设备、计算机及其他电子设备制造业	17.52	19.09	20.43	21.18	19.55
电气机械和器材制造业	10.06	10.26	10.38	10.84	10.39

数据来源：Wind 经济数据库。

表 4-3　我国技术密集型行业专利申请数占全国的比重（%）

行　业	2019	2020	2021	2022
化学原料及化学制品制造业	4.13	4.25	4.16	4.21
通用设备制造业	8.97	8.88	8.84	8.88
专用设备制造业	8.90	9.12	9.30	9.25
电气机械和器材制造业	14.84	14.79	14.17	14.40
通用设备、计算机及其他电子设备制造业	19.33	18.09	18.16	18.14

数据来源：Wind 经济数据库。

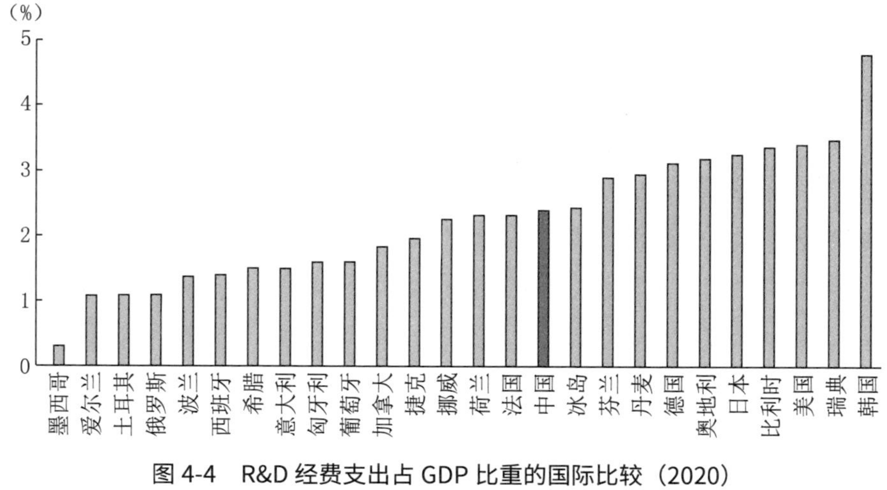

图 4-4　R&D 经费支出占 GDP 比重的国际比较（2020）

数据来源：国家统计局。

我国 R&D 经费投入强度在 2020 年就超过了 2.4%，从国际比较来看，已达到中等发达国家 R&D 经费投入强度水平（如图 4-4），但与发达国家 3%—4% 的水平相比还有差距。我国研发经费投入与我国经济社会发展阶段相一致，但投入的效率还有待进一步提升。

（二）高技术密集型出口结构不断优化

高技术产业作为技术密集型产业中高技术密集度的行业和产品，其出口结构决定了技术密集型产业的国际竞争力。目前，在我国高技术产品出口构成中，计算机与通信技术、电子技术占比较高。贸易竞争力可以在很大程度上衡量产业国际竞争力。贸易竞争力指数大于 0，表明产品或产业具有较强的国际竞争力；贸易竞争力指数小于 0，表明产品或产业的出口竞争力较弱。我国在信息、通信和计算机设备以及铁路、船舶、航空航天和其他运输设备制造业上具有较强的出口竞争力（如表 4-4）。

表 4-4　部分技术密集型产业贸易竞争力指数的国际比较（2020）

国家及地区	医药制造业	计算机、通信和其他电子设备制造业	仪器仪表制造业	铁路、船舶、航空航天和其他运输设备制造业
美国	−0.44	−0.34	−0.03	0.17
德国	0.18	−0.12	0.33	0.20
日本	−0.57	−0.04	0.34	0.41
中国	−0.21	0.02	−0.17	0.40

数据来源：UN Comtrade 数据库。

二、我国劳动密集型产业比较优势的韧性

劳动密集型产业的范围是相对的，在不同的社会经济发展阶段上有不同的标准。根据 SITC 和我国国民经济行业分类标准，我们将劳动密集型行业界定位为：非金属矿物制品业，纺织业，纺织服装、服饰业，皮革、毛皮、羽毛及其制品和制鞋业，木材加工和木、竹、藤、棕、草制品业，家具制造业，造纸和纸制品业等。

改革开放以来，劳动密集型产业使"中国制造"享誉全球。中国生产的钢铁、水泥、化肥、电视机、煤、棉花等产量和发电量早已跃居世界第一，在我国的出口结构中，制造业遥遥领先于其他行业，其中劳动密集型产业扮演了至关重要的角色。这充分体现在表 4-5 所描述的我国劳动密集型行业增加值的增长率变化上。与此同时，随着我国经济进入高质量发展的新阶段，人口结构和要素结构的变化使得中国制造业成本相对上升，产业结构的调整和优化越来越迫切，这并不意味着完全放弃劳动密集型产业，而是要继续发挥比较优势提升劳动密集型产业及产品的竞争力。

中国制造业增加值从 2012 年的 16.98 万亿元增加到 2021 年的 31.4 万亿元，占全球比重从 22.5% 提高到近 30%，持续保持世界第一制造大国地位，供给体系质量大幅提升。20 世纪 90 年代，我国抓住中低端劳动密集型机电产品，如电视机、电风扇、电话机、照相机等转移机遇，极大地促进了机电产业增长和出口。2023 年我国出口机电产品 13.92 万亿元，占出口总值的 58.6%。劳动密集型行业的比较优势仍旧具有韧性。

劳动密集型产业的发展和升级是始终遵循着国际产业转移路径的。该产业在中国获得快速发展很大程度上归结于以下两个原因：一是外商直接投资。资本流入加速了生产扩张、技术升级和融入全球产业链，同时外资企业带来的先进技术和管理知识通过技术溢出提升了本地技术和管理水平。二是丰裕且相对廉价的劳动力和土地要素。尽管近年来中国的劳动力成本有所上升，但与发达国家相比，我国劳动密集型产业仍保持一定的成本竞争力。从表 4-6 可以发现，近年来我国劳动密集型产品的出口在制造业出口中的占比总体稳定，但也面临着转型升级的重任。

表 4-5　我国劳动密集型行业增加值增长率（%）

行　业	2012	2013	2014	2015	2016	2017	2018	2019	2020	2021
农副食品加工业	13.6	9.4	7.7	5.5	6.1	6.8	5.9	1.9	−1.5	7.7
食品制造业	11.8	10	8.6	7.5	8.8	9.1	6.7	5.3	1.5	8.0
酒、饮料和精制茶制造业	12.5	10.2	6.5	7.7	8	9.1	7.3	6.2	−2.7	10.6
烟草制品业	9.3	7.2	8.2	3.4	−8.3	3.5	6.0	5.2	3.2	3.5
纺织业	12.2	8.7	6.7	7	5.5	4.0	1.0	1.3	0.7	1.4
纺织服装、服饰业	7.2	7.2	7.2	4.4	3.8	5.8	4.4	0.9	−9.0	8.5
皮革、毛皮、羽毛及其制品和制鞋业	7.7	8.1	6.2	4.9	3.4	4.6	4.7	2.1	−11.7	8.6
木材加工及木、竹、藤、棕、草制品业	12.4	11.7	9.5	6.3	6.8	6.2	2.8	2.2	−1.9	10.4
家具制造业	11.2	10.2	8.7	6.9	6.6	9.8	5.6	2.5	−4.4	12.2
造纸及纸制品业	8.8	8.4	6.5	5.3	5.9	4.2	1.0	4.2	1.2	6.3
印刷和记录媒介的复制业	10.1	11.9	10	6.7	6.1	10.0	6.6	2.5	−2.0	11.2
文教、工美、体育和娱乐用品制造业	10.9	13.5	13.6	5.8	3.2	9.1	7.8	1.1	−6.0	14.9
化学纤维制造业	13.1	10.3	8.5	11.2	6.1	5.8	7.6	11.9	2.2	7.2
橡胶和塑料制品业	10.1	10.7	8.6	7.9	7.6	6.3	3.2	4.8	1.8	6.3
非金属矿物制品业	11.2	11.5	9.3	6.5	6.5	3.7	4.6	8.9	2.8	8.0
黑色金属冶炼及压延加工业	9.5	9.9	6.2	5.4	−1.7	0.3	7.0	9.9	6.7	1.2
有色金属冶炼及压延加工业	13.2	14.6	12.4	11.3	6.2	1.5	7.8	9.2	2.5	3.9
金属制品业	12.2	12.4	11.6	7.4	8.2	6.6	3.8	5.8	5.2	16.0
废弃资源综合利用业	15.1	15.4	16.5	20.4	8.2	1.4	4.3	13.1	2.7	30.2
金属制品、机械和设备修理业	11.6	15.5	12.1	8.8	6.5	9.8	11.6	13.9	−3.3	5.5

数据来源：Wind 经济数据库。

表 4-6　我国劳动密集型产品出口占制造业出口的比重变化（%）

行　业	2013	2015	2017	2019	2021	2023
农副食品加工业	2.73	2.55	2.44	1.86	1.58	1.49
食品制造业	0.94	0.96	0.96	0.84	0.95	0.96
酒、饮料和精制茶制造业	0.24	0.22	0.19	0.18	0.15	0.16
烟草制品业	0.03	0.04	0.03	0.04	0.01	0.06
纺织业	3.57	3.21	2.80	2.29	1.92	1.68
纺织服装、服饰业	4.41	4.33	3.69	2.88	2.10	1.85
皮革、毛皮、羽毛及其制品和制鞋业	2.91	3.08	2.93	2.50	1.76	1.33
木材加工及木、竹、藤、棕、草制品业	0.74	0.72	0.68	0.43	0.37	0.27
家具制造业	1.34	1.45	1.54	1.36	1.26	0.93
造纸及纸制品业	0.52	0.47	0.47	0.49	0.38	0.49
印刷和记录媒介的复制业	0.31	0.39	0.41	0.44	0.38	0.39
文教、工美、体育和娱乐用品制造业	3.41	3.81	3.63	2.94	2.75	2.15
化学纤维制造业	0.40	0.37	0.46	0.43	0.36	0.43
橡胶和塑料制品业	3.26	3.10	3.16	3.00	2.96	2.93
非金属矿物制品业	1.65	1.57	1.56	1.44	1.25	1.15
黑色金属冶炼及压延加工业	2.07	2.07	1.81	1.45	1.29	1.39
有色金属冶炼及压延加工业	1.03	0.91	0.99	0.94	1.10	1.16
金属制品业	3.18	3.22	3.04	2.85	3.39	2.87
其他制造业	0.45	0.45	0.38	0.38	0.39	0.40
废弃资源综合利用业	0.00	0.01	0.01	0.02	0.03	0.02
金属制品、机械和设备修理业	0.17	0.21	0.52	0.34	0.22	0.43

数据来源：Wind 经济数据库。

第三节　"中国制造"升级的内外部环境与路径

一、内外部环境

（一）全球制造业格局面临重大变革

全球产业竞争格局正发生着重大改革，国际产业分工格局正在重构。发达国家纷纷实施"再工业化"战略，重构制造业竞争新优势。发展中国家也在加快谋划和布局，积极参与全球产业再分工，承接产业及资本转移。

新一代信息技术与制造业深度融合，正在引发影响深远的产业变革，形成新的生产方式、产业形态、商业模式和经济增长点。各国都在加大科技创新力度，推动人工智能、移动互联网、云计算、大数据、生物医药、新能源、新材料等领域取得新突破。基于信息物理系统的智能装备、智能工厂等智能制造正在引领制造方式变革；网络众包、协同设计、大规模个性化定制、精准供应链管理、全生命周期管理、电子商务等正在重构产业价值链体系。

（二）超大规模内需催生中国制造品牌

随着新型工业化、信息化、城镇化同步推进，超大规模内需潜力不断释放，为中国制造业发展提供了广阔空间。各行业新的装备需求、人民群众新的消费需求、社会管理和公共服务新的民生需求都要求制造业在重大技术装备创新、消费品质量和安全、公共服务设施设备供给等方面迅速提升水平和能力。"中国制造"基于长期形成的传统优势和完整的工业体系，放眼全球，抢占制造业新一轮竞争制高点。中国紧抓全球制造业格局重大改革机遇，加大科技创新，在人工智能、高端装备、大数据与新一代信息技术、新能源、新材料、新生物工程等领域提前布局、引领新突破。

高端制造和先进制造关系到中国产业的国际竞争力，是建设现代化产业体系的基础和必由之路。中国经济发展史一再证明，没有强大的制造业，就没有国家的强盛和繁荣。新中国成立尤其是改革开放以来，制造业持续快速发展，建成了具有较强竞争力的产业体系，是世界制造业中心的重要支点，形成了一大批经久不衰的品牌，承担了诸如大飞机、重大装备等一系列战略制造任务，有力推动了我国工业化和现代化进程，显著支撑了我国世界制造业大国地位。

当前，新一轮科技革命和产业变革与加快转变经济发展方式形成历史性交汇，国际产业分工格局正在重构。各个全球城市都在加大科技创新力度，引领制造方式变革，重构产业价值链体系。但与世界先进水平相比，中国制造业在自主创新能力、资源利用效率、产业结构水平、信息化程度、质量效益等方面差距仍然明显，转型升级和跨越发展的任务紧迫而艰巨。

二、内涵与目标

（一）"中国制造"的新内涵

"中国制造"以促进制造业创新发展为主题，以提质增效为中心，以加快信息化与工业化深度融合为主线，以推进智能制造为主攻方向，以满足经济社会发展和国防建设对重大技术装备的需求为目标，全面提高制造业创新能力，实现制造业由大变强的历史跨越。

我国正在借助"中国制造2025"战略和建设制造强国使命，打响"中国制造"品牌，重点打造先进制造业、生产性服务业、服务型制造业和绿色技术，这不仅正在引导中国制造业现代化进程，从而避免"过早去工业化"，而且将为中国和其他新兴经济体如何摆脱"中等收入陷阱"提供范例，为中国的创新实践和政策评估提供宝贵的经验。

打响"中国制造"品牌，加快从制造大国迈向制造强国，不仅要实现我国工业在全球价值链中的地位攀升，而且要将其打造成经济发展更新、更高层次的增长极，助推中国经济转型升级。近年来，通过产业政策和金融政策的积极试验和大胆创新，工业强国的路线图已基本绘就，创新能力和基础能力建设快速提升。例如，确定以智能制造为主攻方向并加速与互联网融合，以优先发展新一代信息技术产业和新材料产业为突破口夯实核心基础产业实力。

与早期提出的两化融合相比，现在的"互联网+"是两化融合的升级版，推动中国制造向中国创造转型。互联网、人工智能和制造业的结合是未来制造业发展的重要方向。一是智能工厂替代传统工厂。这不仅意味着传统的工厂转型成智能工厂，另一方面一出生就是智能工厂。二是技术解决方案公司。为制造业提供智能工厂、顶层设计、转型路径图、软硬件一体化设施。实现工业物联网、工业网络安全、工业大数据、云计算平台、MES系统、虚拟现实、人工智能的集成。三是智能制造的延伸与升级。智能制造不仅包括数字化制造、智慧制造，还包括智能制造延伸到智能工厂的过程。

（二）"中国制造"的目标

中国制造品牌建设的四大目标包括：一是互联。中国制造要把设备、生产线、工厂、供应商、产品和客户紧密地联系在一起。二是集成。集成是推动两化融合及升级的关键，先进制造将无处不在的传感器、嵌入式终端系统、智能控制系统组合形成智能网络。通过这个智能网络，使人与人、人与机器、机器与机器，以及服务与服务之间，能够形成互联，实现横向、纵向和端到端的高度集成。三是数据。智能设备和智能终端无处不在，据此形成的数据已成为重要资源。这些数据包括产品数据、设备数据、研发数据、工业链数据、运营数据、管理数据、销售数据、消费者数据等。智能工厂的一个重要特征就是数据工厂，未来所有的企业都会变成数据企业。工业大数据可以重新来分析机器的运行以及效率提升。四是创新。制造业创新发展的过程，制造技术、产品、模式、业态、组织等方面的创新，将会层出不穷，从技术创新到产品创新，到模式创新，再到组织创新。这种创新随着工业机器人与人工智能的发展而更加凸显。随着制造业工人的转型以及户籍等限制，制造业要大幅度增加工业机器人。过去是人来操作机器，机器智能化之后，机器可以主导生产。

（三）以"中国制造"提升新质生产力

新质生产力就是以先进技术为主要投入要素，以战略性新兴产业和未来产业为核心载体，以新技术、新服务、新产业为主要内涵，符合高质量发展要求的生产力。先进制造业是新质生产力的主战场。加快形成新质生产力，不仅意味着以科技创新为主要驱动力，更体现了以产业创新构筑新竞争优势、赢得发展的主动权。从驱动力来看，传统生产力的驱动力主要依赖于劳动、资本、土地要素，新质生产力的驱动力是先进技术和数据要素。从表现结果来看，传统生产力以产值来衡量，而新质生产力以产业创新以及能否构筑新的竞争优势为尺度。新质生产力的提出，指明了我国经济高质量发展的着力点，丰富和发展了马克思主义生产力理论。

新质生产力与传统生产力的显著区别就在于要素的驱动力不同，新质生产力主要依靠科技创新尤其是前沿颠覆性技术及其应用为重要驱动力，表现出来的就是经济新产业、新模式、新业态，占据未来产业制高点，其中新技术和数据要素日益成为最主要的投入。我国正在按照"十四五"规划和2035年远景目标，聚焦发展新一代信息技术、生物技术、新能源、新材料、先进制造、高端装备、新能源汽车、绿色环保以及航空航天、海洋装备等战略性新兴产业，积极培育未来产业，加快形成新质生产力，增强发展新动能。如今的现代化企业车间，代替生产线上工人的是数百上千有条不紊地运转的机器人。人们对传统钢铁厂车间的印象肯定是人声鼎沸、火花四溅，现在当你走进中信泰富特钢集团的智能车间，看到的是"一键式"的自动化高炉炼铁、远程智能管控体系。目前我国已经培育421家国家级智能制造示范工厂。智能制造呈现的一端是数据，另一端就是新产品，中间就是人工智能。

新一代信息技术与制造业深度融合，正在引发影响深远的产业变革，形成新的生产方式、产业形态、商业模式和经济增长点。各国都在加大科技创新力度，推动移动互联网、云计算、大数据、区块链、人工智能的应用，正在重构产业的全球价值链。新质生产力是推动高质量发展的新动能，是实现中国式现代化的重要保障。我国在人工智能、云计算、大数据、区块链、量子信息等新兴技术跻身全球第一梯队，数字经济规模稳居世界第二。加快形成新质生产力的着力点就是瞄准新一轮科技革命和产业变革的突破方向，布局新领域、开辟新赛道、增强新动能、塑造新优势、抢占未来产业制高点。依靠原创性、前沿性和颠覆性新技术创造新产业，进而占据全球产业链的高端位置，这是新质生产力促进高质量发展的基本运行规律。

第四节　先进制造业结构性改革的上海经验

一、上海先进制造业发展的特征事实

新旧动能转换加速，以新兴产业替代落后产能。上海加快淘汰"三高一低"落后产能，节能环保、新一代信息技术、生物医药、高端装备、新能源、新材料和新能源汽车等战略性新兴产业制造业工业总产值增速显著快于规模以上工业总产值平均增速。战略性新兴产业引领新型产业体系，不断提升实体经济发展的质量与水平。制造业降本增效成效显著。规模以上工业企业每百元营业收入中的成本不断下降，促使制造业不断拓展内生性利润增长空间。

上海制造业处在全球价值链的中高端，这通常以出口产品复杂度来度量。上海的出口产品复杂度所对应的人均 GDP 水平比实际人均 GDP 水平要高。目前，上海正处于调结构、转方式的关键阶段，结构调整的阵痛还在继续释放，在保持经济中高速增长的同时，制造业结构持续优化。打造上海制造品牌，在先进制造业、战略性新兴制造业、生产性服务业、服务型制造业和绿色技术等领域构筑竞争优势，这不仅是上海制造现代化进程的支撑，而且是上海经济转型升级新动能的支柱。上海形成经济增长新动力，创造国际竞争新优势，重点在制造业，难点在制造业，出路也在制造业。上海经济新旧动能转换的重要支撑就是制造业升级。目前，上海工业生产继续维持中高速增长，企业效益明显改善。目前上海六大重点工业行业增长质量稳步提升，完成工业总产值占全市规模以上工业总产值的比重超过 70%，其中尤以新能源汽车、新一代信息技术增长、高端装备为亮点。

二、打响"上海制造"品牌的主攻方向与路径

（一）"上海制造"品牌打响的主攻方向

上海要建设具有全球影响力的社会主义现代化大都市，要建成国际经济、国际贸易、国际金融、国际航运中心以及具有全球影响力的科技创新中心，必须要打响"上海制造"品牌。这不仅因为制造业在国民经济中具有不可替代的重要地位，而且因为"上海制造"也是"上海服务""上海购物"和"上海文化"品牌的重要支撑。打响"上海制造"品牌的战略任务和路径主要包括：

推动上海传统产业向中高端迈进，促进大企业与中小企业协调发展，进一步优化制造业布局。实施工业产品质量提升行动计划，支持重点行业、高端产品、关键环节进行技术改造，优化产品结构，加快提升产品质量。瞄准新一代信息技术、人工智能、高端装备、新材料、生物医药等战略重点，提升优势和战略产业发展水平。

开放是上海制造业发展的重要优势，拓展新的开放领域和空间，推动重点产业国际化布局。引导外资投向上海高端制造领域，鼓励境外企业和科研机构在上海设立全球研发机构。支持发展企业走出去，通过全球资源利用、业务流程再造、产业链整合、资本市场运作等方式，提升企业跨国经营能力。

推进上海制造与上海服务的协同发展，推动商业模式创新和业态创新，促进生产型制造向服务型制造转变。大力发展与上海制造业紧密相关的生产性服务业，推动服务功能区和服务平台建设。实施服务型制造行动计划，引导和支持上海制造业企业延伸服务链条。

创新政府管理方式，实施负面清单管理，加强事中事后监管。深化市场准入制度改革，制定和完善制造业准入标准。加强市场监管，尤其是不正当竞争行为，为企业创造良好生产经营环境。实施有利于制造业转型升级的税收政策。提升金融服务实体经济的能力，拓宽制造业融资渠道，降低融资成本。

（二）"上海制造"品牌打响的路径之———结构优化

一方面，推动生产型制造向服务型制造转变。在工业化后期，典型工业化国家普遍出现了制造业"服务化"，以及服务业专业化和外包化的趋势，制造业升级越来越依靠生产性服务业的推动与融合发展。另一方面，结构优化的重点是发展先进制造业和战略性新兴产业。目前，劳动生产率和资本利用率最高的是中低技术制造业，低技术和中低技术制造业的产值增加值率呈下降趋势。因此，上海制造业现代化的主攻方向是提升中高技术制造业和高技术制造业的资源配置效率，发展先进制造业。产业结构调整不仅包括产业间调整，即工业体系的结构和比例，使之搭配更加合理，而且包括产业链调整，即注重产业向价值链高端转移，引导资源配置向研发设计、供应链等高附加值环节转移。

"上海制造"抢占新一轮竞争制高点要依靠产业结构的优化。一是上海传统产业快速向中高端迈进，产品结构不断优化，产品质量加速提升。二是上海瞄准新一代信息技术、人工智能、高端装备、生物医药等战略重点，提升战略性产业的能级和动力。三是进一步凸显制造业降本增效成效显著。目前，规模以上工业企业每百元营业收入中的成本不断下降。规模以上工业企业实现利润总额持续增长。四是在推动生产型制造向服务型制造转变上具有显著优势。上海第三产业增加值占全市生产总值的比重超过 70%，不仅第三产业是上海经济发展的主要驱动力，而且上海还是国际金融中心、国际航运中心。

（三）"上海制造"品牌打响的路径之二——创新驱动

创新驱动是打响上海制造品牌的第二大内生动力。高技术产业、战略性新兴产业等知识技术密集、高附加值行业、一系列新产业的能级提升和竞争优势都要依赖于技术创新和制度创新。上海系统推进全面创新改革试验加快建设具有全球影响力的科技创新中心进展明显加快，创新能力快速提升，不仅加大科技创新力度，而且注重引领制造方式变革，重构产业价值链体系。到 2030 年，上海着力形成具有全球影响力的科技创新中心的核心功能，在支撑上海制造品牌上将发挥关键性支撑作用。

结构优化和创新驱动赋予上海制造品牌的新内涵。上海制造业现代化要走创新驱动的发展道路。技术创新和制度创新在制造业现代化中处于核心位置。目前，上海的高技术产业、战略性新兴产业等知识技术密集、高附加值行业，继续保持中高速增长；以电子信息、智能制造、新能源、新材料等高新技术为引擎引领新产业。"上海制造"品牌的打响将加速制造业创新体系的健全和完善，加快建立以创新中心为核心载体、以公共服务平台和工程数据中心为重要支撑的制造业创新网络，形成一批制造业创新中心，开展关键共性重大技术研究和产业化应用示范。

上海制造业的创新驱动要坚持提质增效的方向。制造强城必然是以质取胜，质量强国在诸如质量标准体系、质量监管体系、自主品牌、质量技术、质量文化等领域具有显著优势。供给侧结构性改革实现了质提效增，这主要是通过新技术新产品新服务的快速成长来实现的，工业产品以质量取胜的特征日益明显。产品增长面扩大，符合消费升级方向的新兴产品继续保持高速增长。

第五章

新发展格局下的创新网络与市场一体化

中国进入了城市群驱动经济发展的新阶段，城市群的空间集聚与规模经济效应有利于加强城市之间的技术联系进而推动技术创新。本章基于专利流动视角，衡量创新网络，以长三角城市群为例，揭示创新网络对一体化发展和城市内生增长的影响。然后由长三角城市群扩展到全国主要城市层面，实证专利流动对全要素生产率的作用机制和效果。

长三角城市群是我国市场经济最活跃、创新要素最丰富的跨省域城市群。从 2010 年国务院正式批准实施《长江三角洲地区区域规划》到 2018 年长江三角洲区域一体化发展并上升为国家战略，再到 2019 年中共中央、国务院发布《长江三角洲区域一体化发展规划纲要》，长三角城市群一直着力于构建网络化、开放型、一体化发展新格局，推进创新链、产业链的深度融合。新时代长三角城市群紧扣"一体化"和"高质量"两个关键，打造高质量发展区域集群，强化创新驱动增长模式。作为长三角的龙头，上海全球科创中心基本的框架和功能已形成和凸显。经过"十三五"的建设，上海已形成具有全球影响力的科技创新中心基本框架，不断与长三角其他城市形成创新网络，聚焦创新型经济、服务型经济、开放型经济、流量经济和总部经济，增创经济发展新优势。创新型经济是上海经济的鲜明特征和显著优势，是成为国内大循环的中心节点、国内国际双循环的战略链接的支撑点，是更好地代表国家参与国际竞争合作的重要着力点，其中的战略承载就是上海科创中心。

长三角高质量一体化发展的关键驱动因素是核心城市因创新要素流动而

产生的空间溢出效应及所形成的区域创新网络。区域高质量发展的根本驱动力是技术创新，而获取创新要素有两个主要途径：一是本地 R&D 活动的知识生产与积累，二是从其他城市获得技术转移和知识溢出。长三角高质量一体化进程要求降低创新要素跨区域流动的制度壁垒和交易成本，增强区域创新系统在创新协同等方面的空间关联效应（白俊红、蒋伏心，2015；毛琦梁和王菲，2018）。针对现有研究在考察技术跨区域流动所表征的城市空间关联性如何影响城市群高质量一体化发展方面的不足，笔者使用数据挖掘技术获取了长三角城市群核心城市专利权及专利所有权变更（专利转移）数据（2004—2018），以城市群核心城市为主体，刻画城际技术转移所体现的空间关联性，应用社会网络分析法构建长三角城市群创新空间网络，不仅要描述长三角城市群创新网络呈现怎样的演化趋势和结构特征，还要揭示创新网络如何作用于本地创新能力。

基于专利流动的创新网络作用与效应同样可以在全国城市层面找到证据。我们进一步从专利流动对全要素生产率的影响入手，揭示专利流动是如何通过创新效应和竞争效应两个渠道作用于企业全要素生产率的。专利是创新和技术进步的重要成果，既包括技术创新和产品创新，又包括工艺性创新等。专利流动有利于促进企业技术创新和各类产品创新，进而提高企业全要素生产率。专利流动还有助于提升企业盈利能力，进而增强企业的市场竞争力，企业较好的盈利能力有助于企业研发投入的增长。

本章试图回答以下主要问题：其一，基于城际专利转移数据构建创新空间网络，从整体密集度、板块结构以及节点特征三个维度系统地揭示了长三角高质量一体化发展的演化趋势和结构特征，丰富区域创新及一体化发展相关研究。其二，刻画空间层面核心城市技术集散和创新协同关联的紧密程度。现有文献通常基于经济发展水平、创新要素投入与产出等本地指标构建经济距离空间权重矩阵，实质上是以区域经济特征的"接近性"代替"邻近性"。笔者运用城际专利转移数据构建创新空间网络，以科技成果在空间上的真实"流动"来刻画核心城市在技术集散和创新协同方面的空间关联性，具有更强的微观基础。据此实证创新网络对城市创新产出正向影响以及促进区域高质量一体化发展的内在机制。其三，基于全国城市层面的专利流动，证实专利流动提升全要素生产率的机制和关键作用，尤其是创新效应和竞争效应的作用。

第一节　文献综述与理论假说

一、创新网络与高质量一体化发展

网络由若干节点和连接这些节点的连边构成，空间因素会显著影响节点在网络中的收益和成本，致使网络关系在一定程度上呈现地理衰减和空间集聚效应（Ter Wal & Boschma，2009）。内生增长理论认为技术进步是保证经济可持续增长的决定性因素，诸多文献从交通基础设施及客运流量（张学良，2012）、贸易关系（蒋为等，2019；马述忠等，2016）、人力资本关系与流动（Agrawal et al.，2006；刘善仕等，2017；吴群锋、蒋为，2015）、物质资本网络（Huggins & Thompson，2015）、外商直接投资（刘景卿等，2019）等视角揭示了要素跨区域流动所引致的空间关联性对城市创新增长的重要作用。部分文献将专利数据处理为"关系型"数据（Maggioni et al.，2011），基于专利合作申请人信息构建发明家网络（Hoekman et al.，2009），强调网络位置和吸收能力对节点创新能力的重要影响，刻画了创新的空间关联和网络关系特征。

区域一体化能够消除市场分割，在更大市场范围内整合地区比较优势，发挥规模经济、集聚效应和可流动要素的空间再配置效应。王一鸣（2018）认为高质量一体化发展的内涵包括创新驱动、协调联动、生态共建、开放联动、共享共建等方面，而长三角地区最有条件在基础研究、战略高新技术等诸多领域建立创新联盟，打造全球领先的科技创新高地。当前关于区域技术创新和高质量一体化发展的文献与议题日趋增多（Jin et al.，2019；金碚，2018），但主要集中于交通基础设施建设（刘生龙、胡鞍钢，2011）和贸易流量关系等视角，探讨创新的空间网络与区域高质量一体化之间作用机制的文献仍然较为缺乏。

作为重要的知识产权和科技成果，专利凝结了高价值的创新要素和知识产出。近年来一些地理学文献提出以专利转移表征技术空间集散关系（段德忠，2018；刘承良、管明明，2018），为刻画城市群高质量一体化发展、揭示城市群创新优势来源提供了有益借鉴。基于城际专利转移数据构建空间网络能够揭示城市群内部技术流动路径，反映创新的集聚与扩散。周密和孙浬阳（2016）以专利权转移数据构建空间网络，研究了京津冀协同创新发展的空间结构和关系特征。创新网络对城市群高质量一体化发展的作用机理在于：一方面，以城市群创新网络的整体空间关联密集程度反映高质量一体化进程是否深化；另一方面，以城市群创新区位基尼系数的变动刻画区域创新差距是否收敛。应用网络块模型划分出整体网中局部空间关系更为密切的行动主体，能够进一步刻画高质量一体化发展的演化趋势和空间特征。具有更高空间网络中心度的城市通常在城市群中居于更核心的技术集散枢纽地位，并通过产业协同和创新合作等方式增强本地创新实力。基于此，我们提出假说 H1。

H1：以城际专利转移关系为核心的创新网络是城市群高质量一体化发展的路径，城市群创新网络中心度的提高会增强本地创新能力。

二、邻近性、技术转移与知识溢出

技术的空间转移主要来源于经济行为的 R&D 活动和技术贸易，属于有目的、有意识的技术扩散过程（李青，2007）。现有大量文献聚焦于国际技术转移对南北方创新利益分配的影响，认为技术引进是"后发优势"的重要体现。一方面，后进地区通过技术引进能够以相对较低的成本直接补偿本地技术存量，避免重复投资于发达地区已经开发过的技术；另一方面，技术引进地区可以通过"干中学"和人力资本积累将外部技术本地化，依托模仿创新逐步向自主创新阶段过渡（唐未兵、傅元海、王展祥，2014；张勋、乔坤元，2016）。技术转移的溢出效应是对区域经济增长贡献较为显著的部分。技术转移引致的空间溢出效应来源于技术外部性，主要体现在一般性资本积累和投资生产过程中的"干中学"效应（张勋、乔坤元，2016）。不少文献使用技术外部性和知识空间溢出解释区域产业聚集、技术进步以及经济增长收敛与分化，这一机制被认为是技术进步的重要渠道和内生增长理论的关键机制。技术成果和创新要素的跨区域流动带来了思想和经验的交换，使新的知识和工具被不同地区的生产和研发部门获得，从而创造出更多"站在巨人的肩膀上"的机会（Caballero & Jaffe，1993）。空间溢出能改善本地创新要素积累不足、抵减空间层面的边际报酬递减，实现共同技术进步（Costa & Iezzi，2004）。不同城市基于自身的比较优势分享技术成果、构建创新价值链、形成创新分工，有利于邻近地区能够获得规模经济和纵向一体化效应的经济利益，最终促进产业集群和创新网络的发展，提高本地创新产出和内生增长。

在地理区位、经济水平和技术水平等方面具有较高邻近性的城市，更容易发挥技术转移引致的知识溢出效应，这也是讨论创新网络对城市群增长的基础。如果一项本地研发的技术可在其他地区的市场获得丰厚的预期利润，则会产生市场导向型技术转移；政策导向型的技术转移则主要受到区域间产业合作、协同创新、科技对接、科技扶贫等政策目标驱动，是支撑区域协调发展的关键渠道；能力导向型的技术转移则强调技术引进地区的吸收能力。技术外部性和空间知识溢出机制的发挥高度依赖于区域的本地吸收能力（Tsai，2001）和"技术—技能"结构（Acemoglu & Zilibotti，2001），因而要依据本地产业结构和技术偏好相似性选择引进专利的类型和规模。城市之间专利转移的流量和份额越大，越容易产生空间溢出效应。据此我们提出假说 H2a。

H2a：创新网络关系的密集程度反映着城市群高质量一体化发展的水平，具有更强的创新网络邻近性的城市之间存在更显著的知识溢出效应。

传统研究关注地理邻近性对于空间溢出效应的重要影响，空间溢出的地理距离衰减效应使某些特定区域能够积累创新优势并形成产业集群和创新高地（Bottazzi & Peri，2003；Jaffe et al.，1993；Moreno et al.，2005）。关于中国创新与知识外溢的地理距离问题，符淼（2009）认为主要集中在相邻的一到两个省域范围，密集区域为 800 公里以内。随着一体化进程的加速，创新要素跨区域流动的交易成本和制度壁垒不断削减，空间溢出的地理衰减速度因交通基础设施的改善和信息搜集成本的降低而大幅减缓（孙建、齐建国，2011）。城市群的高质量一体化发展使创新要素的跨区域流动更加自由，空间网络的城市节点邻近性关系超越了传统的行政区划边界，向更大的城市群经济范围延伸。实际上，城市之间的知识溢出效应更加取决于城市的创新网络邻近性，而非简单依赖于地理邻近关系。长三角城市群具备高质量一体化发展的良好基础，与源于行政区划的地理邻近性相比，创新网络邻近性更真实地反映了知识溢出过程中的城市空间关联。于是我们提出假说 H2b。

H2b：城市群创新网络邻近性对知识溢出效应的作用较地理距离邻近性更强，城市群内部的知识溢出效应更加依赖于城市间创新网络的紧密程度。

三、专利流动影响企业全要素生产率的渠道与效应

专利流动对企业全要素生产率产生的正向效应包括两个方面：一是"互补效应"，即企业通过专利流动提升技术存量，丰富技术多样性，拓展创新可能性边界。市场经济下，企业引进外部专利的目的是在短期内获得知识产权所有权，加快技术应用和生产周期，进而迅速以新技术和新产品占领市场份额。由于自主研发（R&D）所需投入规模较高、持续期限较长、潜在风险较大，特别是对于中小企业而言，专利流动或是成本更低、见效更快的技术来源渠道。企业基于自身技术水平、结构和偏好，引进与现有技术相适宜的新技术，能够有效发挥专利流动的"互补"作用，提升生产效率。二是"溢出效应"，引进外部技术的意义并不局限于流入技术本身，更为重要的是，企业在引进、消化、吸收外部技术的过程中获得了信息交流和知识积

累的机会，能够通过模仿和"干中学"渠道获得知识溢出，将外部技术转化为内生的创新能力进而提升整体技术水平。技术成果本身包含大量知识信息，其跨区域流动会通过知识溢出渠道提升区域创新绩效（赵勇、白永秀，2009），这一效应的显著性和大小是技术转移能否促进企业全要素生产率增长的关键。

专利流动对企业生产率产生的负向影响主要表现为"挤出"自主研发和"锁定"低端技术。一方面，专利流动提供了规避研发高风险的捷径，可能诱使企业更多地将资源配置于生产、营销等非研发环节。即便是研发，也更重视针对引进技术进行本地化开发，而非创造自主知识产权，长此以往可能造成研发投入对工业总产值贡献的持续下降，不利于经济发展质量的提升（唐未兵等，2014）。另一方面，技术市场是典型的卖方市场，通常交易双方存在潜在的竞争关系和利益冲突，技术供给方为维持垄断利润倾向于出售附加值不高、标准化、成熟型的技术，并附加严苛的附加条款以限制技术被更为广泛的应用和转移。如果企业技术来源过度依赖于专利流动，就可能陷入"引进—落后—再引进"的低水平循环，甚至遭遇关键核心领域技术"卡脖子"现象。长期以来，虽然我国坚持引进外资和国外先进技术的战略，但在高端芯片、核心元器件、高端装备、农业种源等关键领域没能摆脱技术依赖。肖利平、谢丹阳（2016）发现引进国外技术对我国本土创新增长具有显著的负效应，国内技术购买对新产品创新增长的影响不显著，也即技术流动起到"替代"而非"互补"作用。

上述分析解释了专利流动对生产率产生异质性影响的机理。由于专利流动既发挥了正向的"互补效应"和"溢出效应"，也存在负向的"挤出效应"和"锁定效应"，其影响企业生产率的净效应取决于正负效应的总和，需要实证研究进一步证实。鉴于此，本章提出待验证的理论假说：

H3a：由于专利流动的"补偿效应"和"溢出效应"居于主导地位，在其他经济条件不变的情况下，专利流动有利于中国企业全要素生产率增长。

H3b：由于专利流动的"挤出效应"和"锁定效应"居于主导地位，在其他经济条件不变的情况下，专利流动不利于中国企业全要素生产率增长。

四、专利流动、技术水平与企业全要素生产率

（一）吸收能力

吸收能力内生于生产组织过程，是企业竞争优势的重要来源，也是影响专利流动与企业全要素生产率关系的关键因素。绝对吸收能力理论认为吸收能力是经济主体识别、吸收、利用外部知识的能力，取决于研发投入（Cohen & Levinthal，1989）、制度安排（George & Prabhu，2003）、人力资本等内因特征；相对吸收能力理论强调知识交换双方在先验知识、薪酬制度、组织结构等方面的相似性（Lane & Lubatkin，1998），进一步解释了企业利用不同外部知识的能力存在差异的原因。Borensztein et al.（1998）以人力资本水平作为发展中国家吸收能力的代理变量，发现外商直接投资通过溢出渠道提升发展中国家生产率的必要条件，是其人力资本水平超过门槛值。由于大部分创新和技术进步都是"站在巨人的肩膀上"，高技术企业掌握了更多认知和应用外部技术的先验知识和信息渠道，相匹配的劳动力技能水平更高，具备更强的吸收能力，因而技术水平会通过提升吸收能力的渠道促使企业在专利流动过程中获得更大的正向"溢出效应"。

同时，企业技术水平会弱化专利流动的负面效应。对于高技术企业而言，较强的吸收能力有利于搜寻、引进和消化"适宜性"技术，这种适宜性非常广泛，包括与本地市场需求相适宜、与已有技术结构相适宜、与上下游供应体系相适宜以及与本地要素禀赋相适宜等，只有引进技术与上述因素相"适宜"，外部技术才能顺畅地转化为现实生产力和内生能力。而基于异质性企业技术需求视角，高技术企业存在更高的技术需求层次，其参与技术活动的目的侧重于通过吸收、消化实现外部技术内生化（肖利平、谢丹阳，2016），因而较少遭受专利流动对自主研发的负面"挤出"和引进技术的低端"锁定"。综上，技术水平对专利流动与企业全要素生产率的关系产生了正向的调节效应，本章据此提出以下理论假说：

H4a：由于高技术水平企业具有更强的吸收能力，在其他条件不变的情况下，技术水平会强化专利流动对企业全要素生产率的正面效应。

（二）前沿差距（Distance to Frontier）

企业技术水平越高意味着其前沿差距越小，通过专利流动获得的"溢出效应"越小。大多数技术扩散理论模型都暗含"后发优势"的基本假设，也即在一国或地区与前沿差距较大时，缩小这种差距就显得相对容易。对于技术水平较低的企业而言，通过专利流动提高全要素生产率的潜在空间更大。傅晓霞和吴利学（2013）认为技术差距是作用于区域经济增长差距和赶超路径的关键因素，其影响程度甚至远大于有效劳均资本存量差距。Castellani & Zanfei（2003）基于1992—1997年间法国、意大利和西班牙的企业数据证实，东道国内外资企业的技术差距越大，越容易获得FDI的正面溢出。Acemoglu et al.（2006）提供了一个分析前沿差距动态变化与公司战略选择之间的理论框架，发现在前沿差距较大时，本国企业应当采用投资最大化的发展战略，主动引进世界前沿技术并进行模仿和吸收；随着技术追赶的逐步实现，应当转向创新增长模式，聘用更具创新能力的经理人，以避免陷入创新与经济增长的低水平均衡。只要内外部技术成果并非超强替代关系，技术流动对总体研发效率的贡献会随着前沿差距的缩小而减少，相应地，自主研发的贡献会随之上升。此外，较小的前沿差距可能导致技术流动受到保护主义干涉和禁锢，使买方在技术贸易中处于更不利的地位，甚至遭受技术封锁。基于此，本章提出待检验的理论假说：

H4b：由于高技术水平企业的后发优势更小，在其他条件不变的情况下，技术水平会弱化专利流动对企业全要素生产率的正面效应。

上述分析表明，专利流动对企业全要素生产率的净效应取决于正负效应的相对大小，而对于不同技术水平的企业而言，由于存在吸收能力和前沿差距的异质性，也产生了强化和弱化两个方向的调节效应。

第二节 创新网络与一体化发展：来自长三角城市群的特征事实

一、长三角城市群创新网络构建方法及数据来源

（一）创新空间网络构建

我们以长三角城市群 26 个核心城市[1]为节点（N 为创新网络的节点数目，则 $N = 26$），以城际专利转移的发生和流量为节点间的连线，分别构建长三角城市群邻接创新网络 A 与加权创新网络 B。元素 P_{ij}^t 为 t 时期城市 i 向城市 j 转移的专利数量，反映城市 i 的技术扩散能力；P_{ji}^t 为城市 j 向城市 i 转移的专利数量，反映城市 i 的技术集聚能力。构建方式为：

一是邻接创新网络 A。邻接创新网络是一个二值矩阵，刻画城市节点之间是否存在技术转移关系。记元素 a_{ij}^t 为 t 时期邻接空间网络 A^t 中第 i 行第 j 列的元素，反映了 t 时期城市 i 是否向城市 j 转移了专利。当 $i = j$ 时，有 $a_{ij}^t = 0$；当 $i \neq j$ 时：

$$a_{ij}^t = \begin{cases} 1, \ p_{ij}^t > 0 \\ 0, \ p_{ij}^t = 0 \end{cases} \tag{5.1}$$

二是加权创新网络 B。加权创新网络反映了城市节点之间的专利技术转移流量。应用马述忠等（2016）的思路将双向流量加总平均，并对每一行元素进行归一化处理，以消除量纲和取值范围可能造成的可比性差异。b_{ij} 为 t 时期加权空间网络 B^t 第 i 行第 j 列元素，则：

$$b_{ij} = \begin{cases} 0 & , i = j \\ \dfrac{(p_{i,j} + p_{j,i}) - M}{M - m} & , i \neq j \end{cases} \tag{5.2}$$

---

[1] 国家发展和改革委员会发布《长江三角洲城市群发展规划》(2016)，划定沪苏浙皖 26 个地级市为长三角城市群核心城市，具体包括：上海、南京、苏州、无锡、南通、泰州、扬州、盐城、镇江、常州、杭州、湖州、嘉兴、宁波、舟山、绍兴、金华、台州、合肥、芜湖、马鞍山、铜陵、安庆、池州、滁州、宣城。

其中：$M = \text{Max}\left[p_{i,1} + p_{1,i}, \cdots, p_{i,i-1} + p_{i-1,i} + p_{i+1,1} + p_{1,i+1}, \cdots, + p_{i,N} + p_{N,i} \right]$，
$m = \text{Min}\left[p_{i,1} + p_{1,i}, \cdots, p_{i,i-1} + p_{i-1,i} + p_{i+1,1} + p_{1,i+1}, \cdots, + p_{i,N} + p_{N,i} \right]$。

（二）数据来源与处理

笔者使用 Python 数据挖掘方法从国家知识产权总局专利事务数据公告网站获取了 2004—2018 年间所有事务状态为"专利申请权、专利权的转移"的专利登记信息。进一步使用 SAS 软件进行数据清洗，构建长三角城市群专利转移数据库，信息涵盖专利申请号、事务数据公告日、IPC（主分类号）、登记号、登记生效日、变更前权利人、变更前权利人地址、变更后权利人和变更后权利人地址等。为了获得专利转移的空间信息，从专利转移数据提供的"变更前权利人地址"与"变更后权利人地址"中提取出邮政编码，并根据全国邮政编码查询系统将专利转移记录匹配到地级市；如果邮政编码缺失，使用高德地图 API 和 XGeoCoding 软件解析出相应的经纬度并反解出城市信息。我们考察长三角城市群城际技术转移，即专利变更前后的权利人均归属于 26 个核心地级市之一，但两者并非同一地级市。

二、长三角城市群创新网络特征与演化趋势

（一）创新网络整体密集度

图 5-1 描述了 2004—2018 年间长三角城市群创新网络整体密集度和创新区位基尼系数的变动趋势。整体密集度考察网络节点能够获取的资源总数和网络关系的疏密变化，是网络中实际存在的关系数与理论上能够存在的关系数的比值，反映空间网络中创新资源的丰富程度。如果空间网络存在 N 个节点且所有节点之间的实际网络关系数为 M，网络密集度为：

$$\rho = \frac{M}{N(N-1)} \tag{5.3}$$

创新区位基尼系数刻画了长三角城市群内核心城市间创新分化程度及高质量一体化发展趋势。该指标最早由 Krugman 提出并用于测度美国制造业空间集聚效应，后被广泛应用于衡量资源配置和收入分配的不等程度（戴

平生，2015；叶静怡、刘雯，2018）。笔者控制城市经济规模影响，以长三角城市群核心城市当年专利申请总量和城市就业人口规模的相对份额计算相对创新区位基尼系数，计算方式为：

$$Gini_t = \frac{\sum_{i=1}^{N}\sum_{i=1}^{N}\left|s_{it}-s_{jt}\right|}{2N\sum_{i=1}^{N}s_{it}} \tag{5.4}$$

$$s_{it} = \frac{pa_{it} \big/ \sum_{i=1}^{N} pa_{it}}{L_i \big/ \sum_{i=1}^{N} L_i} \tag{5.5}$$

其中，pa_{it} 是 t 时期城市 i 当年专利申请总量，数据来源于国家知识产权总局专利检索系统；L_{it} 是城市从业人员总数，s_{it} 是控制城市 i 从业人口规模之后的创新份额，数据来源于 CEIC 中国经济数据库。创新区位基尼系数值越小，说明城市群内部创新分化程度越小，城市创新资源空间配置越均衡。

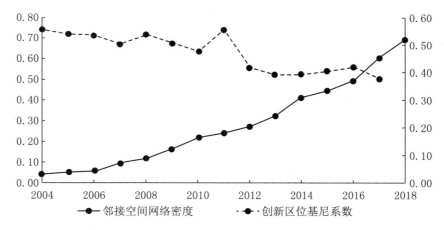

图 5-1　长三角空间网络整体密集度与创新区位基尼系数

注：使用 Ucinet6 软件分别计算 2004—2018 年每年度邻接空间网络 A 整体密集度。

图 5-1 显示，长三角城市群空间网络整体密集度自 2004 年以来不断上升，城际技术集散和创新协同更加活跃，整体网络内创新资源更加丰富，前

沿技术跨区域流动广延性和集约性逐步增强。与此同时，长三角城市群创新区位基尼系数总体呈下降趋势，核心城市在自主创新和前沿技术生产等方面相对差距趋于收敛。显然，长三角城市群高质量一体化正在有效推进，城市之间的技术联系日益密切，创新网络的空间分布趋向均衡。

（二）创新网络板块结构

笔者基于 CONCOR 方法进行创新网络块模型分析，对长三角城市群创新网络皮尔森积距系数矩阵进行了 1000 次迭代计算，将局部结构关系具有较高相似度的节点划分至同一板块（如表 5-1）。

表 5-1　长三角城市群创新网络板块的划分与变化

年度	2008	2018
第一板块	上海　湖州　杭州　金华　绍兴 无锡　台州	上海　湖州　杭州　宁波　绍兴 金华　台州
第二板块	南通　南京　苏州　宁波　常州 盐城　嘉兴　扬州　镇江	常州　苏州　南京　镇江　无锡 芜湖　马鞍山　合肥　安庆
第三板块	芜湖　合肥　铜陵　滁州　宣城	南通　扬州　盐城　滁州　嘉兴 泰州　舟山　铜陵
第四板块	泰州　舟山　马鞍山　安庆　池州	宣城　池州

注：使用 Ucinet6 软件进行网络块模型 CONCOR（Convergence of Iterated Correlation）分析。该方法可以直接分析多值关系矩阵，为了保证更多原始信息，使用未经归一化处理的加权创新网络。

表 5-1 表明，近年来，长三角城市群的城市间创新网络日益突破了行政区划边界，不同省域归属的城市也建立了相对密集的空间关联性。从创新网络板块结构来看，长三角城际创新要素跨行政区划流动在不断加强，逐渐突破行政区划边界向更大市场范围的城市推进。

（三）创新网络节点特征

社会网络分析法使用度数中心性和中间中心性刻画城市节点在空间网络中的重要性和控制力。度数中心性度量城市 i 空间网络关系的广延性，城

市 i 与其他城市建立的空间关系数越多表明城市 i 在空间网络中的地位越高，计算方式为：

$$cen\_d_{it} = (\sum_j a_{ij}^t + \sum_j a_{ji}^t) / 2\,(N-1) \tag{5.6}$$

其中，$\sum_j a_{ij}^t$ 度量了 t 时期城市 i 的点出度，刻画城市 i 的技术扩散能力；$\sum_j a_{ji}^t$ 度量了点入度，表示城市 i 的技术吸收能力，N 为总的节点数目。

中间中心性度量空间网络内任意两节点之间的捷径（最短距离）在多大程度上依赖于城市 i。经过城市 i 的捷径数量占总捷径数量比重越大，代表城市 i 在空间网络内承担"中间人"功能越强，对空间网络内创新资源流动的控制力越大，其度量方法是：

$$cen\_b_{it} = 2\sum_j \sum_k g_{jk}^t(i) / g_{jk}^t\,(N^2 - 3N + 2) \tag{5.7}$$

其中，g_{jk}^t 为 t 时期任意两节点 $j, k\,(j \neq k \neq i\, \& \, j < k)$ 之间的捷径总数，$g_{jk}^t(i)$ 为 g_{jk}^t 中经过节点 i 的捷径数量。

笔者绘制了 2008 年、2013 年以及 2018 年长三角城市群加权创新网络结构图（如图 5-2）。城市名称标签标识空间网络的城市节点，标签值的大小按照城市度数中心性加权，标签值的位置按地级市市政府在高德地图中经纬度位置布局。标签之间的连线代表城市节点间存在技术关联关系。

在图 5-2 中，城市标签值的大小反映出城市节点在空间网络中的相对地位和重要程度。从中发现：近年来，长三角城市群创新网络从单级非均衡结构向"一龙头、多中心"的钻石型结构演化。2008 年时，长三角城市群创新网络整体形态较为松散，长三角一体化发展的空间关联性不强。到 2013 年时，长三角城市群的创新网络紧密程度明显提高，处于核心区域的城际创新协同关系较为集中，位于空间网络地理边缘区位城市的技术联系仍较为稀疏，该时期的长三角城市群创新网络的空间格局呈现"东密西疏"特征。到

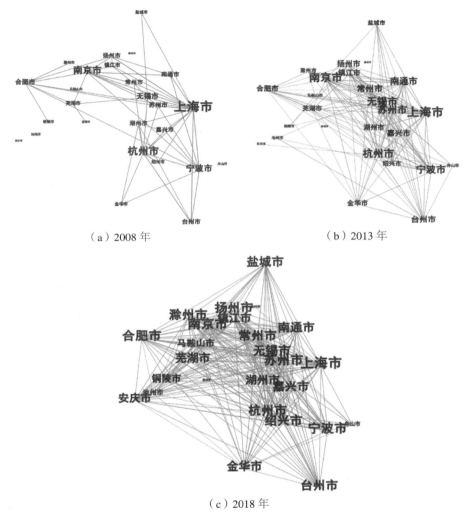

（a）2008 年　　　　　　　　　　（b）2013 年

（c）2018 年

图 5-2　长三角城市群创新网络结构的演变过程

注：使用 Gephi 0.9.2 软件绘制加权空间网络。

2018 年，长三角城市群技术集散关系呈现钻石型结构形态，核心城市与地理边缘城市度数中心性差距缩小，长三角城市群高质量一体化发展的逻辑和机制已经形成。

第三节　创新网络、技术创新与内生增长：
来自长三角城市群的证据

一、模型设定及变量选择

基于技术关联关系建立的空间网络能够揭示长三角城市群高质量一体化发展的路径和结构特征。高质量一体化发展的核心驱动力是创新，城市能否通过增强节点空间网络中心性而促进本地创新增长？笔者进一步考察长三角城市群创新网络如何影响本地创新产出。遵循 Griliches-Jaffe 的知识生产函数，以专利测度区域创新产出，于是创新投入与产出之间的关系为：

$$pa_{it} = \alpha_1 X_{it} + \sum_j \beta_j CV + \lambda_i + \gamma_t + \varepsilon_{it} \tag{5.8}$$

其中，λ_i 是个体固定效应，γ_t 为时间固定效应，ε_{it} 为随机误差项。

被解释变量 Y 为城市创新产出，按照通常做法使用专利申请量加 1 后取自然对数。核心解释变量 X 为城市在创新网络中的节点特征，以节点空间网络度数中心性和中间中心性加 1 后取自然对数进行度量，刻画一个城市在长三角城市群创新网络中的重要性和控制力。控制变量包括经济发展水平、物质及人力资本投入、金融发展水平、对外贸易规模、产业结构与要素流动规模。基于数据的可获得性，笔者使用人均国内生产总值的对数值度量城市经济水平，使用地方财政教育支出占国内生产总值比值的对数值刻画财政对创新活动的支持力度。金融发展能够通过降低研发门槛（Greenwood & Jovanovic, 1990）、改善融资约束（Canepa & Stoneman, 2007）和提升本地技术吸收能力（Alfaro et al., 2004）影响区域创新产出，采用城市年末金融机构存贷款余额占国内生产总值比值的对数值作为替代变量。人力资本水平使用地级市高等教育在校生人数占全社会从业人数比值的对数值进行度量。对外开放程度主要包括以外商直接投资为主要形式的国际资本流动和以对外贸易为主要形式的商品服务流动，以外商直接投资实际使用额的对数值

表 5-2 变量定义及指标计算

变量	符号	指标计算	样本数	均值	标准差	最小值	中位数	最大值
创新产出	*pa*	专利申请数加1的自然对数值	364	8.353	2.027	2.708	8.550	11.820
	pa_inno	发明专利申请数加1的对数值	364	7.240	2.175	1.386	7.561	10.930
度数中心性	*Cen_d*	度数中心性加1取对数值	364	2.457	1.494	0.000	2.833	4.533
中间中心性	*Cen_b*	中间中心性加1取对数值	364	0.655	0.866	0.000	0.183	3.590
经济发展水平	*pgdp*	人均国内生产总值的对数值	364	10.760	0.669	8.777	10.870	12.000
地方财政支出	*fis*	地方财政教育支出占国内生产总值比值的对数值	364	3.106	0.401	1.906	3.101	3.900
金融发展水平	*fin*	年末金融机构存贷款余额占国内生产总值比值的对数值	364	7.776	0.362	7.050	7.722	8.720
人力资本水平	*edustu*	高等教育在校生人数占全社会从业人数比值的对数值	364	−3.074	1.176	−5.480	−3.414	−0.425
对外贸易规模	*trade*	进出口总额占国内生产总值比值的对数值，经汇率调整为人民币计价	364	11.440	1.073	8.822	11.430	14.030
外商直接投资	*fdi*	外商直接投资实际使用额的对数值，经汇率调整为人民币计价	364	13.350	1.352	9.516	13.500	16.320
产业结构	*indu*	第二产业从业人数占全社会从业人数比值的对数值	364	−0.801	0.243	−1.518	−0.791	−0.185
要素流动规模	*pass*	城市旅客运输总人数占常住人口比值的对数值	334	−3.542	0.711	−5.321	−3.458	−1.922

和进出口总额占国内生产总值比值的对数值来表示。产业结构和要素流动规模分别使用第二产业从业人数占全社会从业人数比值的对数值和城市旅客运输总人数占常住人口比值的对数值作为替代变量。

为找到长三角城市群创新网络特征对城市创新产出的影响，我们首先将创新空间网络中心度小于25分位数的样本划分为第一组，25分位数至75分位数为第二组，75分位数以上样本为第三组，比较相应的创新产出均值差异（如表5-3）。结果显示：无论是以专利申请量还是发明专利申请量衡量，具有更高空间网络中心性的城市创新产出都显著更高，城市节点在创新网络中建立更多的技术关联有利于其增强本地创新能力。

表 5-3　以度数中心度为分组变量的均值检验

	样本数	专利申请量	发明专利申请量
组 1	75	6.0448	4.8684
组 2	185	8.1325	6.9483
Diff	—	−2.0877	−2.0799
P 值	—	0.0000	0.0000
组 2	185	8.1325	6.9483
组 3	104	10.4107	9.4708
Diff	—	−2.2783	−2.5225
P 值	—	0.0000	0.0000
组 1	75	6.0448	4.8684
组 3	104	10.4107	9.4708
Diff	—	−4.3659	−4.6024
P 值	—	0.0000	0.0000

二、基准回归结果

表5-4报告了长三角城市群核心城市创新网络中心性对本地创新产出影响的实证结果。为控制可能存在的城市异质性和时间趋势，所有模型均控制

表 5-4　专利转移网络中心度与城市创新产出

	（1） *pa*	（2） *pa*	（3） *pa_inno*	（4） *pa_inno*
cen_d	0.1215** （2.7853）		0.1722** （2.7664）	
cen_b		0.1089** （2.3211）		0.1259** （2.1824）
pgdp	1.0933** （2.3511）	1.0923** （2.2047）	0.8896 （1.5233）	0.9052 （1.4922）
fis	0.7853** （2.4977）	0.8382** （2.4335）	0.4687 （1.1473）	0.5521 （1.1644）
fin	1.3493** （2.2102）	1.1801* （1.9173）	2.3529*** （2.9850）	2.1414** （2.7494）
edustu	0.8422*** （3.5881）	0.7944*** （3.3779）	0.6216* （1.9146）	0.5483 （1.6228）
indu	1.0550*** （3.2602）	1.0103*** （3.0545）	1.1561*** （2.9339）	1.1137** （2.6251）
trade	0.0308 （0.2583）	0.0589 （0.4438）	0.0633 （0.5752）	0.0997 （0.8026）
fdi	0.1383* （1.7710）	0.1301 （1.5317）	0.3023** （2.7466）	0.2891** （2.4647）
pass	0.1904 （1.6685）	0.2041 （1.6389）	0.1184 （0.7881）	0.1323 （0.8003）
cons	−14.1741* （−1.7134）	−13.2254 （−1.5221）	−24.4429* （−1.9738）	−23.4342* （−1.8504）
City FE	Yes	Yes	Yes	Yes
Year FE	Yes	Yes	Yes	Yes
Adj_R^2	0.9610	0.9604	0.9608	0.9591
N	334	334	334	334

注：系数估计括号内为 t 值。* $p < 0.1$，** $p < 0.05$，*** $p < 0.01$。模型（1）—（4）使用城市层面的聚类稳健标准误。

城市固定效应和时间固定效应，并使用城市层面的聚类稳健标准误。实证结果证实了假说 H1，即城市节点的创新网络中心性对本地创新产出产生了显著的正向效应。在其他变量不变的情况下，城市空间网络度数中心性每上升 1 个百分点，该城市的专利申请量会增加 0.12 个百分点，发明申请量会增加 0.17 个百分点；城市空间网络中间中心性每增加 1 个百分点，城市专利申请量会增加 0.11 个百分点，发明申请量会增加 0.13 个百分点。该结果符合经济直觉，城市创新网络度数中心性和中间中心性越高意味着该城市与网络中其他城市建立了更紧密的技术关联，有利于城市创新产出的增加。

高质量一体化发展要求深化城市群内部核心城市的技术分工与创新合作，降低创新要素跨区域流动成本，推动技术在更大市场范围的应用。长三角城市群核心城市在创新协同上的空间关联性逐步增强，城市群内部城市间的技术关联性是本地创新的重要源泉。专利技术流入城市的空间网络中心性上升意味着该城市从其他地区获取技术的多样性和灵活性增加，技术流出城市空间网络中心性上升反映该城市在区域创新体系中影响力提高，通过技术市场的扩展和产业市场化应用，更好地激励了本地创新。

笔者基于城际专利转移数据构建创新空间网络，证实了城市节点创新网络中心性与本地创新产出存在正向显著关系，丰富了专利转移与区域创新领域的研究。以往文献认为，技术转移可能对区域创新存在正负两方面的影响，正向影响包括直接的技术补充效应和间接的溢出效应，负向效应主要包括路径依赖和低端锁定（唐未兵等，2014）。在空间网络视角下，本地与更多城市建立技术关联关系意味着节点在空间网络中获取创新资源和前沿信息的能力更强，更有机会获得与本地技能结构和吸收能力相适宜的技术，从而增强技术转移正向溢出效应。

三、稳健性检验

为了确保检验结果的稳健性，我们进一步将核心自变量由空间网络度数中心性和中间中心性替换为特征向量中心性。该指标值越高表明城市节点在网络中居于越核心的位置，[1]基准回归结果仍然成立。城市节点的网络中心性可能与本地创新产出存在反向因果关系。自主创新能力更强的城市拥有更多创新产出，倾向于进一步扩张技术应用市场范围，或通过加强跨区域知识产权运用以获取专利转让收入，主动占据更高的网络中心度。此外，创新能力更强的城市积累了大量物资及人力资本，对于新技术的学习能力和吸收能力更强，更倾向于通过提升网络中心性来增加技术转移的潜在收益。笔者使用空间网络中心性的滞后项作为工具变量进行两阶段最小二乘回归（2SLS），基准回归结论仍成立。

表5-5　稳健性检验

	（1） *pa*	（2） *pa_inno*	（3） *pa*	（4） *pa_inno*
cen_d	0.0887*** （2.8475）	0.1047*** （3.0051）		
cen_b			0.5263*** （2.7956）	0.5605*** （2.8890）
cons	−13.4484 （−1.6644）	−20.7691 （−1.5631）		
CVs	Yes	Yes	Yes	Yes
City FE	Yes	Yes	No	No
Year FE	Yes	Yes	No	No
Adj_R^2	0.9621	0.9610	0.8496	0.8676
N	364	364	312	312

注：系数估计括号内为 t 值。*p < 0.1，**p < 0.05，***p < 0.01。模型（1）—（2）使用城市层面的聚类稳健标准误。（3）—（4）以网络中心度的一阶和二阶滞后项为工具变量。

---

[1] 特征向量中心性通过其他相邻节点的网络中心性来判断该节点是否属于整体网络中的核心地位。如果一个节点的相邻节点大部分都具有较高中心性，那么该节点本身的中心性也越高，即单个节点的中心性是与其相连的其他节点中心性的函数。

四、长三角创新网络邻近性、知识溢出与城市内生增长

创新网络反映了城市在技术关联和创新协同方面的空间关联性，这需要进一步检验创新网络邻近性下专利流动和其他要素对知识溢出带来的间接效应，以及创新空间网络对城市群内生增长的机制。

（一）空间权重矩阵设定

首先是地理相邻权重矩阵的设定。为刻画地理邻近性，笔者基于国家地理信息系统电子地图判断城市 i 与城市 j 是否具有共同行政区划边界，按照 *Rook* 规则设定邻接二值矩阵。记 w_{ij} 为地理相邻权重矩阵（W_{geo}）中第 i 行第 j 列元素，当 $i = j$ 时，$w_{ij} = 0$；当 $i \neq j$ 时，若城市 i 与城市 j 存在共同行政区划边界则 $w_{ij} = 1$，否则 $w_{ij} = 0$。

其次是引力模型权重矩阵的设定。笔者借鉴白俊红和蒋伏心（2015）的思路设定基于引力模型的空间权重矩阵（w_{yl}），记 w_{ij} 为 w_{yl} 中第 i 行第 j 列的元素，则：

$$w_{ij} = \begin{cases} 0, & i = j \\ \dfrac{\overline{pgdp_i} \times \overline{pgdp_j}}{d_{ij}^2}, & i \neq j \end{cases} \tag{5.9}$$

其中：$\overline{pgdp_i}$ 为 2004—2017 年城市 i 的人均 GDP 的均值；d_{ij} 为城市 i 与城市 j 之间的地理距离，该指标使用 Matlab 软件计算城市市政府经纬度坐标而得。

最后是创新网络权重矩阵的设定。区域间专利转移流量和份额越大意味着城市在产业和技术方面的邻近性越强。以长三角城市群实际发生的技术转移活动刻画城市空间关联性，设定创新网络邻近性空间权重矩阵。记 w_{ij} 为第 i 行第 j 列元素，则：

$$w_{ij} = \begin{cases} 0, & i = j \\ \dfrac{1}{T} \sum_{t=1}^{T} p_{ij}^t, & i \neq j \end{cases} \tag{5.10}$$

其中，$t = 1，2，\cdots，T$，p_{ij}^t 为 t 时期城市 i 向城市 j 转移的专利数量，经标准化处理后得到创新网络权重矩阵（W_{net}）。

（二）空间计量模型

表 4-6 报告了三种空间权重矩阵下的 Moran's I 检验、LM 检验以及 Robust LM 检验值，最终选择的空间计量模型均为空间杜宾模型（SDM）和空间滞后模型（SAR），其分别设定为：

$$\ln y_{it} = \beta_0 + \delta \ln y_{it}W + \beta_1 \ln k_{it} + \beta_2 edustu_{it} + \beta_3 trade_{it} + \beta_4 indu_{it}$$
$$+ \theta_1 \ln k_{it}W + \theta_2 edustu_{it}W + \theta_3 trade_{it}W + \theta_4 indu_{it}W + \lambda_i + \gamma_t + \varepsilon_{it} \tag{5.11}$$

$$\ln y_{it} = \beta_0 + \delta \ln y_{it}W + \beta_1 \ln k_{it} + \beta_2 edustu_{it} + \beta_3 trade_{it} + \beta_4 indu_{it} + \lambda_i + \gamma_t + \varepsilon_{it} \tag{5.12}$$

其中，δ 为空间自回归系数，λ_i 为个体固定效应，γ_t 为时间固定效应，ε_{it} 为随机误差项，W 为空间权重矩阵。实证对象是 2004—2017 年长三角城市群核心城市。[1] 被解释变量是各城市实际国内生产总值的对数值，以

表 5-6　各种邻近性下知识空间溢出效应估计模型的选择

指　标	地理相邻权重矩阵	引力模型权重矩阵	创新网络权重矩阵
Moran's I	0.1071*** （2.9764）	0.0924*** （3.3526）	0.0487** （2.2108）
LM_lag	80.7636*** （0.0000）	33.5446*** （0.0000）	48.493*** （0.0000）
Robust LM_lag	79.9963*** （0.0000）	15.1158*** （0.0000）	28.7288*** （0.0000）
LM_error	34.6957*** （0.0000）	21.7461*** （0.0000）	20.4695*** （0.0000）
Robust LM_error	33.9283*** （0.0000）	3.3172* （0.0690）	0.7053 （0.401）

注：Moran's I 括号中的值为 Moran I-statistic，LM 及 Robust LM 检验括号中是 p 值。* p < 0.1，** p < 0.05，*** p < 0.01。

---

[1]　由于宣城市和池州市在创新空间网络中与长三角城市群其他城市的关联性很弱，为保证空间计量回归可行，这里未纳入这两个城市。

2000 年为基期并使用地级市 GDP 指数进行平减。计算各城市的资本存量时，参考张少辉和余泳泽（2019）的计算方法，使用永续盘存法（PIM）估算并取对数值。*edustu* 表示人力资本水平；*trade* 代表对外贸易规模，*indu* 是第二产业就业占比所表征的产业结构。数据来源于国家统计局和 CEIC 中国经济数据库。

（三）实证结果分析

表 5-7 报告了以空间滞后模型（SAR）和空间杜宾模型（SDM）估计长江三角洲城市群知识溢出效应的实证结果。在地理相邻权重矩阵、引力模型权重矩阵及创新空间网络权重矩阵下，自回归系数 δ 及资本存量、人力资本水平、对外贸易规模的间接效应均显著为正，证实长三角城市群核心城市间存在显著空间溢出效应。长三角城市群日益紧密的城际技术关联成为内生增长的重要动力。而以第二产业就业占比所表征的产业结构对知识溢出的间接效应为负，说明长三角城市群正逐步向以第三产业为主导的结构优化方向发展。

随着城市群高质量一体化进程的加速，创新要素跨区域流动日趋密集，区域间经济互动和空间关联性不断增强。创新网络邻近性刻画了城市群内城市在技术流动、创新协同方面的互动关系。城市创新优势不仅来源于本地物质资本和人力资本投入，而且依赖于邻近城市在物质资本、人力资本和对外贸易水平等方面的正向显著溢出。这再次验证了假说 H2a，明确了空间关联性对城市创新产出和内生增长的重要作用机制。加强城市跨区域技术集散关系，提升创新网络联系密集度，促进要素空间溢出的正向效应，是实现区域高质量一体化发展的逻辑和途径。相较于地理邻近性而言，空间网络邻近性对城市群知识溢出效应提供了更好的解释，其间接效应估计值更大，从而验证了假说 H2b。城市空间关联性更多地取决于城市之间创新要素流动和前沿技术集散，对地理距离和行政区划的依赖程度趋于下降。

表 5-7　长三角城市群知识空间溢出效应的估计结果

	地理相邻权重矩阵			
	SAR		SDM	
	系数估计	间接效应	系数估计	间接效应
lnk	0.1496*** （5.9931）	0.0084*** （5.4233）	0.2469*** （9.6336）	0.0102*** （3.7239）
edustu	0.2538*** （9.7376）	0.0142*** （8.0187）	0.2096*** （8.5992）	0.0086*** （3.6943）
trade	0.0557*** （3.0170）	0.0031*** （2.8828）	−0.0024 （−0.1215）	−0.0001 （−0.0934）
indu	−0.8223*** （−6.1475）	−0.0461*** （−5.4727）	−0.5756*** （−4.6530）	−0.0235*** （−3.1000）
W*lnk			−0.0426*** （−6.9414）	−0.0018*** （−3.3674）
W*edustu			0.0814*** （5.8495）	0.0033*** （3.9172）
W*trade			−0.0583*** （−5.6753）	−0.0024*** （−3.1204）
W*indu			−0.2733*** （−3.6044）	−0.0107*** （−3.2178）
W*dep.var	0.1043*** （8.2118）		0.0498*** （3.1985）	
R^2	0.9883		0.9908	
Log-likelihood	397.5644		445.9679	
Spatial FE	YES	YES	YES	YES
Time FE	YES	YES	YES	YES

（续表）

	引力模型权重矩阵			
	SAR		SDM	
	系数估计	间接效应	系数估计	间接效应
lnk	0.1328*** （5.1158）	0.1716*** （3.4712）	0.2773*** （9.3166）	0.1874*** （3.0572）
edustu	0.2654*** （9.7977）	0.3456*** （3.7907）	0.2249*** （8.1894）	0.1502*** （3.1963）
trade	0.0488** （2.5525）	0.0641** （2.1163）	0.0158 （0.8829）	0.0111 （0.8240）
indu	−0.8782*** （−6.3330）	−1.1536*** （−3.5861）	−0.8307*** （−6.5388）	−0.5598*** （−2.9277）
W*lnk			−0.2713*** （−4.4974）	−0.1825** （−2.5240）
W*edustu			0.6398*** （6.8847）	0.4231*** （3.5604）
W*trade			−0.1115* （−1.8714）	−0.0756 （−1.5719）
W*indu			0.8068 （1.6094）	0.5653 （1.3902）
W*dep.var	0.5727*** （10.2318）		0.4005*** （5.7230）	
R^2	0.9874		0.9898	
Log-likelihood	383.7446		424.9530	
Spatial FE	YES	YES	YES	YES
Time FE	YES	YES	YES	YES

（续表）

	创新网络权重矩阵			
	SAR		SDM	
	系数估计	间接效应	系数估计	间接效应
lnk	0.1806*** （7.4606）	0.5579*** （5.0573）	0.3223*** （12.4061）	0.1353*** （3.0160）
edustu	0.2401*** （9.5062）	0.7416*** （6.0070）	0.1777*** （7.5060）	0.0742*** （2.9813）
trade	0.0318* （1.7776）	0.0962 （1.7058）	0.0189 （1.1270）	0.0078 （0.9845）
indu	−0.9046*** （−6.9760）	−2.7836*** （−5.0781）	−0.9117*** （−7.8296）	−0.3799*** （−2.9394）
W*lnk			−0.3913*** （−5.0824）	−0.1655** （−2.4308）
W*edustu			1.0360*** （9.2065）	0.4297*** （3.2010）
W*trade			−0.4194*** （−4.422）	−0.1751** （−2.5168）
W*indu			−0.4504 （−1.0484）	−0.1803 （−0.9836）
W*dep.var	0.7592*** （30.9098）		0.2937*** （4.2591）	
R^2	0.9890		0.9917	
Log-likelihood	397.7664		461.5656	
Spatial FE	YES	YES	YES	YES
Time FE	YES	YES	YES	YES

注：系数估计的括号中为 t 值。* $p < 0.1$, ** $p < 0.05$, *** $p < 0.01$。

第四节　专利流动与全要素生产率：特征事实与研究设计

一、专利流动与全要素生产率的关系：基于全国城市层面的特征事实

为刻画中国各城市专利流动规模和来源地数量的相关特征事实，本章使用数据挖掘方法获取了 2005—2018 年中国专利申请权和专利权交易记录，将变更后权利人位于地级市 i 的专利交易记录识别为流入城市 i 的专利，加总可得专利流动规模（TRANSFER_MUM）。数据来源于国家知识产权总局中国专利公布公告，内容涵盖中国所有交易专利的申请号、申请日期、交易日期、变更前后权利人及地址、专利 IPC 分类号。为提取专利引进的空间信息，本章使用 283 个地级市对应的 3527 个四位邮编代码，对专利申请权和专利权变更前后权利人的地址和名称进行匹配；对于邮政编码不能识别的地址信息，手工进行逐一校对与补充。

图 5-3、图 5-4 分别呈现了 2005—2018 年中国专利流动规模和专利流入来源地数量平均值的变动趋势。可以看到，专利流动规模在 2005—2017 年间迅速扩张，仅在 2018 年略有下降，整体呈上升趋势；平均城市专利流入来源地数量不断攀升，2005 年平均每个城市专利流入来源地数量仅为 1.99 个，在 2014 年攀升至 13.60 个，2018 年上升至 40.44 个。

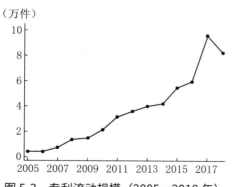

图 5-3　专利流动规模（2005—2018 年）

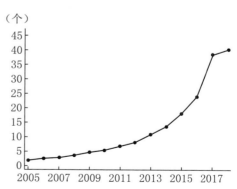

图 5-4　专利流入来源地数量平均值

资料来源：作者整理。

表 5-8 绘制了代表性年份专利流动来源地数量居于前十位的城市。可以看到，中国专利流动呈现典型的空间集聚特征，2005 年哈尔滨专利流入来源地数量仍居于全国第 9 位，但随着城市群经济发展，专利流动中较为活跃的城市高度集中于中国京津冀、珠三角、长三角以及成渝城市群内的核心城市。

为考察中国企业全要素生产率的特征事实，图 5-5 绘制了代表性年份生产率分布。中国工业企业全要素生产率水平整体呈上升趋势，且企业间生产率差距经历了先扩大后缩小的动态变化过程。考虑到大量低生产率企业在 2008 年全球金融危机期间退出了市场，"幸存者偏差"可能会使本章的估计过于乐观，即便如此，我国工业企业生产率分布仍然具有典型的右偏特征，也即较多企业的生产率低于平均水平，低技术水平企业数量较多。

为进一步考察四位数细分行业内中国工业企业生产率特征，本章参考杨

表 5-8　专利流入来源地数量居于前十位的城市

排序	2005 年	2010 年	2015 年	2018 年
1	北京（56）	北京（76）	北京（190）	北京（208）
2	上海（29）	上海（61）	深圳（167）	深圳（206）
3	广州（15）	深圳（51）	广州（118）	广州（197）
4	杭州（13）	广州（38）	上海（117）	重庆（174）
5	佛山（12）	杭州（32）	青岛（94）	南通（169）
6	重庆（10）	苏州（31）	南通（85）	上海（160）
7	天津（10）	南京（27）	杭州（78）	徐州（148）
8	南京（9）	天津（26）	东莞（78）	绍兴（147）
9	哈尔滨（9）	武汉（26）	成都（78）	佛山（145）
10	苏州（8）	厦门（25）	苏州（74）	东莞（138）

注：括号中为当年城市专利流入来源地数量（单位：个），资料来源：作者整理。

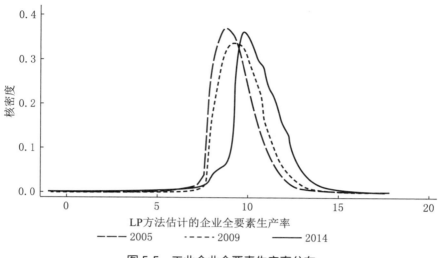

图 5-5　工业企业全要素生产率分布

继东和江艇（2012），以 2014 年为代表性年份，使用企业全要素生产率分布 90 分位数与 10 分位数之比度量企业生产率差距，将四位数行业内企业生产率差距位于 75 分位数及以上的行业划分为高生产率差距组、25 分位数及以下的行业划分为低生产率差距组，并基于《高技术产业（制造业）分类（2013）》标准将行业划分为高技术产业组和非高技术行业组。研究发现，中国细分行业内工业企业生产率存在显著的差异，四位数行业内的企业生产率差距范围在 0.62 至 1.77 之间，且所有的高技术产业都不属于低生产率差距组，也即高技术产业内企业生产率差距普遍较大。具体地，生产率差距最大的三个高技术产业是电视机制造业（3951）、复印和胶印设备制造（3474）以及航空航天器修理（4343），行业内生产率差距均分别为 1.60、1.50 和 1.47。生产率差距最小的是口腔科用设备及器具制造（3582）、核子及核辐射测量仪器制造（4027）以及其他仪器仪表制造业（4090）。最后，图 5-6 绘制了专利流动规模与地级市企业平均全要素生产率的散点图，拟合曲线呈现出正向相关关系，初步提供了专利流动促进企业全要素生产率增长的证据。

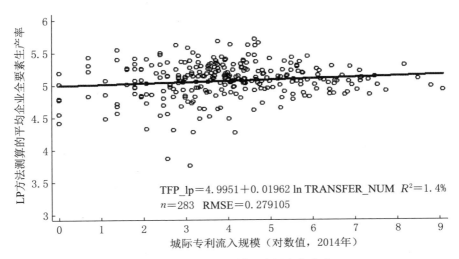

图 5-6　专利流动规模与全要素生产率

二、研究设计

(一) 计量模型与样本数据

为考察专利流动对企业全要素生产率的净影响, 参考相关文献, 设定回归模型为:

$$\ln Y_{it} = \alpha_0 + \alpha_1 TRANSFER_{jt} + \lambda_\alpha Z + \mu_i + \gamma_t + \sigma_k + \varepsilon_{it} \qquad (5.13)$$

为考察技术水平对专利流动与企业全要素生产率关系的调节效应, 引入技术水平与专利流动的交互项, 设定回归模型为:

$$\ln Y_{it} = \beta_0 + \beta_1 TRANSFER_{jt} + \beta_2 TECH_{it} + \beta_3 TRANSFER_{jt} \times TECH_{it}$$
$$+ \lambda_\beta Z + \mu_i + \gamma_t + \sigma_k + \varepsilon_{it} \qquad (5.14)$$

其中, i 表示企业, j 表示城市, k 表示行业, t 表示年份。被解释变量 Y 是企业全要素生产率, $TRANSFER$ 为企业所在城市专利流动特征, $TECH$ 为企业技术水平, Z 是控制变量集合; μ_i、γ_t、σ_k 分别控制企业、时间与行业固定效应, ε_{it} 是残差项。

模型（5.13）中值得关注的参数是 α_1。在控制其他变量不变的条件，如果 α_1 显著为正，说明专利流动显著提升了企业全要素生产率，"互补效应"和"溢出效应"居于主导地位；反之，如果 α_1 显著为负，说明"挤出效应"和"锁定效应"居于主导地位。模型（5.14）中需要关注的参数是 β_3，也即专利流动规模与企业技术水平交互项的估计系数。如果 β_1、β_3 都显著为正，说明企业技术水平越高，吸收能力越强，专利流动对全要素生产率增长的贡献越大；如果 β_1 显著为正，β_3 显著为负，表明低技术水平企业的生产率增长更多地受益于专利流动，因为其前沿差距较大，相应地具备更明显的"后发优势"。

研究样本为中国工业企业数据库（2005—2014）与中国工业企业专利数据库（2005—2013）的匹配数据。中国工业企业数据库是目前最全面的中国微观数据库，加总的工业总产值占全国总产值的 90% 以上。由于中国工业企业数据库中的企业代码、名称和法人都可能在样本期间发生变化，无法作为统一的样本标识，本章借鉴 Brandt et al.（2012）的处理思路，以企业法人、企业名称、邮政编码、电话号码、成立日期作为关键字段，使用"贯序识别法"逐年匹配样本，构建非平衡面板。同时，本章基于会计准则补齐了部分年份的缺失信息，例如，2008 年之后的样本缺乏"中间品投入"数据，则按照"中间投入＝存货－存货中的产成品＋主营业务成本－主营业务应付工资总额"准则进行补充。为避免错误信息干扰，本章还删除了总资产、工业总产值、营业收入以及从业人数为非正值以及企业总资产小于总负债的样本。

（二）指标构建与数据来源

本章的被解释变量是企业全要素生产率，为避免测算方法差异干扰实证结论，在基准回归中使用 LP 方法测算的全要素生产率（ln TFP_OP），在稳健性检验中更换为 OP 方法计算的全要素生产率（ln TFP_LP）。在全要素生产率计算过程中使用永续盘存法计算资本存量，相关名义变量以 1998 年为基期并按工业品出厂价格指数进行价格平减，同时参考柯善咨和赵曜

（2014）设定折旧率为 5%。

专利流动规模（ln *TRANSFER_NUM*）的计算方法见前文。本章进一步引入二元边际分析方法对专利流动规模进行结构分解。本地城市主要通过两种渠道提升专利流动规模，一是与其他城市建立新的技术交易关系，拓宽技术流动范围，也即广延扩展（*TRANSFER_IM*）。使用专利流入来源地的数量进行测度；二是深化与已经建立技术往来关系的城市间的技术流动规模增长，也即集约扩展（*TRANSFER_EM*）。以不同来源地流入专利的平均规模进行度量。

参考现有文献纳入一系列控制变量，包括：①企业特征。以企业成立年份度量企业年龄（ln *AGE*），以总资产度量企业规模（ln *SIZE*），以总负债与总资产比值的对数值度量杠杆率（ln *LEV*）。②财务指标。以企业营业利润与工业销售产值比值的对数值度量企业的盈利能力（ln *PROFIT*）。③产权性质。使用虚拟变量国有企业（*STATE*）与外资企业（*FOREIGN*）控制企业所有制。④外商直接投资。以外商直接投资实际使用额的对数值（ln *FDI*）为代理变量，并使用人民币美元中间汇率进行调整。

其他变量包括：①技术水平，以企业累积发明专利数量的对数值（ln *INVEN_TOTAL*）和是否拥有发明专利虚拟变量（*INVEN_DUM*）作为企业技术水平的代理变量。②企业技术创新、产品创新能力，以当期专利申请数量的对数值（ln *PATENT_ADD*）和当期发明专利申请数量的对数值（ln *INVEN_ADD*）作为企业创新能力的代理变量，以新产品产值的对数值（ln *NEW*）作为企业产品创新能力的代理变量。

（三）描述性统计

如表 5-9 所示，专利流动规模的标准差高达 1037，且均值是中位数的 3.63 倍；专利流动广延扩展和集约扩展的中位数也都小于平均数，说明我国不同城市参与专利流动的深度和广度存在显著差异，空间集聚特征显著，少部分城市占据了专利流动的绝大部分份额。

表 5-9　描述性统计

变量	符号	样本数	均值	标准差	最小值	中位数	最大值
OP 方法测算 TFP	TFP_OP	2758000	4.887	0.940	−7.4880	4.859	12.260
LP 方法测算 TFP	TFP_LP	2758000	10.010	1.306	−0.9780	9.915	18.220
专利流动规模	TRANSFER_NUM	2622000	522.000	1037.000	0.0000	144.000	11545.000
专利流动广延扩展	TRANSFER_IM	2553000	18.570	23.440	1.0000	11.000	198.000
专利流动集约扩展	TRANSFER_EM	2553000	19.130	17.840	0.0435	14.330	255.900
企业年龄	ln AGE	2749000	1.873	0.827	0.0000	1.946	7.608
企业规模	ln SIZE	2842000	10.180	1.497	0.0000	10.050	20.160
杠杆率	ln LEV	2842000	−0.805	0.917	−13.0700	−0.567	1.000
盈利能力	ln PROFIT	2402000	−3.273	1.382	−16.1700	−3.048	14.320
国有企业	STATE	2842000	0.044	0.206	0.0000	0.000	1.000
外资企业	FOREIGN	2842000	0.153	0.360	0.0000	0.000	1.000
外商直接投资	ln FDI	2613000	13.320	1.652	4.4300	13.540	16.270
累积发明专利数量	INVEN_TOTAL	2842000	0.150	20.320	0.0000	0.000	16598.000
是否拥有发明专利	INVEN_DUM	2842000	0.026	0.159	0.0000	0.000	1.000
专利申请数量	PATENT_ADD	2842000	0.549	7.843	0.0000	0.000	2784.000
发明专利申请数量	INVEN_ADD	2842000	0.141	3.379	0.0000	0.000	2270.000
新产品产值	ln NEW	2842000	0.410	1.946	−4.8800	0.000	18.520

　　无论是以 LP 还是 OP 方法进行测算，我国工业企业全要素生产率的最大值与最小值差距和标准差都较大，且中位数远小于均值数；仅 2.6% 的工业企业拥有发明专利，企业平均累计发明数量仅 0.15 件，印证了前文所述中国工业企业整体全要素生产率和技术水平有待提高的特征事实。

第五节　专利流动与全要素生产率：来自全国城市层面的证据及其机制

一、专利流动与企业全要素生产率

　　首先，本章估计模型（1）以考察专利流动对中国工业企业全要素生产率的影响。如表 5-10 所示，所有回归模型均控制了企业、时间和行业固定效应，并使用企业层面聚类标准误。研究表明，在控制其他变量不变时，专利流动规模及二元边际都显著提升了企业全要素生产率。专利流动的"互补效应"和"溢出效应"占据主导地位，流入规模越大意味着本地企业能够接触到更多和更丰富的前沿技术，有利于企业生产效率的改善和技术升级。这一结论证实区域创新要素的动态流动有利于知识空间溢出并提升了区域创新绩效，佐证了白俊红和蒋伏心（2015）的研究结论。

　　相比而言，专利流动广延扩展对企业全要素生产率的贡献较大，这表明基于提升本地企业全要素生产率的视角，现阶段我国城市应当以拓宽城际技术流动范围、推动更多城市建立新的技术关系为优先策略。本地城市与其他城市实际建立的空间关系数量反映了本地节点在创新网络中的相对重要程度和资源掌控能力，与更多城市建立新的技术交易关系有助于本地获取更丰富的创新资源和前沿技术，进而以知识溢出机制驱动高质量一体化发展（殷德生等，2019）。同时，专利流动广延扩展有利于降低企业在技术市场上面临的信息不对称。开拓更多技术来源地提高了企业搜寻到"适宜性"技术的可能性，有利于增强引进方在技术交易市场上的议价能力，降低企业技术增长路径被低端锁定的负面影响。专利流入来源地数量较少说明本地城市可能仍

表 5-10　专利流动与企业全要素生产率

变　量	LP 方法测算的企业全要素生产率（对数值）			
	（1）	（2）	（3）	（4）
专利流动规模	0.0172*** （27.6772）			
专利流动广延扩展		0.0289*** （21.3109）		0.0325*** （23.4355）
专利流动集约扩展			0.0090*** （14.4009）	0.0116*** （18.0695）
企业年龄	0.1182*** （54.5942）	0.1166*** （52.8687）	0.1172*** （53.1167）	0.1165*** （52.7825）
企业规模	0.3719*** （214.8663）	0.3724*** （211.6754）	0.3727*** （211.8481）	0.3723*** （211.5547）
杠杆率	0.0789*** （63.4354）	0.0802*** （62.9729）	0.0803*** （63.0606）	0.0801*** （62.9116）
盈利能力	−0.0267*** （−37.8061）	−0.0267*** （−36.9698）	−0.0267*** （−36.9342）	−0.0268*** （−37.0612）
国有企业	−0.0695*** （−8.0903）	−0.0690*** （−7.7946）	−0.0691*** （−7.8036）	−0.0693*** （−7.8226）
外资企业	−0.0599*** （−17.1146）	−0.0573*** （−16.1135）	−0.0561*** （−15.7632）	−0.0573*** （−16.0878）
外商直接投资	0.0563*** （35.5469）	0.0523*** （31.7329）	0.0517*** （31.4680）	0.0524*** （31.7467）
常数项	5.2854*** （191.6162）	5.3554*** （187.6781）	5.4019*** （190.9324）	5.3171*** （184.8680）
企业、时间、行业固定	是	是	是	是
调整 R^2	0.8501	0.8509	0.8508	0.8509
F 检验统计值	7152.6315***	6871.0463***	6832.0483***	6122.6169***
样本数	1870187	1822291	1822291	1822291

注：①*、** 和 *** 分别表示在 10%、5% 和 1% 的显著性水平下通过了显著性检验，括号内为 t 值。②所有模型都控制了企业、时间与行业固定效应，并使用企业层面的聚类标准误。国民经济行业分类和代码在 2003 年、2011 年发生了变化，本章按照代码对照表进行调整后，基于两位数行业代码控制行业固定效应。

处于专利流动的初级阶段，接触的技术市场范围较小；或是技术来源过于依赖于某一两个特定地区，其他地区难以提供替代型技术。

二、专利流动、技术水平与企业全要素生产率

为考察企业技术水平影响专利流动与企业全要素生产率关系的调节效应。如表 5-11 所示，列（1）、（3）以企业累积发明专利数量的对数值作为企业技术水平的代理变量，列（2）、（4）以企业是否拥有发明专利虚拟变量作为企业技术水平的代理变量，分别加入其与专利流动规模对数值的交互项。所有回归模型均控制了企业、时间和行业固定效应，并使用企业层面聚类标准误。实证结果显示，所有回归的交互项系数均为负，也即在控制其他条件不变的情况下，技术水平对专利流动与企业全要素生产率的关系产生了

表 5-11　专利流动、技术水平与企业全要素生产率

变　量	LP 方法测算的企业全要素生产率（对数值）			
	（1）	（2）	（3）	（4）
专利流动规模	0.0203*** （31.7328）	0.0208*** （32.3288）	0.0176*** （28.3329）	0.0181*** （28.9706）
企业累积发明专利规模	0.1045*** （9.4669）		0.1057*** （11.5263）	
专利流动规模 × 企业累积发明专利规模	−0.0194*** （−10.8572）		−0.0193*** （−13.1287）	
企业是否拥有发明专利		0.1801*** （14.2160）		0.1573*** （14.0969）
专利流动规模 × 企业是否拥有发明专利		−0.0288*** （−13.7407）		−0.0277*** （−15.2704）
控制变量	否	否	是	是
企业、时间、行业固定	是	是	是	是
调整 R^2	0.8116	0.8116	0.8501	0.8502
F 检验统计值	364.8683***	391.8305***	5738.7843***	5744.7547***
样本数	2281826	2281826	1870187	1870187

负向调节效应，验证了假说 H3b。这表明专利流动对企业全要素生产率的影响是非对称的，企业累积发明专利数量越多，专利流动对企业全要素生产率的正向作用越小，且在技术存量水平超过一定阈值后转为负向影响。具体来说，对于累积发明专利数小于 2.49 件的样本而言，专利流动有利于全要素生产率增长，超过这一阈值后，专利流动反而不利于企业全要素生产率增长。

这一结论支持张杰等（2020）的观点，技术引进对生产率的显著促进作用仅发生在技术水平和创新能力相对落后的企业内，而对于处于较高技术层级的企业的正向作用并不显著，甚至为负。理论上，不同技术水平的企业在吸收能力和前沿差距方面存在明显异质性，虽然更高的技术水平增强了企业的吸收能力，但由于高端技术供给的匮乏和转移限制，企业不太可能依赖专利流动渠道来创造和保持创新领先地位。相反，技术流动加速了技术扩散和知识溢出速度，可能导致高技术企业通过技术优势创造的垄断地位加速消减，并对其生产率产生一定的负面影响。

从描述性统计结果来看，样本期间我国工业企业整体技术水平较低，累积发明专利数小于 2.49 件的样本占到样本总数的 99.07%，说明现阶段专利流动整体上有利于提升我国经济发展质量。但值得强调的是，本章的研究表明目前专利流动提升我国工业企业全要素生产率的主要原因是大部分企业因前沿差距较大而具备"后发优势"。随着经济发展阶段的推进和企业技术水平的动态提升，必须以专利流动促进自主研发、以自主研发增强企业吸收能力，发挥技术水平的正向调节作用，才能实现可持续的高质量经济发展。

三、专利流动与全要素生产率：机制检验

上述研究表明，专利流动规模显著提升了我国工业企业全要素生产率。本节进一步揭示专利流动通过"创新"和"竞争"两个渠道作用于企业全要素生产率的机理。

（一）创新机制

创新是提升企业全要素生产率的核心渠道，主要形式包括技术创新和产

品创新，前者强调生产要素与生产条件的新组合，表现为新技术开发或者现有技术的应用创新，是生产者市场竞争力的主要体现；后者指企业通过提高质量、改善性能、降低成本和突出特色等方式，与现有产品、同类产品形成差异，跟随、满足、超越消费者不断升级的产品需求，是消费者福利的重要来源。技术创新通常着眼于产品创新，产品创新也需要技术创新的支撑。

本章以当期专利申请数量、发明专利申请数量作为企业技术创新产出的代理变量，以新产品产值作为企业产品创新的代理变量，检验"专利流动规模扩张——促进企业技术创新与产品创新——提高企业全要素生产率"作用机制。如表 5-12 所示，实证结果表明，控制其他变量不变的情况下，专利流动规模增长有利于提升企业的技术创新能力和产品创新能力，验证了专利流动的创新机制。专利流动往往伴随紧密的人员交流，提供了系统化的教育培训以及"干中学"的机会，企业通过模仿、消化、再创新过程实现外部技术内部化，有利于实现产品多元化和技术进步，最终表现为全要素生产率的增长。

表 5-12　专利流动的"创新机制"和"竞争机制"

变　量	（1）专利申请数量	（2）发明申请数量	（3）新产品产值	（4）盈利能力
专利流动规模	0.0033^{***} （8.7083）	0.0007^{***} （3.8282）	0.0103^{***} （5.0940）	0.0114^{***} （10.1566）
控制变量	是	是	是	是
企业、时间、行业固定	是	是	是	是
调整 R^2	0.3241	0.2866	0.3511	0.5587
F 检验统计值	198.3552^{***}	98.5265^{***}	243.1294^{***}	1915.7608^{***}
样本数	1917799	1917799	1917799	1917799

（二）竞争机制

本章在表 5-12 第（4）列中考察了"专利流动规模扩张——提升企业盈利能力——提高企业全要素生产率"作用渠道。研究表明，专利流动规模增长对企业盈利能力产生了显著正向影响，企业通过专利流动提升、巩固和创造市场竞争力，验证了专利流动的竞争机制。作为具有较高价值的前沿科技成果，专利赋予技术所有者在一定时间内维持市场垄断利润的权利。企业通过专利流入提高盈利能力，有利于全要素生产率增长：一方面，盈利水平较高的企业在投资决策和生产资源配置等方面具有较高的自由度，因为其承受的现金流约束和股东监督压力较小，这使得企业的投资决策较少受到其他因素的干扰和扭曲。另一方面，更高的利润积累有利于维持研发投入的稳定。由于研发活动存在较高的信息不对称性，内部积累仍然是企业研发投入的主要来源（解维敏和方红星，2011），较高的盈利能力有助于维持企业研发投入的稳定并最终转化为生产率的增长。

四、专利流动与全要素生产率：稳健性检验

（一）内生性问题

潜在的内生性问题来源于专利流动与企业全要素生产率的反向因果关系。全要素生产率越高的企业拥有越丰富的人力资本，吸收能力越强，基于收益视角，这类企业在从专利流动中获得的知识溢出和经济效益越大；基于成本视角，人力资本丰富的企业能够更好地处理知识产权定价及相关法律问题，在技术市场上面临的信息劣势和交易成本更小，更倾向于参与技术市场交易。

本章使用工具变量法处理内生性问题，构建的工具变量是企业所在地级市至北京、上海、深圳三地最小地理距离对数值的倒数与省内其他城市技术引进规模平均值的交互项。从中国区域经济增长格局来看，作为京津冀、长三角以及珠三角城市群的核心城市，北京、上海、深圳是中国技术水平最高、技术交易最活跃、技术辐射能力最强的创新策源地。技术扩散和知识溢出具有本地化效应，相邻地区之间更有可能发生创新要素的流动，距离北京、上海、广州较近的城市更倾向于提高专利流动规模；同时地理距离属于外生变量，不直接影响企业全要素生产率，满足排他性条件。由于地理距离指标不随时间而变动，而本章使用的样本为面板数据，在构建工具变量时还

需要进一步加入时变因素。受行政区划因素影响，中国省域内城市间的要素流动和空间关联较跨省域的城市间更加密切，在以 GDP 增长率为区域经济增长绩效主要考核指标的制度安排下，邻近地区的技术活动存在"横向策略互动"（杨龙志、刘霞，2014）。因此，省内其他城市技术引进规模平均值与本地城市专利流动规模密切相关。同时，省内其他城市的专利流动规模不会直接影响本地企业全要素生产率，满足排他性条件。

表 5-13　内生性问题处理

变　量	LP 方法测算的企业全要素生产率（对数值）		
	（1）	（2）	（3）
专利流动规模	0.1828*** （20.5440）		
专利流动广延扩展		0.3285*** （26.4837）	
专利流动集约扩展			1.1969*** （13.6348）
控制变量	是	是	是
企业、时间、行业固定	是	是	是
A CC LM 统计值	5722.6225***	13105.4040***	243.7623***
C-D Wald F 统计值	5746.8752***	13238.1173***	243.7993***
F 检验统计值	17488.8446***	16711.9977***	4429.6392***
样本数	1714162	1666372	1666372

如表 5-13 所示，Anderson's CC LM 检验与 C-D Wald F 检验拒绝原假设，不存在识别不足和弱工具变量问题。在控制内生性问题后，核心解释变量估计系数的显著性和符号与基准回归高度一致，证实研究结论的稳健性。

（二）组内相关和组间异方差检验

本章的实证研究同时使用了企业层面和城市层面的相关变量，而企业基于地理位置自然归属于不同城市，因此样本数据存在多层嵌套关系。一个潜在的担忧是，不同城市内的企业样本可能存在组内相关性、属于不同城市的企业样本间可能存在组间差异，潜在的组内相关和组间异方差问题可能会产生复合误差项，进而导致普通最小二乘法（OLS）的估计结果有偏（Kreft & de Leeuw, 1998）。鉴于此，本章建立多层线性模型（Hierarchical Linear Modeling）的零模型，以检验被解释变量是否存在组内相关和组间差异问题，模型设定为：

$$LEVEL1 : \ln TFP_{ij} = \chi_{0j} + \varepsilon_{ij}$$
$$LEVEL2 : \chi_{0j} = \gamma_{00} + \mu_{0j}$$
$$(5.15)$$

实证显示，上述回归的样本总数 $N = 2317648$，按城市分为 253 组，其中分组最小样本数为 131，平均样本数量为 9160.7。模型估计所得组内相关系数 $ICC = 0.048$，也即组间方差仅能解释模型总方差的 4.85%，一般认为，ICC 取值在 0.059 以上时才有必要采用多层线性模型估计（李文、王佳，2020），因此，潜在的组内相关和组间异方差问题并不影响本章的实证结论。

（三）其他稳健性检验

如表 5-14 所示，本章还进行了其他稳健性检验。一是专利流动包括引进、应用、吸收、消化、模仿以及再创新等多个步骤，对企业全要素生产率的影响可能在滞后期才表现出来，为控制可能存在的时间滞后效应，在列（1）—（3）中将被解释变量滞后一期进行稳健性检验。二是为避免不同的全要素生产率测度方法干扰实证结论，列（4）—（6）以 OP 方法测算的企业全要素生产率（对数值）作为被解释变量进行稳健性检验。三是为验证样本时间的变化和潜在的数据质量问题不会影响本章的研究结论，列（7）—（9）中使用 2005—2013 年中国工业企业样本进行稳健性检验。可以看到，相关稳健性检验估计系数的符号和显著性与前文高度一致。

第六节　结论及政策含义

中国进入了城市群驱动经济发展的新阶段，城市群的空间集聚与规模经济效应有利于加强城市之间的技术联系，进而推动技术创新。本章检验专利

表 5-14　稳健性检验

	LP 方法测算的企业全要素生产率（对数值，滞后一期）			OP 方法测算的企业全要素生产率（对数值）			LP 方法测算的企业全要素生产率（对数值，2005—2013 年样本）		
	（1）	（2）	（3）	（4）	（5）	（6）	（7）	（8）	（9）
专利流动规模	0.0165*** (23.0667)	0.0169*** (23.5615)	0.0174*** (24.1644)	0.0062*** (10.4404)	0.0063*** (10.6241)	0.0066*** (11.0002)	0.0019*** (29.8200)	0.0020*** (30.9159)	0.0021*** (32.0140)
企业累积研发明专利规模		0.0858*** (7.2751)			0.0234** (2.3583)			0.0157*** (18.1570)	
专利流动规模×企业累积发明专利规模		-0.0162*** (-8.4572)			-0.0054*** (-3.3601)			-0.0033*** (-22.6443)	
企业是否拥有发明专利			0.1406*** (9.7681)			0.0488*** (4.4541)			0.0240*** (21.0824)
专利流动规模×企业是否拥有发明专利			-0.0260*** (-11.1720)			-0.0111*** (-6.1233)			-0.0048*** (-25.0735)
控制变量	是	是	是	是	是	是	是	是	是
固定效应	是	是	是	是	是	是	是	是	是
调整 R^2	0.8482	0.8482	0.8482	0.7116	0.7116	0.7116	0.8246	0.8247	0.8247
F 检验统计值	2311.5916***	1859.6352***	1866.0710***	853.0584***	683.7829***	687.1126***	6548.6860***	5295.7336***	5304.3013***
样本数	1314251	1314251	1314251	1870187	1870187	1870187	1723911	1723911	1723911

流动对区域一体化和全要素生产率的作用机制和效果。一方面，我们采用社会网络分析和空间计量方法，基于长江三角洲城市群城际专利转移数据构建创新网络，刻画了长三角城市群创新空间网络演化趋势和结构特征，实证了创新网络对城市创新产出正向影响以及促进区域高质量一体化发展的内在机制。另一方面，基于全国城市层面的专利流动，证实了专利流动提升全要素生产率的机制和关键作用。

长三角城市群的创新空间网络正从以上海为绝对中心的单极结构向"一龙头，多中心"的钻石型结构演变。创新网络整体密集度不断攀升，城际技术关联关系日益密切；创新区位基尼系数总体下降，空间网络布局朝着均衡方向发展。城市通过建立更密集的技术关联关系增强了在空间网络中的重要性和控制力，获得创新成果跨区域转移的正向效应。长三角城市群核心城市的空间网络度数中心性和中间中心性与城市本地创新产出存在显著正向关系。城市创新优势不仅来源于本地物质资本和人力资本投入，而且依赖于邻近城市的知识溢出。长三角城市群创新网络紧密度的提高在促进城市间知识溢出效应的同时，对城市的内生增长具有重要贡献。创新空间网络邻近性下，物质资本投入、人力资本水平、对外贸易水平产生了显著的空间溢出效应，驱动着知识溢出和城市内生增长。随着长三角高质量一体化进程的推进，创新空间关联性对行政区划和地理距离的依赖性逐步下降，对创新要素和成果跨区域流动的依赖度显著上升。创新驱动发展模式是城市群高质量发展的内在逻辑，城市群各城市之间创新要素流动日趋紧密，创新网络关系更加紧密，为城市群高质量一体化发展注入了新的动能。

本章的结论为长三角城市群提升创新网络密集度提供了理论依据和实证经验。具体体现在两个方面：一是鼓励长三角核心城市在产业、教育、研发等方面建立联盟关系；二是在创新网络和知识溢出框架下打造"G60"科创走廊升级版。创新网络对城市群知识溢出和内生增长具有显著正向作用。推动创新要素跨区域流动，在更大市场范围内发挥创新要素的空间溢出效应，提高创新网络的紧密度，是城市群高质量一体化发展的要义。城市群内各城市要鼓励本地产业、教育、研发等机构深化与其他城市的科技合作并建立知识创新联盟，增强与邻近城市的创新空间关联性，进一步消除行政区划壁垒和地方制度壁垒，在更大市场范围内活跃创新要素和科技成果流动，发挥创新网络对知识溢出和内生经济增长的驱动作用。

本章进一步使用数据挖掘方法获取中国区域专利流动数据，以2005—2014年中国工业企业数据库为样本，提供了专利流动提升工业企业全要素生产率的大样本微观实证证据，揭示了专利流动提升经济发展质量的关键作用。研究发现，现阶段中国工业企业生产率整体水平较低，因技术差距较大而存在的"后发优势"是专利流动提升企业生产率的主要原因。进一步的异质性分析表明，专利流动的空间溢出效应具有典型的局域化特征，城市群经济发展模式是专利流动提升企业全要素生产率的空间基础；在2008年全球金融危机之前，专利流动不利于工业企业全要素生产率增长，危机后我国积极调整经济发展战略方向，专利流动对企业生产率的正面贡献逐步显现；专利流动不利于国有企业生产率增长，但提升了非国有企业的全要素生产率。

上述结论具有一定的政策启示。在企业微观决策方面，不同技术层次的企业有必要在科学考察自身技术条件的基础上，制定差异化的技术引进策略。技术水平较低的企业应当发挥"后发优势"，根据自身的风险收益偏好选择合适的方式引进"适宜性"技术，具体包括产品代理、技术许可、智力引进等非权益模式以及合资设厂、整体或部分收购等权益模式，而高技术水平的企业还要更加重视专利流动与自主创新的协同关系。加强与国内外其他企业的合作交流，积极融入技术交易市场，保持多方的沟通与互动是企业通过专利流动实现技术追赶、缩小生产率差距的重要路径。为了进一步发挥专利流动的互补效应和溢出效应，不仅要加强技术引进方与技术输出方、原材料与供应商之间的垂直整合，还要推进技术引进方内部各部门之间的水平整合，加强相关人员专业化培训，提升其人力资本积累水平。

基于技术增长的动态视角，本章研究还表明，自主研发对于实现更高水平创新发展的核心作用会随着经济发展阶段的推进和企业技术水平的增长而越发凸显，只有实行引进与研发并举的策略，以专利流动支撑自主研发，以自主研发以提升吸收能力，才能产生正向累积因果循环，促进高质量经济增长。我们不仅要持续扩大研发支出规模，而且要优化研发支出的配置结构。目前我国 GDP 达到了美国的约三分之二，但研发投入却仅为美国的三分之一。合理配置技术引进、技术吸收和自主创新的投入占比是实现技术引进和自主创新的良好互动的基础条件。应鼓励更多城市基于自身比较优势建立新的技术转移关系，建设辐射范围广、技术规模优势明显的区域科技创新中心，持续放大技术转移网络的辐射能级。疏通制约技术转移和创新协同的现实堵点，提升技术市场的要素配置能力，在更大范围内促进创新要素自由流动和空间配置优化。

第六章

新发展格局下的营商环境与国内大市场

在经济社会发展实践中,政府在影响企业行为方面的作用越发凸显,企业与政府间的依赖关系日益加深(Luo et al., 2010)。党的十八大以来,党中央、国务院以行政审批制度改革为"先手棋"提高行政效能,统筹部署商事制度改革,实现营商环境优化。2013 年我国决定改革工商登记制度,随后国务院审议通过《注册资本登记制度改革方案》,确立了商事制度改革总体设计。2015 年 10 月,在全国范围内实施了企业工商营业执照、组织机构代码证和税务登记证"三证合一、一照一码"登记制度改革,次年又推进至"五证合一、一照一码"。随着行政审批制度改革取得关键突破,相关政策配套和制度保障持续完善,我国营商环境持续优化。根据世界银行发布的《全球营商环境报告》,我国营商环境全球排名在 2005—2019 年间实现了从第 108 位至第 31 位的跃升。至 2020 年底,全国实现了企业开办时间压缩至 4 个工作日内;2022 年底完成涉企证照全面电子化。

行政审批制度改革针对性地处理了我国经济体制改革的核心问题——理顺政府与市场的关系,因而成为优化营商环境的关键突破口。政府通过审查、许可、核准、备案等形式对经济社会各类事项、活动、行为进行管理和监督,能够维护社会秩序,确保其遵循法律规范并符合公共利益。政府的市场监管职责涉及企业市场准入、经营场所、公共服务、金融支持、跨境贸易、商业纠纷、市场竞争及退出机制全生命周期,其流程繁简、时间效率、便利程度直接关乎企业的制度性交易成本,进而显著影响其商业行为和战略决策。尽管已有一些相关文献发现,简化行政审批具有刺激出口

（Khandelwal et al.，2013）、激励创业（张龙鹏等，2016）、促进技术创新（Chamarbagwala & Sharma，2011）的积极作用，但关于行政审批制度改革与城市经济增长的经验证据仍有待丰富。本章基于2004—2019年我国地级市面板数据，以城市设立行政服务中心的时长作为代理变量，实证考察了行政审批制度改革影响城市经济增长的效应与机理。研究可能的贡献在于：

一是提供行政审批制度改革显著促进城市经济增长的实证证据。已有大量研究证实，良好的制度能够改善微观经济主体未来预期，为长期经济增长奠定基础（Acemoglu et al.，2005），但相关研究主要关注营商环境的经济效应，且实证样本主要集中于微观调查研究和省际层面，具体考察行政审批制度改革的增长效应与政策效应评估的文献并不多见。现有文献主要聚焦于优化营商环境的效应考察，但相关指标测度存在争论：一部分学者关注企业在准入、开放、经营等环节面临外部环境的总和，从较为广域的视角出发，将环境监管、腐败治理（聂辉华等，2020）、治安环境、基础设施环境（聂辉华等，2020）、金融发展（聂辉华等，2020）等方面都视为优化营商环境的内容；另一部分支持文献则聚焦于政商环境（Escaleras & Chiang，2017）。本章强调，优化营商环境具有系统性、集成性和综合性，应当以推进行政审批制度改革为突破口，以形成良好互动、稳定可预期政企关系为核心。在此视角下，本章提供了我国地级市增长显著受益于行政审批制度改革的经验证据。

二是揭示行政审批制度改革在提高外资吸引能力、培育企业家精神和激发民营经济活力方面的积极作用，论证了我国政府加快以行政审批制度改革为突破口优化营商环境，以更高水平的制度软环境支撑城市经济增长的理论逻辑。研究发现，商事制度的完善与商业经济的繁荣和市场活力的充沛呈现密切的正向关联。在控制其他条件不变的情况下，对于较早设立行政审批中心的城市而言，工商企业新增数与总工商企业的比值、私营和个体从业人数与总工商企业的比值、当年新增外商投资项目数显著更高。随着我国经济结构转型的推进，过去以基础设施建设、产业园开发、政策优惠与补贴等形式吸引外资和发展市场经济的模式日益面临较大约束，而持续深化行政审批制度改革成为更好利用外资、更好培育创新、更好发展市场的关键举措。

三是实证发现我国地级市行政审批制度改革的增长效应表现为"南优北劣"，为新常态以来我国南北经济差异的特征事实提供了新的解释。针对南北经济分化现象，现有研究主要从要素供给（盛来运等，2018）、产业结构（盛垒、权衡，2018）、中心城市功能（黄少安、谢冬水，2022）等视角进行了深入考察。也有研究认识到，市场化程度差异是造成南北经济分化的重要因素（盛来运等，2018），但关于行政审批制度改革增长效应异质性的定量研究相对较少。本章提供了新的视角，发现行政审批制度改革的政策效应会随时间显现并越发凸显。正是由于南方城市率先在行政审批制度改革方面进行突破而形成了制度优势，与市场经济体制中的其他积极因素形成合力，增长效应显著高于北方城市，加速了南北经济分化。

本章余下部分的安排是：第二部分是文献综述和理论假说；第三部分是研究设计；第四部分分析了行政审批制度改革的经济增长效应；第五部分是机制检验；第六部分进一步讨论了行政审批制度改革增长效应的南北区位异质性；最后是结论与政策启示。

第一节　文献综述与理论假说

一、行政审批制度改革、优化营商环境与城市经济增长

行政审批制度改革涵盖了放宽市场准入、强化事中事后监管、加强市场环境建设等方面的系列改革，具体包括：实施"一单尽列、单无例外"的市场准入负面清单制度，实施"证照合一"及"先照后证"改革，建立企业信息公示制度，建成国家企业信用信息公示系统，全面推进"双随机、一公开"等。相关事项涉及深层次的机制体制改革，是我国市场化改革纵深推进至更高水平、更深层次、更大范围的重要体现。

除劳动力增长率、生产要素投入、技术进步外，制度环境也是影响经济

增长率的关键因素（Acemoglu et al., 2001）。良好的制度能够保障经济稳定运行，促进企业投资及创新能力增长，优化要素配置效率（Acemoglu et al., 2005；董志强等，2012）。一方面，行政审批制度改革程度与外资利用关联密切。在经济全球化背景下，各国在原材料成本、劳动力成本以及基础设施条件等方面的差异逐年缩小，而诸如政府行政效率、市场准入便利程度、法律保护水平、合同履约能力等制度软环境逐步成为主导外商直接投资区位选择的核心因素（Contractor et al., 2020）。商事制度改革能够抑制地方政府对行业规模和税收的投资偏好，促进地区产业专业化（刘诚、杨继东，2020），进而促使城市集聚更多全球资本。

行政审批制度改革还是全面构建亲清政商关系、提升政府现代治理能力的关键举措，有利于激发民营企业活力。相较于与政府具有"天然"联系的国有企业，民营经济更容易受到市场准入、金融市场、政府政策以及不确定性因素的负面影响（于文超、梁平汉，2019），因而在更大程度上受益于行政审批制度改革带来的市场权益保护、投资贸易便利、政务服务便捷和监管执法保障（Alfaro & Chari, 2014）。提升政务服务效能、规范化和透明度可以为民营经济提供稳定可预期的经营环境，激励民营经济扩大生产和投资（朱光顺等，2020）。依托行政审批制度改革破解转型经济遗留的机制体制障碍，加快构建以亲民营经济为特征的市场体系，能够减少企业寻租行为（夏后学等，2019），进而实现更高水平的城市经济增长。

创业是现代经济增长的重要源泉。简化企业准入市场制度有利于提高公司产品竞争力，拓宽企业盈利前景（郑子君、周文彰，2022），提高市场关于创业回报率的市场预期，进而促进大众创新创业。良好制度是保障企业家组合各类生产要素进而创造新价值的基础条件，稳定的产权制度、公平的司法体制、健康的市场竞争环境将吸引全球创新创业人才集聚，创造大量的创业机会。相反，繁杂的行政审批管控将抬高与企业家创业活动无关的才能门槛，挤出部分潜在企业家，导致人力资源错配（张龙鹏等，2016）；或是促使企业家增加非生产性寻租行为（魏下海等，2015）。此外，行政审批制度改革还有利于降低信息不对称，方便企业基于市场信息和政策变化灵活调整经营策略（Kaplan et al., 2011），提高创业成功概率。

　　假说 1：以行政审批制度改革为突破口优化营商环境，有利于增强外资吸引能力、激发民营经济活力、培育企业家精神，进而实现城市经济增长。

二、行政审批制度改革、城市经济增长与南北差异特征

　　现代经济与产业日趋集聚于主要城市与城市群，适度地区经济差距有利于促进要素自由流动、提高资源配置效率、促进地区产业分工与优势互补，但过大的差距则可能导致收入分配失衡与社会矛盾激化，不利于经济可持续增长（沈坤荣、马俊，2002）。区域发展不平衡一直是我国长期存在的经济现象（Lee et al., 2012），但其呈现特征具有阶段表现不同的特点。自改革开放以来，东部地区凭借自身要素禀赋和国家政策倾斜取得巨大发展成就，长期占据领先发展的第一梯队。进入 21 世纪，得益于西部大开发、中部崛起计划等区域发展战略的有效支撑，一度扩大的东西发展差距有所收敛。而新常态以来，"中国经济出现一个很大的变化，就是走势分化的情况从'东西差距'变成了以黄河为界的'南北差距'"[1]，且这一南北经济分化趋势正加速扩大。

　　营商环境具有系统性、集成性和综合性，在进入更高发展阶段后更容易释放制度改革的增长效应（屠新泉、武赟杰，2021）。根据国家发改委、商务部等部门联合发布的报告，2022 年全国城市营商环境前 15 强城市中，仅首都北京为北方城市。在 2021—2022 年全国 100 个地方城市法治政府建设水平的评估中，仅北京、青岛进入前十，前二十位也仅新增济南、天津两城。整体来看，相较于北方城市，南方城市实施行政审批制度改革的时间更早、起点更高、力度更大、范围更广。早在 20 世纪 80 年代，广州市就

---

[1]　2017 年 4 月，李克强总理在山东考察时明确指明了我国区域分化从"东西差距"向
　　　"南北差距"转变的特征，并强调政务改革是促进新旧动能转换，促进新业态、新模
　　　式蓬勃兴起的关键举措。

开始推进精简政府机构、下放行政审批权限改革，将城市规划、国土房地产、财税、工商等 14 项事权大部分下放至县区一级，并通过此后的三轮改革（1999 年、2002 年、2006 年）清理了 2700 余件、大约 70% 的审批事项。在全国统一改革之前，浙江省率先推出审批事项统一受理、多证联办、筹建登记等工商登记制度改革举措，为全国行政审批制度改革方案提供参考借鉴。相较而言，整体上北方城市在市场准入、政府服务和公共服务方面的改革仍相对滞后（肖金成等，2022），在一定程度上加大了南北经济发展差距。此外，已有研究表明，宽松的许可证制度为企业带来发展机会，且在经济自由化的地区产生的经济效应更为显著（Aghion et al.，2008），而我国南方城市无论是在私营经济占比、对外开放程度方面都保持相对领先，因而其城市行政审批制度改革的增长效应显著更大。

假说 2：南方城市行政审批制度改革的增长效应强于北方城市，这是导致南北经济增长差距的重要原因。

第二节　营商环境影响因素分析

一、模型设定

（一）行政审批制度改革增长效应的模型设定

为验证假说 1，本章基于拓展的柯布—道格拉斯（C-D）生产函数形式，设定以下计量回归模型：

$$\ln GDP_{it} = \alpha_0 + \alpha_1 \cdot \ln AdCenter_{it} + \sum_{j}^{n} \phi_j Z_{jit} + \upsilon_t + \mu_i + \varepsilon_{it} \tag{6.1}$$

其中，下标 i 代表地级市，t 代表年份；υ_t、γ_i 分别代表年份和城市固定效应，ε_{it} 是残差项。$\ln GDP_{it}$ 是被解释变量，表示地级市当年的实际经济增长；$AdCenter_{it}$ 为核心解释变量，表示地级市行政审批制度改革。Z_{it} 为控制变量集合，包括物质资本、人力资本、劳动力以及技术等。

模型（6.1）中值得关注的参数为 α_1。在控制其他变量不变的条件下，

α_1 显著为正说明完善商事制度具有显著的增长效应。此外，在机制检验中，本章更换式（6.1）的被解释变量为外资吸引能力、企业家精神、民营经济活力，以揭示行政审批制度改革影响城市经济增长的理论机理。

（二）基于多期 DID 模型（Time-varying DID）的政策效应评估

设立行政审批中心是我国推进商事制度改革的关键举措之一（马建堂等，2022）。行政审批中心通过整合公安机关、民政机关、工商局、税务部门等政务部门的资源和服务，为市民和企业提供办理证照、注销登记等政务服务的统一便捷服务，加快推动我国政府的行政职能从以"事项审批"为主转变为以"服务企业"为主，目标取向从"量"的管控为重转变为以"质"的提升为重，极大地降低了企业的制度性交易成本（夏杰长、刘诚，2017）。

从我国城市行政审批中心设立的进程来看，相关政策的出台具有一定的外生性，为科学评估行政审批制度改革的增长效应提供了一个理想的自然实验。本章参考 Beck et al.（2010）以各城市是否设立行政审批中心作为政策冲击变量，构建多期 DID 模型，评估行政审批制度改革准自然实验的政策效应，以验证基准回归结论的稳健性。模型设定为：

$$\ln GDP_{it} = \gamma_0 + \gamma_1 \cdot Policy_{it} + \sum_{j}^{n} \phi_j Z_{jit} + \upsilon_t + \mu_i + \varepsilon_{it} \qquad (6.2)$$

其中，$Policy_{it}$ 表示处理期虚拟变量，若城市 i 在 t 时期设立了行政审批中心，在此后时期均取值为 1；反之，取值为 0。其余变量与模型（6.2）相一致，控制了城市和年份双向固定效应。模型（6.2）中 γ_1 反映了行政审批制度改革政策的平均处理效应，是本章关心的重点。

（三）行政审批制度改革增长效应南北差异的模型设定

在改革开放进程中，南方城市先行先试市场化改革形成了制度优势，率先进入系统、集成、综合推动营商环境的高水平发展阶段。为验证假说 2，也即城市行政审批制度改革的增长效应出现了显著的南北差异趋势，设定模型为：

$$\ln GDP_{it} = \beta_0 + \beta_1 \cdot \ln AdCenter_{it} + \beta_2 \cdot \ln AdCenter_{it} \cdot South_i + \sum_{j}^{n} \phi_j Z_{jit} + \upsilon_t + \mu_i + \varepsilon_{it}$$

$$(6.3)$$

在模型（6.1）的基础上，上式进一步加入了行政审批制度改革（$\ln AdCenter_{it}$）与城市南北区位虚拟变量（$South$）的交互项。其他变量与模型（6.1）一致，同样控制城市和年份固定效应。模型中交互项的估计系数 β_2 尤其受到关注：若 β_2 均显著为正，说明相较于北方城市而言，样本期间南方城市通过进行政审批制度改革实现了更高的经济增长。

二、变量选取

（一）被解释变量

以各地级市实际国内生产总值的对数值（$\ln GDP$）作为经济增长的代理变量，并在稳健性检验中使用实际经济增长率作为被解释变量。相关变量的测算以 2000 年为基期，使用 GDP 平减指数消除通货膨胀影响。

（二）核心解释变量

参考夏杰长和刘诚（2017）研究，本章以地级市行政审批中心设立年限（$AdCenter$）作为行政审批制度改革的代理变量，并使用行政审批中心是否设立的虚拟变量（$AdCenter\_dum$）进行稳健性检验。

（三）控制变量

本章以固定资本存量作为资本投入（$Capital$）的代理变量，参考张军等（2004）以 2000 年固定资本形成总额除以 10% 估算基期资本存量，并使用固定资产价格投资指数对相关名义变量进行调整，折旧率设定为 9.6%；以各城市年末单位就业人数（$Labor$）刻画劳动力要素投入；以专利授权数量衡量地区科技创新水平（$PatentG$），为得到更可靠的结论，在稳健性检验中还将其更换为地级市前三年专利申请总数（$Patent3$）。本章还控制了产业结构转型（$Indu$）以及人力资本水平（$Education$），分别使用第三产业与地区生产总值的比重以及人均受教育年限作为代理变量。

表 6-1　变量说明表

变　量	符　号	测算方式
实际经济增长	ln *GDP*	地区实际生产总值，以 2000 年为基期，对数值
实际经济增长率	*Growthrate*	（本年度地区生产总值—上一年度地区生产总值）/ 上一年度地区生产总值
城市行政审批中心设立年限	ln *AdCenter*	地级市设立行政审批中心年限，加 1 取对数值
城市是否设立行政审批中心	*AdCenter_dum*	虚拟变量，地级市设立行政审批中心之后的年份取值为 1，反之取值为 0
同一省份内其他城市行政审批中心设立平均年限	ln *AdCenter_other*	同省内其他城市行政审批中心设立平均年限，加 1 取对数值
城市南北区位	*South*	若城市的行政服务中心位于"秦岭—淮河"线以南取值为 1；以北则取值为 0
开埠时长	*Open*	城市开埠年份距 2000 年的时长
资本投入	ln *Capital*	固定资本存量，对数值
劳动投入	ln *Labor*	年末单位从业人员数，对数值
技术水平	ln *PatentG*	地级市当年专利授权数量，对数值
	ln *Patent3*	地级市前三年专利申请总数，对数值
产业结构转型	*Indu*	第三产业与国内生产总值的比值
人力资本水平	ln *Education*	地级市人均受教育年限，对数值
企业家精神	*Entrepreneur*	当年新增工商企业数量与城市工商企业总数的比值
民营经济活力	*Private*	私营与个体就业数量与城市工商企业总数的比值
对外引资能力	*Finvestment*	外商直接投资项目新增数量

　　本章按地级市政府中心与"秦岭—淮河"线的相对位置划分南北，若某城市的政府中心位于"秦岭—淮河"线以南，则将该城市划为南方城市，*South* 取值为 1，否则取值为 0。工具变量共两个，一是城市开埠年份距

2000 年的时长（*Open*）；二是同省内其他城市行政审批中心设立的平均年限（*AdCenter_other*）。基于前文的理论分析，在机制变量方面，参考叶文平等（2018）以当年新增工商企业数量与城市工商企业总数的比值评价城市企业家精神（*Entrepreneur*）；以私营与个体就业数量与城市工商企业总数的比值来刻画民营经济活力（*Private*）；以外商直接投资项目新增数量度量城市的对外引资能力（*Finvestment*）。

三、样本与数据

本章以中国地级市面板数据为样本，数据来源于《中国城市统计年鉴》。城市行政审批中心的设立信息来源于中国研究数据库（CNRDS）行政审批数据库。其他数据来源于国泰安数据库、Wind 数据库以及天眼查企业信息数据库。

本章在应用多期 DID 模型进行政策效应评估时（Panel B）使用了 2001—2019 年的全样本数据。由于在稳健性检验中使用前三年地级市专利申请总数（*Patent3*）代替当年专利授权数量（*PatentG*）作为技术水平的代理变量，在基准回归、内生性处理和其他稳健性检验中实际使用的是 2004—2019 年的样本（Panel A）。考虑到在当前我国城市发展的方针、政策与战略下，不同行政等级的城市在政府权限、资源配置与制度安排方面存在显著差异（魏后凯，2014），为避免"行政中心偏好"干扰实证结果，在实证样本中剔除了北京、天津、上海和重庆四个直辖市。实证样本也不包括西藏自治区的城市。为了避免极端值影响，对相关连续变量进行了上下 0.5% 的缩尾处理。

四、描述性统计

描述性统计如表 6-2 所示。我国地级市行政审批中心设立年限的均值为 7.327 年，略高于中位数。南方地区的江门市于 1997 年设立行政审批中心，是我国首个推动行政审批改革的城市，而北方的运城市、晋城市的改革时间

较为滞后，在 2018 年设立行政审批中心。同省内其他城市行政审批中心设
立平均年限的均值为 7.319 年，最大值出现在南方的嘉兴市，2019 年该值高
达为 18.250 年。嘉兴市位于浙江省境内，省内其余地级市分别为杭州、宁
波、绍兴、金华、温州、丽水、衢州、台州、湖州；浙江省为全国经济发
达省份之一，在行政审批改革方面领先于全国其他省份，其中杭州与绍兴
在 2000 年设立行政审批中心，宁波、温州、湖州、金华、台州、丽水均在
2001 年设立审批中心。

表 6-2　描述性统计

指　标	样本数	均值	标准差	最小值	中位数	最大值
Panel A（2004—2019）						
实际经济增长（单位：元）	4308	1328.070	1548.194	53.534	798.460	9422.715
实际经济增长率	4306	0.111	0.044	−0.060	0.110	0.250
行政审批中心设立年限	4308	7.327	5.457	0	7	22
是否设立行政审批中心	4308	0.849	0.358	0	1	1
同省内其他城市行政审批中心设立平均年限	4292	7.319	4.532	0.000	6.928	18.250
城市开埠年份距 2000 年的时长	4308	19.256	42.757	0	0	157
城市南北区位	4308	0.529	0.499	0	1	1
固定资本存量（单位：元）	4308	39026622	45799107	1195853	23238937	260542128
年末单位从业人员数	4308	46.168	50.454	5.420	31.342	649.334
当年专利授权总数	4308	3124.007	8493.652	2	604.5	166105
前三年专利申请总数	4281	12025.403	33680.178	9	2203	644381
第三产业增加值占比	4308	38.411	9.174	8.580	37.315	79.230

169

（续表）

指　标	样本数	均值	标准差	最小值	中位数	最大值
人均受教育年限	4308	9.369	0.862	6.894	9.183	13.727
城市工商企业总数	4276	274532.175	348435.931	3029	167924.5	4740833
当年新增工商企业数量	4276	36435.415	46782.202	628	22653.5	788740
私营与个体就业数量	4082	462.705	596.901	13.580	274.115	6983.300
外商直接投资项目数量	4097	103.844	389.168	0	19	14832
Panel B（2001—2019）						
实际经济增长（单位：元）	5101	1182.984	1471.500	53.534	674.215	9422.715
是否设立行政审批中心	5101	0.784	0.412	0	1	1
固定资本存量（单位：元）	5101	34118401	43750862	1195853	18411666	260542128
年末单位从业人员数	5101	44.318	47.784	5.230	30.561	649.334
当年专利授权总数	5101	2684.026	7875.966	2	447	166105
第三产业增加值占比	5101	38.085	8.909	8.580	37.020	79.230
人均受教育年限	5101	9.276	0.856	6.894	9.114	13.727

注：为直观呈现相关变量的统计特征，上表对变量的原始值进行描述性统计。后文回归模型中对实际经济增长、固定资本存量、年末单位从业人员数、地级市人均受教育年限、地级市当年专利授权总数、地级市前三年专利申请总数取对数值；对行政审批中心设立年限、同省内其他城市行政审批中心设立年限加 1 取对数值。

控制变量反映了样本的构成情况：固定资本存量、专利授权数量、前三年专利申请总数的均值都明显高于中位数，标准差较大，说明分布右偏，资本和技术具有集聚势态。全国第三产业占比最小的是北方的克拉玛依市，2008 年仅为 8.58%，而南方海口市则高度依赖于第三产业，占比一度高于七成。人均受教育水平最低的城市是北方的黑河市。

第三节　行政审批制度改革影响城市经济增长的实证检验

一、基准回归

表 6-3 报告了行政审批制度改革影响城市经济增长的基准回归结果，所有回归均控制城市和年份固定效应，使用城市层面的聚类稳健标准误。其中，列

表 6-3　基准回归

	（1） 实际经济增长	（2） 实际经济增长	（3） 实际经济增长	（4） 实际经济增长	（5） 实际经济增长	（6） 实际经济增长
行政审批中心设立年限	0.0306*** （2.6403）	0.0223** （2.5240）	0.0262*** （3.0744）	0.0265*** （3.1259）	0.0243*** （2.8912）	0.0241*** （2.8731）
资本投入		0.2322*** （12.6306）	0.2296*** （13.3200）	0.2255*** （13.0261）	0.2070*** （12.0157）	0.2080*** （12.0333）
劳动投入			0.0737*** （5.0445）	0.0708*** （4.9683）	0.0708*** （4.7990）	0.0722*** （4.7949）
技术水平				0.0073 （1.4238）	0.0066 （1.2637）	0.0066 （1.2456）
产业结构转型					−0.0039*** （−6.4695）	−0.0039*** （−6.5608）
人力资本水平						0.0789 （1.1248）
常数项	6.6448*** （323.4182）	2.7309*** （8.7401）	2.5093*** （8.2499）	2.5405*** （8.3921）	3.0134*** （9.8506）	2.8164*** （7.7641）
城市固定效应	控制	控制	控制	控制	控制	控制
年份固定效应	控制	控制	控制	控制	控制	控制
调整 R^2	0.9942	0.9960	0.9962	0.9962	0.9964	0.9964
F 统计量	6.9710***	81.2250***	63.8797***	48.2523***	51.8447***	43.2757***
观测值	4308	4308	4308	4308	4308	4308

注：括号内为 t 值；*、** 和 *** 分别表示通过 10%、5% 和 1% 水平的显著性检验；下同。

（1）为单变量回归结果，行政审批中心设立的年限对城市经济增长的影响系数显著为正，并且通过 1% 的显著性检验，表明行政审批中心设立的年限越长，城市实际经济增长越高。列（2）—（6）为依次加入资本、劳动、技术水平、产业结构转型、人力资本水平控制变量，虽然系数相比之前有所下降，但均支持行政审批制度改革显著推动城市经济增长的基本结论，验证了假说 1。

设立行政审批中心是推进商事制度改革、优化营商环境的关键环节，通过集成处理企业注册、证照办理、项目审批、市民服务、公共资源交易、事项审批、税费缴纳等行政事务，一方面实现了审批流程的简化、优化、公开化，避免部门间重复审批和相互推诿；另一方面能够优化政府对审批事项的监督和质量控制，确保审批结果的公正和合法性，防止职权滥用和不正当干预，进而对经济增长产生积极贡献。

二、内生性处理

虽然基准模型已经控制了一系列影响经济增长的因素，但城市经济发展水平也会显著影响推进行政审批制度改革的时间和力度，这一反向因果关系造成内生问题隐忧。本章使用工具变量法处理内生性问题。参考董志强等（2012）使用城市开埠通商时间作为工具变量，相关数据来源于《中国商业通史（第五卷）》[1]。从历史的角度来看，城市开埠通商与营商环境息息相关，且当下的经济发展情况并不会影响过去的制度，可以有效规避反向因果问题。值得注意的是，城市开埠通商历史仅捕捉了横截面上的变化，而本章采用的是面板数据，因而需要在构造工具变量时引入年份这一时变因素以反映其在时间维度上的变化。此外，参考刘诚和钟春平（2018），使用同省内其他城市行政审批中心设立的平均年限作为工具变量。若地级市属于同一省份，其政策要求、制度文化都类似，满足相关性要求；且其不直接影响本地政策的出台和执行，满足外生性条件（刘诚、钟春平，2018）。

---

[1] 吴慧：《中国商业通史（第五卷）》，中国财政经济出版社 2008 年版，第 134—138 页。

表 6-4　内生性处理

	（1） 2SLS（一阶段回归） 行政审批中心设立年限	（2） 2SLS 实际经济增长
同省内其他城市行政审批 中心设立年限	0.4356*** （2.6660）	
行政审批中心设立年限		0.1068** （2.3798）
资本投入	0.0747 （0.9774）	0.1996*** （11.1861）
劳动投入	−0.0743 （−1.0215）	0.0802*** （5.2822）
技术水平	−0.0243 （−0.8176）	0.0089 （1.5282）
产业结构转型	−0.0043 （−1.4900）	−0.0036*** （−5.2901）
人力资本水平	0.0412 （0.1247）	0.0536 （0.7329）
常数项	−0.4271 （−0.2994）	
城市固定效应	控制	控制
年份固定效应	控制	控制
Cragg-Donald Wald F 统计量		16.796
Hansen J P 值		0.083
调整 R^2	0.8096	0.9824
F 统计量	140.3376***	1672.7348
观测值	4292	4292

　　表 6-4 中列（1）为第一阶段回归结果，将（1）中所有的外生解释变量都放入第一阶段回归后，工具变量的系数为 0.4356，且在 1% 的水平上显著为正。列（2）为以城市开埠时长与时间趋势交互项、省内其他城市行政审批中心设立的平均年限作为工具变量的两阶段最小二乘法（2SLS）估计结

果。相关检验表明，弱工具变量检验的 C-D Wald F 统计量为 16.984，大于10，表明不存在弱工具变量问题；Hansen J 统计量对应的 P 值，大于 5% 的显著性水平，表明不存在过度识别问题。结果表明，考虑内生性问题后，行政审批制度改革的增长效应仍然显著，进一步验证了假说 1。

三、基于多期 DID 模型的政策效应评估

（一）政策效应分析

本章以各城市设立行政审批中心的时间点作为冲击来构建多期的准自然实验，回归结果如表 6-5 所示。列（1）为单变量的回归结果；列（2）加

表 6-5　行政审批制度改革的经济增长效应：基于多期双重差分模型

	（1）实际经济增长	（2）实际经济增长	（3）实际经济增长
是否设立行政审批中心	0.8727*** （9.6189）	0.1088*** （3.5718）	0.0178** （2.0786）
资本投入		0.4447*** （19.3181）	0.1839*** （9.8199）
劳动投入		0.3691*** （14.6772）	0.0638*** （4.6321）
技术水平		0.1597*** （9.9645）	0.0011 （0.1679）
产业结构转型		−0.0064*** （−3.4528）	−0.0035*** （−4.4265）
人力资本水平		−0.0370 （−0.2256）	0.0582 （0.7338）
常数项	5.8436*** （62.7851）	−2.9257*** （−6.8765）	3.2199*** （8.7887）
城市固定效应	不控制	不控制	控制
年份固定效应	不控制	不控制	控制
调整 R^2	0.1173	0.9279	0.9953
F 统计量	92.5240***	1671.5663***	28.0923***
观测值	5101	5101	5101

入一系列等控制变量；列（3）进一步控制城市和年份的固定效应。实证证实，核心解释变量的系数均显著为正，表明以"行政审批中心设立"为政策冲击，使用多期 DID 模型克服因果识别问题后，本章的结果依然成立。以"简政放权""放管结合""优化服务"为主要着力点的商事制度改革，为市场主体松绑减负，给企业带来了更大的自由和便利，推动经济增长。

（二）平行趋势检验

实验组和对照组在政策冲击时点之前不存在显著的差异，保持趋势一致性，是双重差分模型估计的前提。本章使用事件研究法对行政审批制度改革的增长效应进行平行趋势检验，构建如下模型：

$$\ln GDP_{it} = \theta_0 + \sum_{j=-M}^{N} \theta_j \cdot Policy_{i,\,t+j} + \sum_{j}^{n} \phi_j Z_{ijt} + \upsilon_t + \mu_i + \varepsilon_{it} \tag{6.4}$$

其中，M、N 分别表示各地级市设立行政审批中心的年份前、后期数，本章取 $M = 5$、$N = 5$，θ_j 表示各城市受到政策冲击前 5 年和后 5 年的一系列估计值；其他变量的含义与式（6.3）相同。

在回归时，本章参考陈熠辉等（2022）将政策实施前一年（$Policy_{t-1}$）作为基准组，考察政策效果的前 5 年（5 年之前的年份归并到第 5 年）到前 2 年，以及后 5 年（5 年之后的年份归并到第 5 年）的变化趋势，结果见表6-6。政策冲击前，所有回归系数为负均不存在显著性；政策冲击后的第二期以及之后，回归系数均显著为正，通过平行趋势检验。可以看到，行政审批制度改革的增长效应是随着时间推移逐渐显现并显著的。

图 6-1 描述的是 θ_j 在 95% 置信区间的估计结果。可以看到，在以实际经济增长的对数值（$\ln GDP$）为因变量时，θ_j 在政策冲击发生前均不存在任何显著性，并且没有呈现较为明显的随时间变化的上升或下降的趋势；在政策冲击发生后系数均显著为正，且随着时间明显有上升的趋势，满足平行趋势假设。

表 6-6　平行趋势检验：基于事件研究法

	（1） 实际经济增长
政策冲击前第五期及之前	−0.0079（−0.4536）
政策冲击前第四期	−0.0130（−1.2554）
政策冲击前第三期	−0.0100（−1.1307）
政策冲击前第二期	−0.0084（−1.1170）
政策冲击当期	0.0076（1.5839）
政策冲击后第一期	0.0098（1.6162）
政策冲击后第二期	0.0138*（1.8736）
政策冲击后第三期	0.0197**（2.3085）
政策冲击后第四期	0.0237**（2.4317）
政策冲击后第五期及之后	0.0321**（2.5393）
资本投入	0.1819***（9.8257）
劳动投入	0.0647***（4.7110）
技术水平	0.0010（0.1594）
产业结构转型	−0.0035***（−4.3845）
人力资本水平	0.0560（0.7189）
常数项	3.2483***（8.8408）
城市固定效应	控制
年份固定效应	控制
调整的 R^2	0.9953
F 统计量	13.1946***
观测值	5101

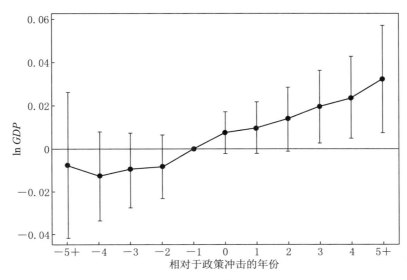

图 6-1　多期 DID 模型的平行趋势检验

（三）安慰剂检验

为了考察估计结果的稳健性，本章还进行了以下安慰剂检验：首先，构造虚假的政策执行时间。考虑到政策冲击存在一定的时滞性，本章参考夏杰长和刘诚（2017），将各地级市政策实施时间分别前置 5 年、4 年、3 年、2 年和 1 年，构建 $Policy_{t-1}$– $Policy_{t-5}$ 并回归。例如，某城市在 2008 年成立审批中心的 $Policy_{t-1}$ 在 2007 年及之后取值为 1。结果如表 6-7 所示，核心解释变量的系数均不显著，通过了安慰剂检验，说明商事制度改革的增长效应具有稳健性。

其次，通过随机抽样的方式构造虚假的政策虚拟变量并与时间交互后进行回归分析，得到虚假的估计系数。重复 500 次后，考察这一虚假的系数均值是否等于 0。图 6-2 绘制了以实际经济增长为被解释变量的 500 次安慰剂估计的核密度分布和 P 值散点图，估计系数的均值约为 0，与真实估计值存在显著差异，且绝大多数估计系数的 P 值都大于 0.1，验证了式（3）的合理性。

表 6-7　行政审批中心设立政策效应评估的稳健性检验

	（1） 实际经济 增长	（2） 实际经济 增长	（3） 实际经济 增长	（4） 实际经济 增长	（5） 实际经济 增长
政策冲击 提前一期	0.00001 （1.48364）				
政策冲击 提前两期		0.00001 （0.88428）			
政策冲击 提前三期			0.00000 （0.40898）		
政策冲击 提前四期				0.00000 （0.00652）	
政策冲击 提前五期					−0.00000 （−0.19756）
资本投入	0.18441*** （9.82497）	0.18429*** （9.83274）	0.18405*** （9.83374）	0.18385*** （9.84351）	0.18363*** （9.85513）
劳动投入	0.06340*** （4.61149）	0.06305*** （4.59279）	0.06309*** （4.57859）	0.06312*** （4.56413）	0.06310*** （4.54560）
技术水平	0.00085 （0.13370）	0.00061 （0.09537）	0.00032 （0.05116）	0.00005 （0.00843）	−0.00002 （−0.00280）
产业结构转型	−0.00352*** （−4.42443）	−0.00354*** （−4.44799）	−0.00356*** （−4.47827）	−0.00358*** （−4.49463）	−0.00359*** （−4.50044）
人力资本水平	0.05761 （0.73288）	0.06044 （0.77708）	0.06449 （0.82932）	0.06918 （0.89100）	0.07152 （0.91921）
常数项	3.21720*** （8.77436）	3.22006*** （8.80289）	3.22182*** （8.83322）	3.22162*** （8.84210）	3.22420*** （8.84243）
城市固定效应	控制	控制	控制	控制	控制
年份固定效应	控制	控制	控制	控制	控制
调整的 R^2	0.9953	0.9953	0.9952	0.9952	0.9952
F 统计量	27.9458***	28.1578***	28.2530***	28.3356***	28.4000***
观测值	5101	5101	5101	5101	5101

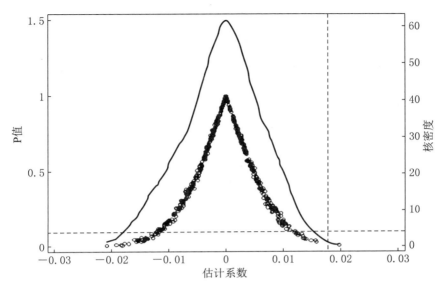

图 6-2　行政审批制度改革增长效应的安慰剂检验

四、其他稳健性检验

除上述政策效应评估之外，本章主要采用替换控制变量、解释变量、被解释变量的方式进行稳健性检验。表 6-8 列（1）基于技术存量视角，以地级市前三年专利申请总数加 1 的对数值（ln *Patent3*）替换当年专利授权量加 1 的对数值（ln *PatentG*）作为城市技术水平的代理变量；列（2）使用设立行政审批中心的虚拟变量作为核心解释变量，并且在模型中加入了实际经济增长的滞后一期，核心解释变量的系数仍在 1% 的水平上显著为正。此外，本章使用实际经济增长率作为被解释变量，使用设立行政审批中心的虚拟变量作为核心解释变量，结果见表 6-8 中的列（3）—（5）。其中，列（3）使用设立行政审批中心的虚拟变量作为核心解释变量，列（4）在列（5）的基础上，加入实际经济增长率的滞后一期，列（5）更换地区技术水平的测算，使用地级市前三年专利申请总数，列（3）—（5）中是否设立行政审批中心的系数仍然显著为正。经过一系列稳健性检验后，行政审批制度改革的增长效应仍然成立。

表 6-8　稳健性检验

	（1） 实际经济 增长	（2） 实际经济 增长	（3） 实际经济 增长率	（4） 实际经济 增长率	（5） 实际经济 增长率
行政审批中心 设立年限	0.0241*** （2.8705）				
是否设立行政 审批中心		0.0126*** （4.2471）	0.0087*** （3.0660）	0.0044** （2.1868）	0.0045** （2.2645）
L. 实际经济增长		0.8654*** （50.2421）			
L. 实际经济 增长率				0.4584*** （16.4713）	0.4591*** （16.5741）
资本投入	0.2090*** （11.9180）	0.0347*** （6.5118）	−0.0013 （−0.3361）	−0.0074** （−2.5778）	−0.0093*** （−3.1819）
劳动投入	0.0739*** （4.7979）	0.0221*** （5.3187）	0.0143*** （4.4031）	0.0088*** （4.0918）	0.0085*** （3.7895）
技术水平	0.0033 （0.5338）				0.0066*** （3.9668）
		0.0094*** （4.8031）	0.0082*** （3.9454）	0.0054*** （3.8404）	
产业结构转型	−0.0039*** （−6.5491）	−0.0016*** （−6.9010）	−0.0015*** （−7.2234）	−0.0005*** （−3.1129）	−0.0005*** （−3.1258）
人力资本水平	0.0775 （1.1021）	0.0430* （1.6694）	0.0270 （1.1508）	0.0106 （0.6760）	0.0099 （0.6305）
常数项	2.8165*** （7.7352）	0.2227* （1.7650）	0.0190 （0.2092）	0.1057* （1.6735）	0.1248** （1.9689）
城市 固定效应	控制	控制	控制	控制	控制
年份 固定效应	控制	控制	控制	控制	控制
调整 R^2	0.9963	0.9991	0.6305	0.6958	0.7003
F 统计量	42.7526***	740.5892***	15.1170***	77.3200***	78.4200***
观测值	4281	4031	4306	4029	4007

第四节　行政审批制度改革促进城市经济增长的机制及其异质性

前文已经实证证实，行政审批制度改革具有显著的增长效应，且这一效应是随着改革的推进从无到有、从小到大逐步显现的。本节进一步考察行政审批制度改革在吸引外商直接投资、培育企业家精神和激发民营企业活力方面的作用，揭示其影响城市经济增长的理论机理。

一、行政审批制度改革影响城市增长的理论机制

（一）行政审批制度改革、外资吸引能力与城市经济增长

随着劳动力、土地等要素成本逐年上升，传统比较优势正在加速弱化。行政审批制度改革有利于优化行政服务、提高政府办事效率、减少运营壁垒，是新时代引进外资的新方略（Contractor et al.，2020）。本章以各城市外商直接投资项目数的差分值衡量其外资吸引能力。表6-9的列（1）表示，核心变量的系数在1%的水平上显著为正，表明行政审批制度改革能够提升对外资吸引能力。

（二）行政审批制度改革、企业家精神与城市经济增长

企业家精神是以创新精神为核心的文化资本积累，是城市经济增长的关键动力。本章参考叶文平等（2018），选用当年工商企业新增数与总工商企业的比值作为企业家精神的代理变量，使用两阶段最小二乘法（2SLS）进行估计。表6-9的列（2）表明，行政审批制度改革有利于地区培育企业家精神，从而推动城市经济发展。以推进行政审批制度改革为主线，优化营商环境有利于集聚创新人才、促进竞争、降低市场风险，降低企业家准入门槛，并引导企业家配置更多资源至生产性活动。

（三）行政审批制度改革、民营经济活力与城市经济增长

发展民营经济具有吸纳就业、促进市场竞争、激发创新活力、分享改革收益的关键作用。本章以私营和个体从业人数与总工商企业的比值测度民营

表6-9 机制分析

	（1） 2SLS 外资吸引能力	（2） 2SLS 企业家精神	（3） 2SLS 民营经济活力
行政审批中心 设立年限	56.2816**	0.0904***	0.0021**
	（2.4016）	（3.3493）	（2.5590）
资本投入	−65.9026***	−0.0150	−0.0009***
	（−3.3969）	（−1.5357）	（−2.7709）
劳动投入	19.5179**	0.0237***	0.0005
	（2.4902）	（2.8650）	（1.6091）
技术水平	−2.2066	0.0004	0.0003***
	（−0.5136）	（0.0926）	（2.6028）
产业结构转型	1.1342**	0.0010**	0.0000**
	（2.2732）	（2.0443）	（2.0242）
人力资本水平	−68.1840	−0.0774*	−0.0019
	（−1.4109）	（−1.6892）	（−1.1787）
常数项	1000.7961**	0.5584***	0.0169**
	（2.4926）	（2.9032）	（2.5449）
城市固定效应	控制	控制	控制
年份固定效应	控制	控制	控制
Cragg-Donald Wald F 统计量	13.617	17.385	17.331
Hansen J P 值	0.246	0.244	0.766
调整 R^2	0.0211	0.5157	0.2577
F 统计量	4.4423***	57.6565***	12.3999***
观测值	3708	4260	4036

经济活力，并以此为被解释变量，使用2SLS模型进行估计，结果见表6-9中的列（3）。研究发现，行政审批制度改革仍然显著激发了本地的民营经济活力。行政审批制度改革有利于促进政府行政服务高效化与公共治理透明化，创造公平竞争的市场环境，为民营经济投资兴业提供良好的制度保障，进而实现更高的城市经济增长。

二、行政审批制度改革增长效应的异质性

为考察行政审批制度改革增长效应的区域异质性，在基准回归的基础上加入核心解释变量行政审批中心设立年限与城市南北区位虚拟变量的交互项，分别使用固定效应模型和两阶段最小二乘法进行估计，回归结果如表 6-10 所示。

表 6-10　行政审批制度改革增长效应的南北差异

	（1） FE 实际经济 增长	（2） 2SLS 实际经济 增长	（3） 2SLS 新增外资 规模	（4） 2SLS 企业家 精神	（5） 2SLS 民营经济 活力
行政审批中心设立年限与城市南北区位的交互项	0.0167** （2.0456）	0.0194* （1.9173）	12.8259* （1.8579）	0.0216*** （3.3401）	0.0006** （2.5645）
行政审批中心设立年限	0.0143 （1.6059）	0.0898** （2.0501）	38.4777 （1.5815）	0.0716*** （2.7695）	0.0016** （1.9884）
资本投入	0.2071*** （12.0001）	0.1992*** （11.2536）	−66.1297*** （−3.4597）	−0.0154* （−1.7127）	−0.0009*** （−2.8834）
劳动投入	0.0664*** （4.5854）	0.0730*** （5.0148）	15.0823* （1.9322）	0.0150** （1.9914）	0.0003 （0.9086）
技术水平	0.0038 （0.7307）	0.0056 （0.9658）	−4.7346 （−1.0325）	−0.0033 （−0.8144）	0.0002** （1.9814）
产业结构转型	−0.0037*** （−6.1764）	−0.0033*** （−4.8972）	1.2464** （2.5332）	0.0013*** （2.7988）	0.0000** （2.5272）
人力资本水平	0.0700 （1.0113）	0.0437 （0.6113）	−71.5699 （−1.5097）	−0.0892** （−2.0262）	−0.0021 （−1.3648）
常数项	2.8804*** （8.0827）				
城市固定效应	控制	控制	控制	控制	控制
年份固定效应	控制	控制	控制	控制	控制
Cragg-Donald Wald F 统计量		14.749	11.039	15.098	15.178
Hansen J P 值		0.095	0.247	0.253	0.782
调整 R²	0.9964	0.9828		0.5026	0.2315
F 统计量	36.9926***	1672.6437	4.4566	62.0454	13.2079
观测值	4308	4292	3708	4260	4036

交互项系数显著为正，表明行政审批制度改革增长效应存在显著的南北差异，且考虑内生性问题后结论仍然一致。从平均意义上来看，我国南方城市因在行政审批制度改革方面先行先试，率先建立起制度软环境优势，进而释放营商环境的系统集成综合效应，更好地激发市场活力并保持经济增长。

列（3）—（5）是机制检验，均使用 2SLS 模型进行估计以处理潜在的内生性问题，并使用城市层面的聚类稳健标准误。列（3）以各城市外商直接投资项目数的差分值作为被解释变量，证实相较于北方城市而言，平均意义上南方城市推进行政审批制度改革所吸引的外商直接投资项目数量增量显著更大。列（4）、（5）分别考察了行政审批制度改革影响企业家精神、民营企业活力的南北异质性，同样发现了南北差异的实证证据。

南北城市行政审批制度改革在推进时间、范围、力度上存在差异。以行政审批制度改革为主线的营商环境优化具有明显的系统性、集成性和综合性，早期阶段其影响效应可能有限，但随着时间的推移而与其他改革因素形成合力，逐渐显现并扩大化。先以行政体制改革为突破口实现营商环境优化的南方城市，因在系统性、集成性和综合性方面更加完备，提升了营商环境对经济增长的影响力；而营商环境优化整体较为落后的北方城市，其改革重点多聚焦于招商优化政策和基础设施建设领域，较少、较晚涉及深层次的制度性改革。南方城市本身的经济自由度更高、市场经济基础更完备，又在行政审批制度改革上取得重要突破，有利于释放行政审批制度改革的系统集成综合效应，撬动更高的引资能力增长、企业家精神涌现以及私营经济活跃，继而加剧南北城市经济差异的趋势。

为验证上述结论的稳健性，本章主要采用替换控制变量、解释变量、被解释变量的方式进行稳健性检验。表 6-11 列（1）以地级市前三年专利申请总数加 1 的对数值（ln Patent3）测度城市技术水平；列（2）使用设立行政审批中心的虚拟变量及其与区位的交互项作为核心解释变量，并在模型中加入了滞后一期的实际经济增长，交互项的系数仍显著为正。

表 6-11　行政审批制度改革增长效应的南北差异：稳健性检验

	（1） 实际经济 增长	（2） 实际经济 增长	（3） 实际经济 增长率	（4） 实际经济 增长率	（5） 实际经济 增长率
行政审批中心设立年限与城市南北区位的交互项	0.0172** （2.1098）				
行政审批中心设立年限	0.0141 （1.5759）				
是否设立行政审批中心与城市南北区位的交互项		0.0118** （2.4382）	0.0112** （2.3508）	0.0071** （2.0605）	0.0065* （1.8890）
是否设立行政审批中心		0.0056 （1.5944）	0.0021 （0.5143）	0.0002 （0.0892）	0.0007 （0.2807）
资本投入	0.2088*** （11.9166）	0.0345*** （6.5205）	−0.0018 （−0.4419）	−0.0075*** （−2.6270）	−0.0094*** （−3.2083）
劳动投入	0.0683*** （4.6088）	0.0215*** （5.2248）	0.0136* （4.2115）	0.0084*** （3.9366）	0.0082*** （3.6645）
技术存量	−0.0002 （−0.0265）				0.0065*** （3.9028）
技术水平		0.0092*** （4.7540）	0.0080*** （3.8977）	0.0053*** （3.8069）	
产业结构转型	−0.0037*** （−6.1715）	−0.0016*** （−6.9665）	−0.0015*** （−7.2318）	−0.0005*** （−3.0907）	−0.0005*** （−3.1094）
人力资本水平	0.0691 （0.9951）	0.0415 （1.6242）	0.0248 （1.0542）	0.0097 （0.6168）	0.0091 （0.5783）
L. 实际经济增长		0.8648*** （50.2890）			
L. 实际经济增长率				0.4577*** （16.5269）	0.4585*** （16.6264）
常数项	2.8760*** （8.0424）	0.2362* （1.8797）	0.0351 （0.3872）	0.1128* （1.7834）	0.1308** （2.0645）
城市固定效应	控制	控制	控制	控制	控制
年份固定效应	控制	控制	控制	控制	控制
调整 R^2	0.9964	0.9991	0.6312	0.6960	0.7004
F 统计量	36.5492***	646.2464***	13.6289***	67.7856***	68.7772***
观测值	4281	4031	4306	4029	4007

此外，本章使用实际经济增长率作为被解释变量，使用设立行政审批中心的虚拟变量及其与区位的交互项作为核心解释变量，结果见列（3）—（5）。其中，列（3）更换核心解释变量的测算方式，列（4）在列（5）的基础上，加入实际经济增长率的滞后一期，列（5）更换地区技术水平的测算，使用地级市前三年专利申请总数加 1 的对数值（ln Patent3），列（3）—（5）中交互项的系数仍然显著为正。经过一系列稳健性检验后，行政审批制度改革增长效应的南北差异特征仍然成立。

第五节　结论及总结性评论

行政审批制度改革能够减少政府对市场活动的直接干预，更好发挥市场配置资源的决定性作用。基于 2004—2019 年地级市面板数据，实证发现行政审批制度改革有助于推动经济增长，在处理内生性问题后这一结论依然成立。本章使用多期 DID 模型对城市设立行政审批中心进行政策效应评估，进一步证实了行政审批制度改革具有显著的增长效应，并且这一政策效应是随着改革的深入推进而逐渐显现并显著的。机制分析表明，较早推动行政审批制度改革的地级市在吸引外商直接投资、培育企业家精神及提升民营企业活力方面表现更好。我们还发现，行政审批制度改革的增长效应存在显著的区域异质性。南方城市在行政审批制度改革方面先行、先试、先突破，发挥了优化营商环境的系统综合集成效应。制度软环境的差距是造成南北城市经济增长差异的重要原因。

本章的研究结论表明，以行政审批制度改革为代表的、触及市场经济深层次机制体制障碍的制度改革，需要尽早、尽快、尽力推进。制度软环境的增长效应存在时滞性，在改革后期更显著、更关键。早期制度改革的微小差异可能在后期导致经济增长的巨大鸿沟。随着我国进入高质量经济发展阶段，城市经济增长的动力越来越依赖于制度软环境的建设，需要充分调研市场经济主体的现实需求，深入推进行政审批制度改革。本身市场经济基础较好、营商环境优势较为明显的城市，如上海、杭州、广州等城市，需要积极对标国内外高水平经贸规则和制度规范作出探索，完善营商环境的政策供给，为全国商事制度改革贡献范例和经验。经济水平处于追赶位置的城市则应将政府工作的重点放在学习借鉴先进城市的经验、结合本地实际情况探索更高水平商事制度改革方面。

下卷

提升国际循环质量和水平

第七章

中美贸易摩擦影响双方制造业全球价值链地位的评估与机制

    长期以来，中美两国基于比较优势和市场选择形成了结构高度互补、利益深度交融的互利共赢关系，同时提升了产业全球价值链（Global Value Chain，GVC）效率与效益。一国或地区的产业全球价值链地位不仅受到资本积累、人力资本、研发投入、技术进步、规模经济、制度环境等内生因素的影响，而且还受制于外生因素，尤其是贸易伙伴国贸易政策的深刻影响（戴翔、刘梦，2018；刘维林，2021）。自2017年特朗普上任以来，美国政府倡导"美国优先"，实行单边主义、保护主义和经济霸权主义，采用不断加征关税等多种手段，导致中美经贸摩擦升级，打破了两国经贸合作互利共赢的良好局面。虽然世界贸易组织裁决了特朗普政府对中国征收的关税属非法，但拜登上任以来，中美经贸关系仍没有走出美国上一届政府制造的困境，遭遇了越来越多的挑战。在中美贸易摩擦之前，中美双方互为重要的货物贸易伙伴：美国是中国第一大货物出口市场和第六大进口来源地，2017年中国对美国出口、从美国进口分别占中国出口和进口的19%和8%；中国是美国增长最快的出口市场和第一大进口来源地，2017年美国对华出口占美国出口的8%，中国是美国飞机和大豆的第一大出口市场，汽车、集成电路、棉花的第二大出口市场（国务院新闻办公室，2018）。美国服务业高度发达，产业门类齐全，是中国服务贸易最大逆差来源地。

    此轮中美贸易摩擦源于2017年8月美国贸易代表办公室（USTR）对华正式发起301调查，2018年3月8日，时任美国总统特朗普签署了命令，将对美国进口的钢铁和铝分别征收 25% 和 10% 的关税，2018 年 3 月 22 日，USTR 发布了 301 调查报告，无端指控中国存在强迫技术转让、窃取美国知识产权等问题。据此，特朗普签署总统备忘录，将对从中国进口的商品大规模征收关税，并限制中国企业对美投资并购。自此拉开了以加征关税为主要手段的贸易摩擦序幕，三轮公布了 500 亿、2000 亿和 3000 亿中国输美产品加征关税清单。一面是美国政府对中国输美商品实施加征关税，一面是中国相对应地对来自美国的进口商品以加征关税的方式反制。结果是"中美双边关税仍处于前所未有的高水平"，"美国对零部件和其他中间产品的关税仍然很高"（Bellora & Fontagné，2020）。与此同时，2018 年 11 月美国国会还通过了《外国投资风险审查现代化法案》，加强对航空航天、生物医药、半导体等核心技术行业的外资投资审查。虽然经过了十余轮中美经贸高级别磋商，但美国的基本国策发生了重大转变，将中国定位为"主要战略竞争者"，企图把中国排除在以创新知识全球化为基础的全球贸易投资规则重构进程之外，中美贸易摩擦日趋复杂。长期以来，历任美国总统和经济顾问依据"贸易账户与资本账户总体平衡的理论"认为，美国的贸易逆差由资本净输出（顺差）支持而实现平衡，因而对美国经济来说并不是重要问题，美国的经济问题主要来自内部。但美国特朗普政府错误地认为，美国国内问题主要来自国外，挑起中美贸易摩擦，表面上看是要解决中美贸易失衡，深层次原因是借机推动美国在中国的投资回流美国，促进美国制造业回归。美国贸易代表办公室（USTR）在其发布的《关于 2017 年中国在 WTO 的履约情况向国会的报告》中强调，"中国制造 2025 是对 10 个高科技、战略性产业提出的系统性升级计划，包括新一代信息技术产业、高档数控机床和机器人、航空航天装备、海洋工程装备及高技术船舶、先进轨道交通装备、节能与新能源汽车、电力装备、农机装备、新材料、生物医药及高性能医疗器械"。美国认为《中国制造 2025》计划是中国在高科技领域超越美国的行动计划，对美国的核心优势形成了重大挑战，在其提出的要价清单中，中国制造 2025 被反复提及，对华加征关税的目录中，重点就是针对《中国制造 2025》领域。显然，中美贸易摩擦是中美竞争的体现，美国试图维持其在全球价值链的领先地位，遏制中国产业尤其是制造业在全球价值链地位的攀升。

中美经贸关系的演变影响全球产业链的发展趋势，中美贸易摩擦是当前研究全球经贸形势的重要课题。自 2018 年 7 月起，美国特朗普政府单方面诉诸贸易保护主义，对中输美部分产品加征关税，导致中美经贸关系紧张。随着加征关税产品的品类增加，中美贸易摩擦逐渐升级。这一局面引起了国内外学术界、产业界和政府相关部门的高度关注。美国政府通过反倾销和反补贴调查、加征关税、制裁实体企业与关税排除等手段逐步实施多起贸易摩擦事件，且涉及范围和规模越来越大。中国在进一步扩大对外开放的背景下施以与之对应程度和规模的反制。目前，有超过 2/3 的世界贸易通过全球价值链（GVCs）实现，全球价值链变化成为全球贸易投资领域的主要特征，这意味着世界更多的经济体加入全球价值链并成为其中特定环节的关键者。中美两国 GDP 占世界的比例超过 40%，是全球最有影响力的大国，中美在全球价值链分工环节与网络中具有举足轻重的作用，两国的经贸关系深刻影响着全球价值链的重构、世界经济新格局和国际经济新秩序的形成。中美贸易摩擦引致全球经济贸易形势更大的不稳定和前景不确定性，也增加了中美两国的产业发展方向和模式的不可预见性，进而改变全球产业链分工网络和世界贸易格局。

美国对中国实施的贸易制裁，一开始是以关税作为最直接和主要手段，短期内加征关税对中国产业链有显著的负面效应，阻碍中国产业参与全球价值链重构升级的进程。2018 年，美国对中国加征第一轮关税的行业基本瞄准《中国制造 2025》的重点领域（陈继勇，2018；蓝庆新、赵乐祥，2018），试图通过对特定行业加征关税的手段来遏制中国的高新技术产业的发展，阻碍中国产业在全球价值链上的升级。同时，在新一轮信息革命浪潮下，世界正处于以信息化全面引领创新、以信息化为基础重构国家核心竞争力的新阶段，全球价值链、产业链和供应链也处于重构升级的关键时期，一国抓住新信息技术革命的发展机遇，率先实现在全球价值链、产业链和供应链的位置和地位升级，未来在国际规则的制定上才会有话语权和主导权。由此，美国对中国发起贸易摩擦，对中国产品加征关税，施以实体限制实际上是对中进行的有针对性的产业链打击，其意图是遏制中国全球产业链攀升进程，特别是针对中国的高新技术产业发展，企图迫使中国错失新一轮信息技术革命的发展机遇，而落后于美国和世界其他经济体。

经过中美两国经贸团队的努力，双方在 2019 年末就第一阶段经贸协议文本达成一致。美方将履行分阶段取消对华产品加征关税的相关承诺，实现加征关税由升到降的转变。尽管如此，我们对中美贸易摩擦的长期性和严峻性，仍不能掉以轻心。美国对中国输美商品加征关税水平和影响依旧严峻，仍继续保留对 2500 亿美元商品加征 25% 的关税以及 1250 亿美元商品加征 7.5% 的关税。此后历经多次中美经贸磋商协议，虽然在一定程度上暂时缓解了 2018 年以来所维持的中美相互加征关税的经贸紧张局面，但各轮谈判并没有使双方取消实际加征的关税，从长远看，中美贸易关系仍具有较大的不确定性及摩擦的长期性特征，企业的跨国贸易成本、中间品及产业链成本相较于贸易摩擦前大幅增高，这影响了跨国企业在世界范围内的生产决策布局，加快了部分产业链的回迁与转移，全球价值链、产业链和供应链加速重构。2021 年 2 月，美国拜登政府发表声明称将对华保持全面竞争的态度，中美关系将是常态化战略竞争关系，这再次证实了中美贸易摩擦的长期性和不确定性特征。

本章试图估计和检验中美贸易摩擦给双方制造业全球价值链位置带来了哪些短期影响和变化，并找到中国的应对政策。具体内容是，基于亚洲开发银行多区域投入产出表，测算并比较贸易摩擦前后中美两国制造业 GVC 参与度和地位指数的变动特征，在此基础上实证检验贸易摩擦影响中美双方制造业 GVC 地位的效应，并揭示市场、技术和制度等因素在其中的作用。下面的研究是这样安排的：第二节是文献综述；第三节测算中美两国制造业 GVC 参与度与地位指数并分析其变动特征；第四节交代实证检验的研究设计及结果；第五节是机制检验，强调以创新驱动提升我国制造业 GVC 攀升的路径；最后是总结。

第一节　文献综述

自 Porter 最早提出价值链（Value Chain）概念以来，产业价值链日益注重向上下游延伸的研究（Porter，1985）。Kogut（1985）界定了增加值价值链（Value Added Chain），将原材料、生产要素、最终生产、产品市场的价值循环过程连接起来。Gereffi（1994）进一步将价值链与全球化生产联系起来，定义了全球商品链（Global Commodity Chains，GCC）。随着跨国公司在全球生产网络中的作用日益突出，中间品贸易快速增长，跨部门分工逐渐向 GVC 分工发展。Hummels et al.（2001）将全球价值链视为进口中间投入的国外部分，这些中间投入用于生产且其中部分产出进行了出口。世界银行报告则将 GVC 界定为国际生产和贸易中使产品和服务增值的阶段，且其中至少有两个阶段由不同国家或地区完成（World Bank，2019）。至此，产业的全球价值链成为各国经贸关系关注的焦点。由于国际垂直专业化分工是驱动 GVC 更新的核心动力，全球价值链的核算方法一开始就以垂直专业化分工参与度的测算为基础（Hummels et al.，2001；Daudin et al.，2011；Johnson & Noguera，2012）。此后，随着世界多区域投入产出表的编制和发布，全球价值链核算方法取得重要进展，在整合测算垂直专业化的相关指标的基础上日益形成了全球价值链核算体系的基本框架（Koopman et al.，2010；Koopman et al.，2014；Wang et al.，2017）。有了产业全球价值链形成的理论机制和衡量方法之后，人们就开始将 GVC 应用于国际经贸关系及其影响的大量分析中。结合本章的研究主题，我们重点梳理贸易摩擦中的 GVC 变化效应。

一是讨论贸易制裁与其引发的反制措施对发起国和目标国造成的福利冲击。20 世纪 80 年代以来，美国经常对日本、欧盟等贸易伙伴国制造贸易摩擦，但并不一定能获得福利收益，尤其是主动执行的限制性贸易政策以及与贸易伙伴间的关税战会加剧自身贸易失衡（张志明、杜明威，2018），严重冲击了美国制造业就业和工业部门附加值（Bellora & Fontagné，2020；Li et al.，2021）。加征关税要么抬升了中间品贸易成本，在全球价值链体系中传递和放大，要么转化为国内价格上涨而遭受福利损失（Amiti et al.，2019）。Cavallo et al.（2021）对后者还提供了佐证，美国发起的关税战对其企业造成了明显的负担。倪红福等（2018）也指出，中美贸易摩擦导致美国国内价格水平提高更多，造成相较于中国而言更大的福利损失。但 Bolt et al.（2019）认为，贸易平衡并非美国关注的首要利益，更为重要的动机是利用贸易摩擦推动美国在华投资回流美国，虽然牺牲了一部分出口和福利，但会增强美国制造业 GVC 的竞争力。2018 年美国发起的针对中国的贸易摩擦，试图将高技术产业供应链和生产转移到中国之外，以削弱中国在全球生产网络中的地位。中美贸易摩擦可能使中国的就业和 GDP 遭受损失（Chong & Li，2019；Itakura，2020），并且中国的损失可能超过美国（Balistreri et al.，2018；Felbermayr & Steininger，2019）。有些文献持相反的观点，如 Tam（2020）认为，通过限制性贸易政策将投资从中国转移出去进而降低中国 GVC 地位的冲击可能是短暂的，其效果受劳动力规模以及竞争国劳动力技能和经验等条件因素制约。贸易摩擦还可能倒逼中国企业调整生产模式、加强技术创新，进而在稳链、扩链和强链中增强竞争能力。

二是中美贸易摩擦对全球价值链和其他经济体的影响。在全球价值链网络中，内嵌其中的经济体贸易政策变动所产生的影响远比双边关系的影响复杂。现有文献主要包括：关税成本效应，即对最终产品和中间投入品都加征关税，目标国自然会受到伤害，内嵌于全球价值链的其他经济体也会受到显著冲击（Amiti et al.，2019）；贸易转移效应，即中美贸易摩擦导致贸易重新定向到不直接参与贸易摩擦的第三方，进而在一定程度上影响全球价值链的重构。例如，Bolt et al.（2019）发现，中美贸易摩擦下的欧元区因从中国进口更便宜和美国竞争力提升而从中受益；内嵌于全球价值链的其他国家能够通过贸易转移效应获得福利增长，但中美贸易摩擦加剧了市场对贸易政策不确定性的担忧，并传递到了国际金融市场（Huang et al.，2018；Evans，

2019）。因此，作为世界前两大经济体，中美经贸摩擦事关全球经济稳定与繁荣，两国要坚定推进双边经贸关系健康发展，构建平衡、包容、共赢的中美经贸秩序。

第二节　中美两国参与全球价值链的现状、趋势与总体评估

一、中美两国参与全球价值链的现状

美国等世界上发达国家主导全球价值链分工体系。在当前全球价值链分工格局下，无论是规则的制定还是国际话语权都集中在美国等发达国家（程大中，2015）。全球供应链分工和贸易体系中，卖方和买方国家形成了相互依赖和相互制约的利益博弈格局。发达国家利用自身在科技创新方面的领先优势，研发和生产各种高技术创新含量的先进生产设备、关键零配件和关键材料，将其出口到发展中国家，发展中国家利用来自发达国家的先进生产设备、关键零配件和关键材料进行组装和制造最终产品，再出口到发达国家以及其他发展中国家，从而形成以产品链和产业链分工和贸易体系为主的全球化循环体系。但随着全球化的深入发展，全球产业价值链上的买方和卖方力量正在发生逆转。

中国是全球制造业大国，也是全球最大的内需消费国。中美贸易摩擦使得跨国企业被迫迁出中国，考虑到搬迁的成本、中国成熟的制造业体系和巨大的消费市场，跨国企业需要保留在中国的生产和经营基地，也需要由其在中国的子公司或中国本土企业来提供部分中间产品（半成品和零部件）和更大的消费市场。因此，在全球价值链重构中，西方跨国公司将全部产业链从中国撤离转向东盟国家在短期内难以实现，但随着贸易摩擦的程度加深，长期看来，跨国企业最终会从中国大陆迁走，这将分裂全球价值链分工体系，引致全球价值链重构的区域化发展，导致逆全球化问题严峻。在中国是全球制造大国和最大的内需消费国的背景下，资本主义逐利性会阻碍这一逆全球化长期趋势的发展，长期的时间维度将会被无限拉长。

二、全球价值链的发展趋势

在全球生产供需关系深度融合的背景下，中美贸易摩擦不仅严重损害了中美两国利益，也破坏了既有全球供应链体系和现有市场公平竞争机制策略，导致世界贸易秩序的紊乱，打击了全球投资者的信心。同时，全球新冠肺炎疫情的大流行尚未得到完全控制，世界经济整体低迷，进一步导致中美两国产业全球价值链的参与度下降。全球产业价值链重构不仅面临着贸易摩擦的冲击，也面临着非经济因素的冲击，冲击之下未来全球产业价值链重构具有更高的不确定性，全球价值链或将逐步朝区域化、次区域化和本土化方向发展。整体来看，贸易摩擦背景下的中美战略之争和新冠疫情流行将推动全球价值链的调整和重构，促进全球价值链新的分工体系的形成。

美国针对中国采取的具有引导性、单边性的贸易保护主义行为，必然引发中国和其他新兴国家、发展中国家的反制。全球价值链的一大发展趋势是发展中国家的经济增长，其中以中产阶级扩大，以及全球购买力份额向发展中国家的转移为特征。这一趋势本身就会使全球价值链的特征发生重大转变。同时，区域贸易占比上升，尤其是在亚洲，更多的产品正在流向发展中国家快速增长的国内市场，而不是出口到其他国家或地区。贸易正从基于差异劳动力成本和劳动力套利的显著比较优势，转向更类似于发达经济体之间基于产品和技术差异的产业内贸易模式。需要注意的是，这一过程还远未完成，当下仍处于初级阶段和相对低收入的发展中国家的增长模式将继续依赖于通过劳动密集型、过程导向的制造业获取全球需求。由于全球价值链背景下中间品贸易和加工贸易往来增多，发展中国家的经济增长，美国对中国发起贸易摩擦的行为不仅会引致中国的反制，也必将引起其他新兴国家或发展中国家的反制，由此产生的负面效应是新兴国家和发展中国家对本国高端消费市场的贸易保护意识被激发，新兴国家和发展中国家对加快推动本土企业自主创新能力提升的激励动机更强。另一方面，在美国强行实施贸易保护主义的刺激下，全球贸易保护主义和各国国内民粹主义极可能出现强化和爆发的现象。由此，全球贸易规模很有可能陷入停滞甚至出现较大幅度收缩，发展中国家传统制造业的出口市场必然面临竞争加剧，发展中国家企业的出口利润会出现较大幅度降低，从而进一步激发发展中国家国内的贸易保护主义和民粹主义，导致发展中国家参与全球供应链体系的动力和意愿也可能会逐步弱化，这会进一步加剧既有全球供应链体系的收缩现象。

全球产业链正朝区域化或盟国型产业链的方向发展，中美或将成为各自区域化产业链的主导者。当前，全球产业价值链重构的重要特征是地区性或盟国型产业链体系在全球价值链中的作用更加凸显。美国、加拿大、墨西哥等制定的具有排外性质的地区贸易和投资自由化体系以及新冠疫情加剧了世界贸易保护程度。世界各国逐渐意识到当前国际形势下只有依靠区域性贸易和投资一体化体系，才能实现地区对地区的均衡博弈格局，最大化地维护本国的发展利益。在这种情形下，全球的产业链体系将可能逐步分解为欧洲、北美、亚洲等区域性贸易和投资自由化格局，中美将成为各自区域化贸易和投资产业链的主导者。全球产业价值链将由不同国家主导的区域化产业链体系构成，世界贸易在区域化产业链的贸易和投资自由化体系之间发生，而不同地区之间的投资和贸易活动可能会受到较为突出的区域性边界限制。由此，未来中美参与全球产业价值链的形式或将以中美主导的地区性产业链形式呈现，中美贸易摩擦逐渐演变成中美引导的区域间的贸易摩擦。

全球价值链的另一大发展趋势是世界经济体、全球价值链和全球经济的数字化发展。这也是一个正在进行的过程，且发展路径和持续时间都未知。但中美两国参与全球产业链的一个明确的特征是，随着世界上国家或地区经济建立在数字基础上，贸易、全球价值链和数字技术不能作为独立的趋势和力量被分离和处理，未来三者的联系将会更加紧密。

三、中美两国制造业全球价值链的总体评估

基于投入产出模型，根据 Koopman et al.（2014）、王直等（2015）的方法，将一国的总出口区分为增加值出口、最终返回国内的中间出口产品的国

内部分、国外增加值（FVA）三大部分；前两者构成了国内增加值（DVA），其中间接价值增加值（DVX）是主体，具体包括中间品再出口至第三方的国内增加值、最终返回国内的中间出口产品的国内部分。产业的 GVC 参与指数提供了基于生产要素含量是否跨越国界进行生产的国家参与全球价值链的图景，既考虑到向前的生产联系，又考虑到向后的生产联系。GVC 前向参与度衡量了全球价值链的生产和贸易活动产生的国内增加值在总出口（E）中的份额，反映的是一国的出口对其他经济体的贡献程度。GVC 后向参与度衡量了涉及跨国生产活动的国内和国外中间品在一国最终产品生产中所占的比重，反映了一国的出口对来自其他国家进口的依赖程度。于是，国家 c 行业 i 的前向参与度和后向参与度分别为：

$$GVC\_f_{ic} = \frac{DVX_{ic}}{E_{ic}} \tag{7.1}$$

$$GVC\_b_{ic} = \frac{FVA_{ic}}{E_{ic}} \tag{7.2}$$

国家 c 行业 i 的全球价值链地位指数（Position Index）为：

$$GVC\_pos_{ic} = \ln\left(1 + \frac{DVX_{ic}}{E_{ic}}\right) - \ln\left(1 + \frac{FVA_{ic}}{E_{ic}}\right) \tag{7.3}$$

GVC 前向和后向参与度指数的相对值表明该国或行业在全球生产网络中的地位。当前向参与度大于后向参与度时，意味着该国或行业在全球价值链中更积极地参与上游生产活动，即 GVC_pos 指数越大，该国或行业处于全球价值链的上游高端位置；反之则相反。

在中美贸易摩擦中，虽然美国对中国加征关税的产品基本涵盖了所有中国输美商品，但美国重点是围绕《中国制造2025》中涉及的行业进行遏制，主要是航空航天、生物医药、新材料、新一代信息技术、化工、轨道机车、新能源汽车、工业机器人、机械制造等重点领域，中国的反制也从美国农业和低技术行业转到高技术制造业及信息与通信技术行业。为了测算和评估中美贸易摩擦对双方制造业全球价值链的影响，我们利用亚洲开发银行 2020 年多区域投入产出表（Asian Development Bank-Multi-regional Input-Output Tables）数据，依据出口贸易增加值分解框架，测算中美两国制造业 2000 年、2007—2020 年的全球价值链参与指数和地位指数。ADB-MRIO 多区域投入产出数据库包含了全球 63 个国家（地区）35 个部门的中间品和最终品的贸易数据，其中制造业包含 14 个细分行业（如表 7-1）。

表 7-1　ADB-MRIO2020 行业分类的制造业

序号	行　　业	序号	行　　业
C3	食品、饮料和烟草业	C10	橡胶和塑料制造业
C4	纺织品及纺织产品业	C11	其他非金属矿物
C5	皮革，皮革产品，羽毛和鞋类制造业	C12	基本金属和加工金属
C6	木材、木材和软木的产品制造业	C13	机械、电气
C7	纸浆，纸、纸产品，印刷和出版业	C14	电气及光学设备
C8	焦炭、精炼石油和核燃料加工业	C15	交通运输设备器材制造业
C9	化学原料及化学品制造业	C16	其他制造业及废弃资源和废品回收业

笔者对贸易摩擦前后中美两国制造业的 GVC 参与度与 GVC 地位指数进行测算（如表 7-2）。按 OECD 的划分标准，高技术制造业包括化学原料及化学品制造业（C9），机械、电气（C13），交通运输设备器材制造业（C15），电气及光学设备（C14）；表 7-1 中余下的 10 个行业为低技术制造业。

表 7-2 的结果显示，2018 年开始的中美贸易摩擦（关税冲突）给两国产业的全球价值链带来的短期影响开始显现。一方面，无论贸易摩擦之前还是之后，中国制造业的 GVC 后向参与度明显高于美国，这意味着，作为世界工厂和国际贸易第一大国，中国对世界其他经济体的依赖程度高于美国。中国制造业的 GVC 前向参与度在 2009 年以后就开始略低于美国，这种差距

表 7-2　中美两国制造业 GVC 参与度指数与地位指数

年份	前向参与度		后向参与度		地位指数			
					低技术		高技术	
	中国	美国	中国	美国	中国	美国	中国	美国
2000	0.0990	0.1039	0.1523	0.1229	−0.0569	−0.0438	−0.0381	0.0078
2007	0.1476	0.1064	0.2092	0.1492	−0.0600	−0.0579	−0.0452	−0.0195
2008	0.1427	0.1165	0.1990	0.1650	−0.0613	−0.0639	−0.0358	−0.0231
2009	0.1056	0.1138	0.1645	0.1296	−0.0548	−0.0415	−0.0491	0.0110
2010	0.1216	0.1233	0.1873	0.1439	−0.0644	−0.0437	−0.0500	0.0051
2011	0.1197	0.1287	0.1916	0.1595	−0.0689	−0.0487	−0.0561	−0.0072
2012	0.1141	0.1263	0.1787	0.1586	−0.0594	−0.0473	−0.0535	−0.0109
2013	0.1154	0.1254	0.1737	0.1564	−0.0549	−0.0461	−0.0473	−0.0100
2014	0.1169	0.1225	0.1558	0.1550	−0.0431	−0.0472	−0.0260	−0.0116
2015	0.1100	0.1174	0.1358	0.1389	−0.0328	−0.0409	−0.0137	0.0010
2016	0.1031	0.1163	0.1333	0.1329	−0.0364	−0.0381	−0.0182	0.0066
2017	0.1060	0.1175	0.1388	0.1367	−0.0401	−0.0408	−0.0189	0.0047
2018	0.1016	0.1578	0.1638	0.1411	−0.0502	−0.0214	−0.0595	0.0466
2019	0.1026	0.1461	0.1609	0.1350	−0.0516	−0.0285	−0.0514	0.0439
2020	0.1013	0.1319	0.1481	0.1230	−0.0399	−0.0296	−0.0433	0.0417

在贸易摩擦之后开始扩大，也就是说，贸易摩擦后中国输美贸易规模相对下降，美国在贸易结构上的优势使其对世界其他经济体的贡献度相对提升。另一方面，中国制造业在全球价值链中的地位一直低于美国，贸易摩擦发生后，两国制造业全球价值链地位指数呈现中国开始下降、美国在上升的短期特征，这在高技术制造业更为明显。

美国通过加征关税提升了其在全球产业价值链中的地位，而中国的产业链承受了一定的冲击，中美两国制造业 GVC 地位指数呈分化态势（如图 7-1）。在高技术制造业 GVC 地位上，贸易摩擦后中美两国的差距显著扩大，美国的高技术制造业 GVC 地位攀升；在低技术制造业 GVC 地位上，贸易摩擦后中美两国出现较为明显的短期分化后，由于中国的出口韧性很快使其低技术制造业 GVC 地位又呈攀升趋势。从趋势来看，随着中国创新驱动发展战略的深入实施、战略科技力量的增强以及贸易产品结构的转型升级，中国制造业 GVC 地位将逐步上升。

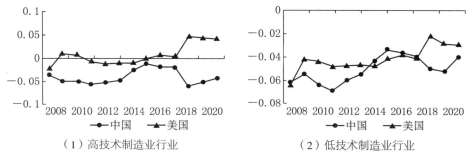

（1）高技术制造业行业　　　　（2）低技术制造业行业

图 7-1　中美贸易摩擦前后两国制造业 GVC 地位指数的变化

第三节　中美贸易摩擦对双方制造业 GVC 参与度及其位置的结构影响

一、中美贸易摩擦对双方制造业各细分行业的全球价值链参与度的影响

为了比较中美加征关税对各制造业细分行业全球价值链的影响，我们计算中美贸易摩擦所涉及主要制造业（表 7-1）的全球价值链的前向参与度和后向参与度。GVC 前向参与度从进口角度描述了一国或地区 / 部门对其他国家或地区 / 部门提供中间产品的贡献度。

根据图 7-2，在短期，对中国产品加征关税总体上提高了美国主要制造业全球价值链前向参与度，即更加积极地参与全球价值链的生产活动，给世界上其他经济体提供中间品投入，尤其表现在焦炭、精炼石油和核燃料加工业（C8）、橡胶和塑料制造业（C10）、电气及光学设备（C14）等。这对中

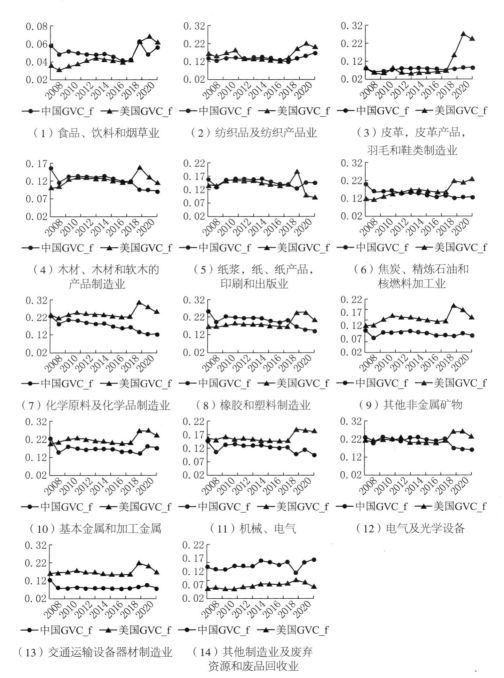

图 7-2 中美贸易摩擦前后中美主要制造业 GVC 前向参与度的变化

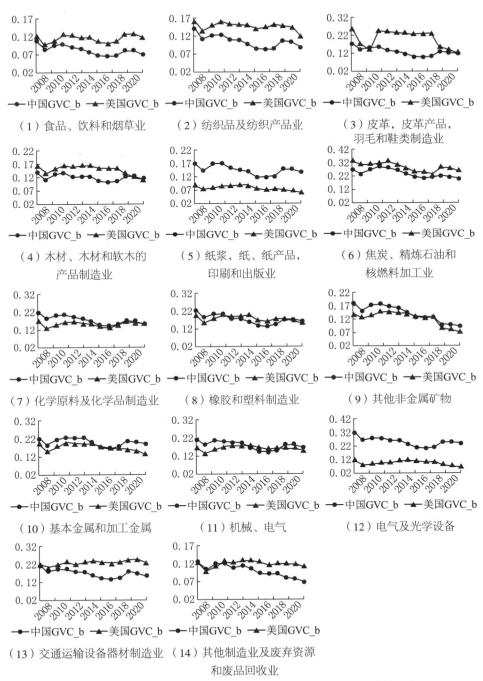

（1）食品、饮料和烟草业

（2）纺织品及纺织产品业

（3）皮革，皮革产品，羽毛和鞋类制造业

（4）木材、木材和软木的产品制造业

（5）纸浆，纸，纸产品，印刷和出版业

（6）焦炭、精炼石油和核燃料加工业

（7）化学原料及化学品制造业

（8）橡胶和塑料制造业

（9）其他非金属矿物

（10）基本金属和加工金属

（11）机械、电气

（12）电气及光学设备

（13）交通运输设备器材制造业

（14）其他制造业及废弃资源和废品回收业

图 7-3　中美贸易摩擦前后中美主要制造业 GVC 后向参与度的变化

国的制造业造成了一定的冲击，摩擦后中国的制造业 GVC 前向参与度有下降趋势。

GVC 后向参与度从出口的角度描述一国或地区 / 部门的出口对他国或地区 / 部门的依赖程度。中美两国的 GVC 后向参与度变化趋势较为一致，即总体向下，贸易摩擦的短期冲击也未改变这种趋势。中国有较大比例的制造业 GVC 后向参与度高于美国，这意味着中国的出口优势或者出口偏向依然明显，具有较强的韧性，例如，金属（C12），机械、电气（C13），电气及光学设备（C14）等。在中美贸易摩擦后，美国 GVC 后向参与度总体有一个先升后趋降的过程，且回落到摩擦前的水平，这说明出口终究取决于比较优势，加征关税对美国出口的促进作用是短暂的。

中美贸易摩擦引致了显著的贸易限制效应和贸易转移效应。贸易摩擦后，中国对美的进口下降，贸易限制反应迅速，进口更多涉及生产领域，因而可能持续时间长。贸易转移效应主要发生在韩国和印度等国家或地区。但整体看来，虽然贸易摩擦背景下部分非涉案国的 GVC 地位指数上升，贸易转移效应较为明显，但中美贸易摩擦引起的贸易转移效应程度可能小于贸易限制效应，因为中美贸易摩擦后世界大部分国家的 GVC 参与程度普遍下降，各经济体参与全球价值链分工体系的活跃度相对下降。

二、中美贸易摩擦对双方制造业各细分行业全球价值链位置的影响

中美贸易摩擦使美国主要制造业的 GVC 地位指数短期攀升，既有劳动密集型的行业，如纺织品及纺织产品业（C4），皮革，皮革产品，羽毛和鞋类制造业（C5），又有先进制造业，如机械、电气行业（C13），汽车、摩托车的销售、保养和修理（C19）。相比而言，中美贸易摩擦对中国的主要制造业的 GVC 地位产生了短期冲击，全球产业链位置相对下滑。贸易摩擦对中国的冲击要大于美国，在全球价值链参与程度上，美国的反应更为敏感，GVC 前向参与度上升；而在制造业全球价值链地位指数上，对中国的威胁更大，且主要集中在先进制造业上。但美国的 GVC 参与度指数低

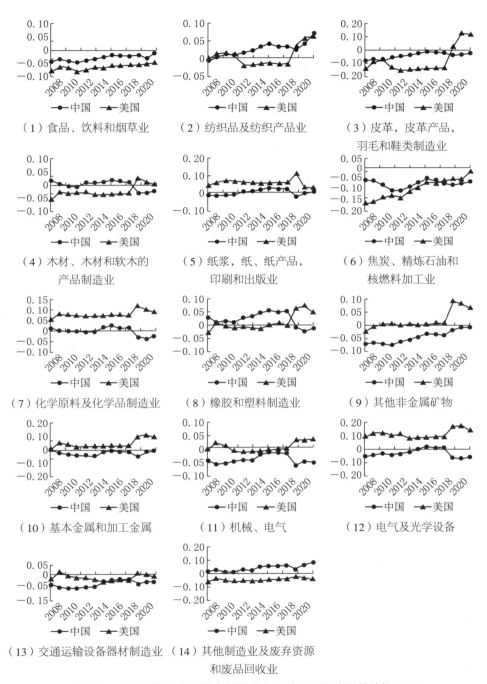

（1）食品、饮料和烟草业　　（2）纺织品及纺织产品业　　（3）皮革，皮革产品，
　　　　　　　　　　　　　　　　　　　　　　　　　　　　　　羽毛和鞋类制造业

（4）木材、木材和软木的　　　（5）纸浆，纸、纸产品，　　　（6）焦炭、精炼石油和
　　　产品制造业　　　　　　　　　印刷和出版业　　　　　　　　核燃料加工业

（7）化学原料及化学品制造业　（8）橡胶和塑料制造业　　　　（9）其他非金属矿物

（10）基本金属和加工金属　　　（11）机械、电气　　　　　　（12）电气及光学设备

（13）交通运输设备器材制造业　（14）其他制造业及废弃资源
　　　　　　　　　　　　　　　　　　和废品回收业

图 7-4　中美贸易摩擦前后中美制造业全球产业链位置的结构变化

于中国，中国的 GVC 地位指数低于美国，这一特征没有受到贸易摩擦的影响。

虽然从短期来看，美国挑起贸易摩擦提高了美国制造业的 GVC 位置，但长期来看将冲击全球价值链结构，破坏国际经济秩序，伤害包括中美经贸交往在内的全球经贸关系。根据中美两国的比较优势和产业结构的内在特征，美国居于全球价值链的中高端，对华出口多为资本品和中间品，中国居于中低端，对美出口多为消费品和最终产品，两国充分发挥各自在技术、劳动力、资本等方面的比较优势，在全球经济中分工合作，形成运转高效的全球产业链，共享经济全球化红利（国务院新闻办公室，2018）。但美国自特朗普政府上任以来，将国内问题国际化、经贸问题政治化，通过加征关税、高筑贸易壁垒等手段在世界范围内挑起贸易摩擦，旨在要求美资跨国公司回流，冲击全球范围内正常的产品贸易和资源配置，割裂全球产业链和价值链，即使短期获取利益，但美国的制造业终将也必须依赖于复杂而庞大的全球产业链支撑，不可能违背以跨国公司为纽带形成全球产业链和价值链网络的客观规律，贸易保护主义最终将损害美国自身利益。

第四节　中美贸易摩擦影响双方制造业 GVC 位置的实证检验

一、模型与变量

笔者进一步考察中美贸易摩擦如何影响双方制造业 GVC 位置，为此构建实证模型：

$$GVC_{it} = \alpha_{it} + \beta_1 Friction_t + \beta_2 L.GVC_{it} + \beta_3 \ln GDP_t \\ + \beta_4 \ln Publicmarket_t + \beta_5 \ln Invent_t + \mu_i + \varepsilon_{it} \tag{7.4}$$

其中，i 代表行业，t 代表时间，μ_i 为个体固定效应，ε_{it} 为随机扰动项。被解释变量为前文基于 ADB-MRIO 数据库测算的全球价值链地位指数（GVC），该指数取值越大说明一国制造业的 GVC 位置越高。核心解释变量为中美贸易摩擦（*Friction*），识别 *t* 期是否发生贸易摩擦，发生则取值为 1，反之则取值为 0。

　　笔者还考虑市场规模、技术创新和金融发展对中美两国制造业 GVC 地位的影响。对于市场规模，笔者使用国内生产总值（*GDP*）进行衡量，数据来源于 Wind 数据库。在理论上，GVC 位置的攀升反映了一国在国际分工中地位的提升，技术和制度是推动这一过程的重要因素。技术创新是一国能否抓住产业革新红利的关键。笔者以 R&D 人员全时当量与 GDP 的比值（*Invent*）作为创新投入的代理变量，数据来源于《中国高科技统计年鉴》和 CEIC 经济数据库。制度一般指生产活动的制度环境，良好的制度环境有利于生产活动的推进，笔者具体以金融制度为切入点，良好的金融制度将使企业尤其是科创型企业更容易从资本市场获得融资，本章以上市公司数量与 GDP 的比值（*Publicmarket*）作为代理变量，相关数据来源于世界银行数据库。为减少数据异方差的干扰，上述变量均取对数处理。此外，考虑到本期的行业 GVC 可能与上一期值相关，模型中加入上一期值（*L.GVC*）作为控制变量。笔者主要关注国家层面随时间变动的宏观因素对中美双方 GVC 地位的影响，为避免共线性问题，上述模型不控制年份固定效应。

二、全产业的描述性统计与实证检验

　　在全样本检验中，笔者以 ADB-MRIO 数据库中 2007—2020 年中美两国 33 个行业数据（35 个行业剔除了 C19、C35 行业）。之所以先进行全行业检验，是因为贸易摩擦所涉及的行业领域广，第二产业和第三产业、第一产业之间紧密相连、相互影响。在表 7-3 中，美国产业的 GVC 地位指数的均值为正且大于中国，再次说明，与美国相比，中国产业的 GVC 总体处于中低端位置。

表 7-3　描述性统计

变　量	样本数	均　值	标准差	最小值	中位数	最大值
Panel A：中国（2008—2020）						
GVC	429	−0.0086	0.0556	−0.1480	−0.0077	0.1660
Friction	429	0.2310	0.4220	0.0000	0.0000	1.0000
ln GDP	429	9.1420	0.3730	8.4330	9.2570	9.5970
ln Publicmarket	429	−1.2500	0.1110	−1.3890	−1.2650	−1.0520
ln Invent	429	4.0900	0.0675	3.9670	4.0890	4.1760
Panel B：美国（2008—2019）						
GVC	420	0.0005	0.0602	−0.1730	−0.0078	0.1850
Friction	420	0.1670	0.3730	0.0000	0.0000	1.0000
ln GDP	420	9.7560	0.1280	9.5780	9.7500	9.9730
ln Publicmarket	420	−1.3850	0.1350	−1.6140	−1.3900	−1.1480
ln Invent	420	−1.4350	0.0871	−1.5810	−1.4460	−1.2990

表 7-4 汇报了中美贸易摩擦对双方产业 GVC 地位的影响结果，模型依次加入核心解释变量 Friction、前一期被解释变量（L.GVC）以及其他控制变量，所有模型都控制了行业固定效应，并使用行业层面的聚类稳健标准误。

如列（1）—（3）所示，核心解释变量中美贸易摩擦的估计系数显著为负，证实中美贸易摩擦对中国产业的 GVC 地位产生了明显的负面冲击。GVC 分工地位滞后项（L.GVC）的系数显著为正，说明中国参与 GVC 的分工地位具有明显的动态特征和发展惯性。ln GDP 的系数显著为正，说明市场规模显著正向影响中国产业的 GVC 位置。技术创新的代理变量（ln Invent）估计系数显著为正，证实研发投入的增长有利于促进中国产业的 GVC 位置的攀升。制度的代理变量（ln Publicmarket）估计系数显著为正，说明完善金融制度，提高直接融资比例，是促进我国 GVC 地位提升的重要途径。

表 7-4　中美贸易摩擦对双方产业 GVC 位置的影响

	中　国			美　国		
	（1） GVC	（2） GVC	（3） GVC	（4） GVC	（5） GVC	（6） GVC
Friction	−0.0156*** （−6.8319）	−0.0105*** （−6.9460）	−0.0131*** （−5.3738）	0.0358*** （11.7720）	0.0209*** （7.9549）	0.0197*** （5.6548）
L.GVC		0.7439*** （23.0766）	0.7278*** （22.3003）		0.7647*** （14.7967）	0.7943*** （15.0440）
ln *GDP*			0.0101** （2.2608）			0.1805*** （3.6480）
ln *Invent*			0.0297** （2.4124）			0.1654*** （3.3956）
ln *Publicmarket*			0.0252** （1.9661）			0.0729** （2.4824）
常数项	0.0058 （1.0477）	0.0046 （1.2653）	−0.1767*** （−3.5596）	0.0401*** （5.9507）	0.0143** （2.5334）	−1.4088*** （−3.5160）
行业固定	控制	控制	控制	控制	控制	控制
调整 R^2	0.8708	0.9449	0.9466	0.8506	0.9047	0.9079
F 统计值	88.3848***	216.8847***	206.2171***	69.1392***	111.4506***	106.9511***
样本数	429	429	429	420	420	420

注：$*p<0.1$，$**p<0.05$，$***p<0.01$，括号中为 T 值，下表同。

对比来看中美贸易摩擦对美国产业 GVC 位置的影响，如列（4）—（6）所示，核心解释变量 *Friction* 估计系数显著为正，影响方向与中国的估计结果相反，证实了短期内中美贸易摩擦对我国价值链地位不利，但对美国有利。*L.GVC* 系数显著为正，说明美国参与 GVC 的分工地位也具有明显的动态特征和惯性。市场规模（ln *GDP*）、创新（ln *Invent*）和制度（ln *Publicmarket*）的估计系数显著为正，与中国估计结果一致，验证了模型的稳健性。

三、中美贸易摩擦影响双方制造业 GVC 位置的实证结果

笔者进一步分行业讨论中美贸易摩擦影响双方制造业 GVC 地位的行业异质性。如表 7-5 所示，列（1）、（4）分析了中美贸易摩擦对双方制造业 GVC 分工地位的影响，核心解释变量 *Friction* 的估计系数均显著，但符号相反，进一步证实中美贸易摩擦对中国制造业的 GVC 位置产生了负向冲击，却使美国制造业的 GVC 地位相对提高。参考 OECD 的分类标准，进一步将制造业分为高技术制造业和低技术制造业，进行分样本回归。对于中

表 7-5　中美贸易摩擦影响双方制造业 GVC 地位的行业异质性检验

	中　国			美　国		
	制造业	高技术制造业	低技术制造业	制造业	高技术制造业	低技术制造业
	（1）GVC	（2）GVC	（3）GVC	（4）GVC	（5）GVC	（6）GVC
Friction	−0.0120***	−0.0313***	−0.0059	0.0358***	0.0432***	0.0368***
	（−3.0587）	（−4.3442）	（−1.3247）	（5.7227）	（6.4396）	（4.4873）
L.*GVC*	0.6046***	0.4327***	0.6511***	0.6601***	0.2566**	0.6869***
	（10.9214）	（4.6287）	（9.9058）	（8.3240）	（2.1988）	（6.9998）
ln *GDP*	0.0141*	0.0269**	0.0102	0.2934***	0.1781*	0.2968**
	（1.8965）	（2.0787）	（1.1929）	（3.3832）	（1.9617）	（2.6029）
ln *Invent*	0.0322	0.0443	0.0232	0.2851***	0.2945***	0.2832**
	（1.6190）	（1.2742）	（1.0102）	（3.3670）	（3.5242）	（2.5267）
ln *Publicmarket*	0.0071	0.0273	−0.0029	0.1106**	0.0284	0.1069
	（0.3434）	（0.7637）	（−0.1218）	（2.1044）	（0.4925）	（1.5573）
常数项	−0.2782***	−0.4288***	−0.1775*	−2.3212***	−1.3179*	−2.3432**
	（−3.3810）	（−3.0604）	（−1.8832）	（−3.3089）	（−1.7838）	（−2.5393）
行业固定	控制	控制	控制	控制	控制	控制
调整 R²	0.8842	0.8570	0.8894	0.9153	0.9730	0.8783
F 统计值	77.7508***	39.2204***	75.0655***	101.2810***	213.0494***	62.3354***
样本数	182	52	130	168	48	120

国而言，如列（2）所示，中美贸易摩擦（*Friction*）的估计系数显著为负且大于制造业全样本的检验结果，表明我国高技术制造业行业的 GVC 地位受到贸易摩擦的严重冲击。相佐证地，列（3）以低技术制造业行业样本进行回归，*Friction* 估计系数不显著，表明美国挑起的贸易摩擦争端具有一定的针对性，企图重点遏制和阻碍我国高技术行业的发展。对于美国而言，列（5）、列（6）的估计结果表明，中美贸易摩擦对美国制造业 GVC 位置的正向影响是广泛且显著的，其低技术、高技术制造业行业都显著受益；对比估计系数的大小，发现高技术制造业行业受益更多。

从其他变量的估计结果来看，如列（4）所示，基于美国制造业全样本的检验显示，市场规模（ln *GDP*）、创新（ln *Invent*）和金融制度（ln *Publicmarket*）的系数均显著为正，证实市场规模、创新和金融制度对美国的制造业 GVC 分工地位存在普遍的正向影响，验证了前文估计的稳健性。市场规模越大、创新越活跃以及直接融资比例越高，对美国制造业 GVC 分工地位提升越有利。列（5）的估计表明，创新投入增长对美国高技术制造业 GVC 分工地位产生了主要促进作用。

总体而言，在短期内，中美贸易摩擦对中国制造业 GVC 分工地位产生了显著的负面影响。这一负面影响具有显著的行业异质性，重点针对并危害了我国高技术制造业的全球分工参与。而作为受益方，中美贸易摩擦帮助美国的高技术制造业和低技术制造业实现 GVC 分工地位的攀升，这是美国发起贸易争端的主要目的及经济利益所在。

四、以创新驱动提升我国制造业全球价值链地位

前文的实证表明，我国制造业尤其是高技术制造业在中美贸易摩擦中处于不利地位，而市场规模、研发投入、金融制度对于驱动价值链攀升具有重要意义。如今，全球产业竞争格局正发生着重大调整，国际产业分工格局正在重塑。美国等发达国家纷纷实施"再工业化"战略，重构制造业竞争新优势。发展中国家也在加快谋划和布局，积极参与全球产业再分工，承接产业及资本转

移。从制造业创新变革趋势来看，新一代信息技术与制造业深度融合，正在引发影响深远的产业变革，形成新的生产方式、产业形态、商业模式和经济增长点。各国都在加大科技创新力度，推动人工智能、移动互联网、云计算、大数据、生物医药、新能源、新材料等领域取得新突破，引领制造方式变革，重构产业价值链体系，强化制度创新、创造公平竞争的营商环境。增加研发投入是否会对中美贸易摩擦影响我国制造业 GVC 地位的效应产生调节效应？

本章进一步讨论我国应对中美贸易摩擦对 GVC 地位冲击的路径。如表 7-6 所示，列（1）—（3）分别使用中国所有行业、制造业行业、服务业行业数据为样本，在实证模型中进一步加入 Friction 和 Invent 的交互项（Inter_Friction_ln Invent），所有估计都控制行业固定效应并使用行业层面聚类稳健标准误。结果显示，交互项（Inter_Friction_ln Invent）的估计系数均显著为正，这意味着创新投入的增加能够在一定程度上有效缓解我国产业 GVC 地位受中美贸易摩擦的负面冲击。在不确定性和外部不利因素增加的环境下，提高自主创新能力、加大研发投入是增强我国反制裁能力和提升 GVC 地位的重要路径。该结论也证实了中美贸易摩擦通过预期效应影响产业 GVC 的

表 7-6　研发投入在中美贸易摩擦冲击我国 GVC 地位中的调节效应

	（1） 全样本 GVC	（2） 制造业 GVC	（3） 服务业 GVC
Friction	−1.8093*** （−6.3694）	−2.9480*** （−6.7389）	−0.8055** （−2.1483）
*Inter_Friction*_ln *Invent*	0.4419*** （6.3235）	0.7224*** （6.7116）	0.1941** （2.1040）
控制变量	控制	控制	控制
行业固定	控制	控制	控制
调整 R 方	0.9515	0.9088	0.9690
F 统计值	221.8636***	95.9332***	313.3822***
样本数	429	182	221

机制，即中美贸易摩擦增加了全球经济金融环境的不确定性并作用于企业投融资决策，企业通过逆周期加大更多研发投入对冲潜在风险。

随着新型工业化、信息化、城镇化同步推进，超大规模内需潜力不断释放。各行业新的装备需求、人民群众新的消费需求、社会管理和公共服务新的民生需求都要求制造业在重大技术装备创新、消费品质量和安全、公共服务设施设备供给等方面迅速提升水平和能力。加快从制造大国迈向制造强国，不仅要实现我国制造业在 GVC 中的地位攀升，而且要将其打造成经济转型升级的增长极。一方面，要实现智能制造，把设备、生产线、工厂、供应商、产品和客户紧密地联系起来，通过智能网络，使人与人、人与机器、机器与机器，以及服务于服务之间实现互联互通，据此形成包含产品数据、研发数据、工业链数据、运营数据、消费者数据在内的数据工厂。从技术创新到产品创新，到模式创新，再到组织创新，都凸显工业机器人与人工智能的耦合作用。另一方面，实现结构优化，推动生产型制造向服务型制造转变，适应制造业"服务化"趋势，着力发展先进制造业和战略性新兴产业，提升高技术制造业全球资源配置能力。产业结构调整不仅包括产业间调整，即工业体系的结构和比例，使之搭配更加合理，而且包括产业链调整，即注重产业向价值链高端转移，积极引导资源配置向研发、设计、品牌、服务、供应链等高附加值环节转移。

第五节　结论及政策含义

中美贸易摩擦对双方制造业 GVC 位置产生了哪些影响？这是评估中美贸易摩擦影响的重要方面。为此，笔者基于亚洲开发银行多区域投入产出表数据库，测算并比较摩擦前后中美两国制造业的 GVC 参与指数和地位指数的变化。结果显示：中美贸易摩擦给两国制造业的 GVC 带来的短期影响开始显现；从 GVC 前向参与度来看，贸易摩擦对中国制造业 GVC 前向参与度造成了一定冲击，但却提高了美国制造业 GVC 前向参与度，美国的制造业回归使其更加积极地参与 GVC 生产；从 GVC 后向参与度来看，贸易摩擦在短期内还无法改变中国有较大比例的制造业 GVC 后向参与度高于美国的状况，这也显示了中国出口优势的韧性，贸易摩擦后美国 GVC 后向参与度短期内呈现先升后趋降的过程，决定出口结构的决定因素是比较优势，不可能是加征关税等保护手段；从 GVC 位置来看，贸易摩擦使中国的产业链遭受了一定程度的冲击，制造业 GVC 地位指数开始下降，美国制造业 GVC 位置攀升，尤其是先进制造业，这也促使中国创新驱动发展战略的加快推进和贸易结构的转型升级。

基于中美贸易摩擦对双方制造业 GVC 参与度和地位的变化，笔者进一步检验其中的决定因素和机制，除中美贸易摩擦外，还包括市场规模、技术创新和金融制度等因素。实证结果显示，中美贸易摩擦确实对中国制造业 GVC 地位产生了明显的短期负面冲击，尤其是抑制了我国高技术制造业 GVC 位置的攀升。市场规模、创新投入、直接融资比例都显著地促进着中国制造业 GVC 地位的提升。该结果还体现在中美贸易摩擦前后双方 33 个全样本产业上。大国经济和超大内需市场是中国制造业强国征程中的独特优势。创新投入是短期内有效对冲我国全球产业链地位受中美贸易摩擦负面冲击的有效手段。据此，笔者提出了提升中国制造业 GVC 位置的方向的和措施：创新驱动发展战略的重点要聚焦于新一代信息技术与制造业的深度融合，进而形成新的生产方式、产业形态、商业模式和经济增长极。一方面要实现"互联网＋制造业"的赋能升级，让智能制造充分凸显在从技术创新到产品创新，到模式创新，再到组织创新等领域。另一方面全面深化结构性改革，让结构优化成为制造业"服务化"、先进制造业和战略性新兴产业的综合竞争优势，促进资源向研发、设计、品牌、服务、供应链等高附加值环节配置。各国制造业的发展都离不开经济全球化，离不开繁荣的自由的世界贸易，中国和美国也一样。中美经贸关系事关两国人民福祉，也关乎世界和平、繁荣、稳定。对中美两国来说，合作是唯一正确的选择，共赢才能通向更美好的未来。

第八章

新发展格局与全球产业链价值链变革的新趋势

中美贸易摩擦对全球国际直接投资格局产生了复杂且显著的冲击：全球投资壁垒增加带来新变化；全球供应链深度调整、中日韩产业链网络区域特征更加凸显；国际投资规则重构引领新变革，尤其是制度型开放和数字经济治理规则；日趋复杂的国际环境对我国高质量引资提出了新的要求。人们日益关注中美贸易摩擦后全球产业链格局的变化。尤其是很多人担心全球产业链是否会收缩，其实全球产业链的基本特征是区域化，不会出现显著的全球性收缩。目前的全球产业链呈现美德中三足鼎立的区域化格局，疫情对全球产业链的影响将呈现两大趋势：一是全球产业链区域化趋势得到进一步强化，即以美国为中心的北美地区、以德国为中心的欧盟地区、以中国为中心的东亚地区各自的产业链和供应链网络将会更加紧密；二是美德中三大产业链之间的联系网络将以数字化形式趋于更加紧密。全球产业链数字化、价值链数据化、创新链平台化和供应链智能化的趋势日益加强，并将深度影响着世界经济增长的动力、结构和形态，这不仅引发了数字经济各国内部治理的变革，而且导致了全球数字经济与贸易规则的重构与博弈。

第一节　全球国际直接投资格局的变革

当前，百年未有之大变局正在向纵深发展，经济全球化遭遇更多逆风和回头浪，世界进入动荡变革期，上海作为我国改革开放的前沿窗口和对外依存度较高的国际大都市，既首当其冲受到外部环境深刻变化带来的严峻冲击，又面临着全球治理体系和经贸规则变动特别是我国引领推动经济全球化带来的新机遇。我国进入了在更加开放的条件下实现更高质量发展的阶段。中美贸易摩擦对全球的国际直接投资产生了显著的冲击，我国引资战略创新进入了高质量发展的新阶段。

一、全球投资壁垒增加带来新变化

在投资驱动贸易的国际经贸格局下，国际贸易保护主义和单边主义日益盛行，地缘政治风险持续上升，国际经贸摩擦不断加剧，尤其是中美经贸摩擦复杂性、长期性和严峻性的特征依然存在，对我国进出口贸易形成较大下行压力，国际市场份额提升难度增加，出口面临新一轮"去加工贸易化"，高新技术产品进口制约因素增多、不确定性加大。但同时也倒逼我国产业和贸易加快转型升级，进一步向以技术、质量、品牌和服务为核心的新竞争优势转变。

二、全球供应链深度调整、中日韩产业链网络区域特征更加凸显

新科技革命和产业变革在全球范围深化推进，世界经济区域化特征更加明显，推动全球范围内的价值链、产业链和供应链布局深化调整，中美贸易摩擦和新冠疫情促使跨国公司降低对单一市场依赖的意愿更加强烈，谋求更加多元化布局，加速近岸化、本土化发展。中国与日本、韩国、东盟国家良好的贸易投资联系，以及在"一带一路"沿线国家影响力的逐步增强，尤其是 RCEP 协议的签订，更将有利于吸引全球供应链向我国尤其是长三角地区集聚，我国将成为全球资本的最佳避险地。

三、国际投资规则重构引领新变革，尤其是制度型开放和数字经济治理规则

一方面，以发达国家为主导的高标准自由贸易协定逐渐引领国际经贸规则重构，议题由"边境措施"向"边境内措施"延伸，知识产权保护、竞争

政策、电子商务、政府采购等成为谈判焦点。另一方面，我国在坚决维护多边贸易体制的基础上，积极应对经贸规则变化，加快推进中日韩自贸区、中欧投资协定等谈判，为我国推进贸易投资自由化便利化提供了新的发展空间。最后，基于快速发展的数字经济的数字贸易正在成为全球贸易发展的新引擎，迫切需要我国加快突破跨境数据流动障碍等瓶颈。各国数字经济治理实践中已形成了数据治理、算法治理、数字市场治理和网络生态治理四大领域和一定的经验共识，全球数字经济治理话语权博弈日趋激烈。在世界数字贸易规则上，大国之间的主导权竞争也日趋复杂和激烈，美国一直试图主导世界数字贸易规则。数字企业要在全球范围内配置资源需要的不仅仅是市场，更重要的是数字经贸规则的主导权。

四、日趋复杂的国际环境对我国引资的高质量发展提出了新的要求

一是要在全球政治经济格局深刻调整中更好地参与国际合作与竞争，助力国家在严峻的外部挑战中突出重围；二是放在经济全球化的大背景下来谋划和推动，在开放潮流中坚定不移融入世界，为我国深度参与引领全球经济治理作出应有贡献；三是在全国发展的大格局中来谋划和推动引资，把握打造国内大循环的中心节点、国内国际双循环的战略链接的定位要求，充分发挥人才富集、科技水平高、制造业发达、产业链供应链基础好和市场潜力大等优势，更加主动服务全国构建新发展格局；四是放在国家对长三角发展的总体部署中来谋划和推动，充分发挥龙头带动作用，共同打造强劲活跃增长极，辐射带动更广大区域发展。危与机从来都是辩证统一的，疫情对全球国际直接投资的冲击也正是我国引资战略创新和优势再造的重要推手。

第二节　全球产业链和 FDI 的演变趋势：区域化和数字化

一、全球产业链呈现美德中三足鼎立的区域化格局

基于全球价值链的衡量，目前的全球产业链格局呈现典型的区域化特

征。在北美地区，美国是产业链中心；在欧洲，德国是产业链中心；在亚洲，中国是产业链中心。整个世界的产业链就是呈现这种三足鼎立的格局。从产业链供给端来看，欧洲主要以德国、英国、法国、意大利等国为纽带构成产业链网络，亚洲主要以中国、日本、韩国等国为纽带构成产业链网络，北美地区主要是以美国、加拿大、墨西哥等国为节点构成产业链网络。从产业链需求端来看，中国的产业链离不开对美国的出口，美国产业链的更多依赖于欧盟。综合供给端和需求端，美国与欧盟之间的产业链联系最为密切，中国与日本、韩国和东盟国家之间的产业链联系更为密切。具体到美国、德国和中国这三大全球产业链中心，它们都具有一个相同的特征，即城市群驱动产业链网络的模式，或者说，美国、德国和中国国内的产业链网络主要集中于城市群。对于中国的产业链网络，从全球来看，主要集中于东亚，尤其是日本、韩国和东盟国家；从国内来看，主要集中于京津冀城市群、长三角城市群、粤港澳大湾区和成渝城市群构成的菱形区域中。当前，世界产业链的全球化程度与区域化程度相比，更显著的还是区域化的特征。

美德中三大全球产业链和供应链中心中间的联系网络将以数字化形式既趋于三足鼎立又趋于更加紧密。欧美等多数发达国家较早认识到数字经济的重要性，数字经济发展战略布局起步也早。例如，早在 20 世纪 90 年代美国就实施了"信息高速公路"战略，到 2008 年的"数字经济战略"，再到 2019 年的"数字现代化战略"，一直注重从大数据、人工智能、智能先进制造等领域推动数字经济和国家创新能力。欧盟从 2000 年启动"eEurope"计划开始，历经 2010 年的"欧洲数字议程"、2015 年的"数字化单一市场"计划、2018 年的"人工智能合作宣言"，致力于建立数字统一市场，探索数字法律规则和人工智能政策。英国从 2010 年的"数字经济法案"到 2018 年的"数字宪章"，最早将数字化纳入国家顶层设计并一以贯之。德国从 2010 年的"数字德国 2015"、2016 年的"数字化战略 2025"到 2019 年的"工业战略 2030"，以数字化和高科技驱动"工业 4.0"计划。日本从 2001 年的"e-Japan"计划、2014 年的"智能日本 ICT 战略"到 2016 年的"超智能社会"方案，以信息化、智能化提升经济竞争力。相比之下，印度、俄罗斯、巴西等发展中国家对于数字经济的战略布局相对偏晚。中国高度重视发展数字经济，2013 年开始实施"宽带中国"战略，2015 年推进"互联网＋"行动，2016 年启动"深化制造业与互联网融合发展"计划，2019 年实施"数字乡村"发展战略，2020 年构建更加完善的要素市场化配置体制机制，首次将数据作为一种新型生产要素。

二、中美贸易摩擦后全球产业链的数字化趋势将日趋强化

中美贸易摩擦后全球产业链除了区域化特征更加凸显之外，还有一个重要趋势就是产业链的数字化。新一代信息技术正在改造着全球产业链的内涵与外延，数字化趋势加速扩展。在现代生产制造领域，产业链日益表现为无人工厂、工业互联网等智能制造形态；在生产性服务业领域，产业链加速演变为电商零售、在线金融服务，在线展览展示，在线研发设计等生产和服务深度融合的新模式；在生活性服务业领域，产业链越来越依赖于信息和数字载体，在线教育、在线文娱、在线医疗、无接触配送、新型移动出行、远程办公等将服务和消费相互融合，新业态不断涌现。以互联网、大数据、人工智能和实体经济深度融合为特征的产业链数字化趋势日益突出。世界贸易也日益体现为贸易对象的数字化，数据和以数字形式存在的产品和服务贸易快速增长。联合国贸发会议数据显示，2008—2018 年，全球数字服务出口年均增长率达到 5.8%，规模已达 3 万亿美元。发达国家在数字服务贸易中的影响力更甚于货物贸易，发展中国家面临新的发展挑战。

全球产业链的数字化趋势源于数字经济的蓬勃发展。数字经济是以数字化的知识和信息为核心要素，以数字技术和现代信息网络为支撑，通过数字产业和数字部门增长、数字技术与实体经济深度融合为主要表现形式的新型经济形态。世界主要国家和经济体正积极推进数字产业化和产业数字化的发展。中国数字经济规模在 2016 年首次突破了 GDP 的 30%，2017 年《政府工作报告》首次写入"数字经济"。2016 年 9 月，中国作为二十国集团

（G20）主席国，首次将"数字经济"列为 G20 创新增长蓝图中的重要议题。G20 杭州峰会通过的《二十国集团数字经济发展与合作倡议》是全球首个由多国领导人共同签署的数字经济政策文件。世界经济正在向数字化加速转型，数字经济成为全球经济增长的关键动力。美国数字经济规模全球第一，占到其 GDP 三分之二以上；中国保持全球第二大数字经济体地位。据中国信息通信研究院发布的《中国数字经济发展白皮书》（2020）显示，中国数字经济规模占到了 GDP 的 36%、就业人数占比近 25%，数字经济对经济增长的贡献率达到 67%，成为驱动中国经济增长的新动能。据联合国贸发会议的《2019 年数字经济报告》，美国和中国占了区块链技术相关专利的 75%、全球物联网支出的 50% 以及全球公共云计算市场的 75% 以上。

三、全球价值链数据化、创新链平台化和供应链智能化将使全球产业链网络更加密切

世界经济数字化的加速发展使得一个全新的"数据价值链"形成。在微观机制上，从数据到经济利润，从数据收集和深度分析到数字智能，数据的日益商业化创造了新的价值链。数据价值化重构生产要素体系，数据要素通过资本化渗透不仅使劳动力、资本、技术、土地等传统生产要素发生变革与优化配置，而且沿着数据资源化逻辑驱动传统产业向数字化方向加速转型升级。在宏观机制上，数据要素的非竞争性特征使其具有了显著的报酬递增性质，它可以被重复使用，且重复使用不会造成成本的增加，也可以被多人同时使用，从而导致同样收益的情况下成本不断下降甚至无成本，这种规模报酬递增效应就是产业链数字化和价值链数据化推动经济持续增长的新机制。基于此，全球创新链将更加注重数据等创新要素的共享和重复使用以及由此产生的正外部性。创新链的数字化平台提供了各类要素的供需方在线互动机制，形成全连接型的创新网络生态尤其是相互依赖性和协作性，进而对所有创新主体都带来日益降低的研发成本和不断提高的研发能级。随着人工智能、5G、互联网、大数据、区块链等智能交互技术的广泛应用和不断创新，

全球供应链的智能化和线上化趋势加速凸显，现代生产制造业、生产性服务业和生活性服务业领域出现在线、智能、交互以及线上线下融合发展的新模式。近年间，世界信通技术服务和数字化交付的服务出口增速一直远高于整体服务出口增速。

如何为基于信息和数字技术的全球产业链数字化、价值链数据化、创新链平台化和供应链智能化提供基础条件支撑？"新型基础设施"尤其是 5G、大数据中心、人工智能、工业互联网等正是瞄准面向未来的新一代信息科技变革，助推信息经济和数字经济升级，为数字化产业链、价值链、创新链和供应链布局提供保障。5G 技术不仅直接带动 ICT 等数字产业和数字部门的发展，而且加速产业数字化进程，提升制造业、服务业、民生领域数字化融合水平。人工智能、数据中心、工业互联网等新型基础设施为全球产业链数字化、价值链数据化、创新链平台化和供应链智能化提供信息基础配套，催生数字经济时代的新产业、新业态与新模式。例如，相对于人均 GDP 1 万美元的同类国家，中国的制造业就业占比较低，这实际上就是制造业数字化的体现，或者说人工智能替代了劳动。目前，我国产业数字化增加值占 GDP 比重接近 30%，并以第三产业和第二产业的数字化为主导。诸如软件行业、电子信息制造业、电信业和互联网行业的数字产业和数字部门的产业增加值占 GDP 的比重相对较低，亟待"新基建"驱动升级。数字经济和"新基建"的主战场在城市群。目前中国城镇化率达到 65%，而发达国家的平均水平约 80%，中国城镇化的人口未来将更多地聚集到城市群。城市群超大规模的市场为中国的产业链数字化、价值链数据化、创新链平台化和供应链智能化提供了显著的比较优势。

四、世界数字经济治理与数字贸易规则的话语权博弈与主导权竞争加剧

各国数字经济治理实践中已形成了数据治理、算法治理、数字市场治理和网络生态治理四大领域和一定的经验共识，全球数字经济治理话语权博弈

日趋激烈。无论是产业链数字化、价值链数据化、创新链平台化和供应链智能化，还是数据的跨境流动、数字平台的跨境运营、数字产品与服务的定价与征税，数字经济治理和数字贸易规则中既存在各国的理念、利益与主张的明显差异和分歧，又具有显然的全球公共产品属性。数字经济是以数据要素为核心要素，数据又是可重复使用且具有规模报酬递增性质的资源，但数据相关的世界规则体系严重缺失，数据的开发、利用、定价、算法、标准与保护等深层次问题成为全球难题。例如，2019 年 G20 大阪峰会上的《数字经济大阪宣言》，印度等国就认为不符合其数据本土化主张。美国、欧盟等纷纷提出自身的数字经济与贸易的治理理念与主张，并力推其成为国际规则，以在全球数字经济与贸易中抢占规则主导权。

在数据治理上，虽然中国一直积极推进个人信息保护立法与实践个人信息保护制度不断完善，但美欧已形成了各自的基本模式，并通过国际机制积极扩大各自的影响力。欧盟以《通用数据保护条例》（GDPR）的实施为标志，构建了个人信息制度体系，逐渐成为全球个人信息保护和执法中心。美国则在跨境数据自由流动规则上逐渐掌握了主导权。美国奉行"长臂管辖"规则以获取境外数据及其执法能力，尤为典型的就是 2018 年通过的《澄清数据合法使用法案》（CLOUD 法案）为美国获取他国数据扫清制度性障碍。无独有偶，澳大利亚也以《电信和其他法律关于协助和准入的修正案》赋予其对存储于他国境内数据具备"长臂管辖"效力。美国还加紧利用数据出境的国际机制争夺数据资源，加速数据资源流向美国。例如，越来越多的亚太经济合作组织成员国（目前已有 8 个）加入了跨境隐私规则体系（CBPRs）体系，这是以美国为主导的多边数据跨境流动机制。2018 年 12 月美国主导的《美墨加协议》显著提高了数据跨境流动的自由程度。为逐步掌握主导权，美国联合部分盟国还在强化数据跨境流动安全审查及其渗透范围，目前主要在外商投资和基础设施建设领域对外国形成了制约能力。在数据跨境流动上，欧盟也在加紧推行国际规则。这以 2019 年 5 月实施的《欧盟非个人数据自由流动条例》《欧盟非个人数据自由流动条例的实施指南》为典型，欧盟非个人数据流动监管的规则逐步清晰明朗，彰显自由流动、规则透明和公共安全保留的基本原则，在欧盟各成员国之间形成了单一数字市场以及数字制度的统一性和协调性，消除了数据流动的制度性障碍，并且鼓励用户在云计算服务提供商之间迁移数据，加快美国等海外数据流向欧盟。欧盟主要成员国也逐渐推出了具体战略，如德国就开始实施"工业数据空间"计划，推动数据开放共享。

在算法治理、数字市场治理和网络生态治理上，总体而言，各国还未形成具体模式，处于探索和起步阶段。美欧之间既有不同的主张和政策侧重点，又面临着共同的难题和诉求。这在算法治理上表现得最为明显。智能化的实现要依赖于算法或者说计算机程序规则。美国追求算法公平，消除算法歧视，要求算法使用机构对算法结果负责；欧盟注重推动人工智能伦理框架，注重算法的可信赖性，建立算法解释权和算法影响评估机制。中国也积极引导算法向善，重视人工智能伦理和道德问题。在数字市场治理上，各国都提高了对数字平台反垄断监管的力度，包括美国的监管也由宽松转向审慎，但对具体反竞争行为的认定和措施存在分歧和差异，欧盟正积极提供一系列应对数字平台垄断的监管规则和实践方法。我国也在不断完善数字市场反垄断规则，拥有一系列的案件实践经验。在网络生态治理上，法治成为全球趋势，各国在治理虚假信息等行为上有着强烈的共识。中国倡导基于主权的网络空间治理理念，积极推进网络生态多元共治。

在世界数字贸易规则上，大国之间的主导权竞争也日趋复杂和激烈，美国一直试图主导世界数字贸易规则。数字企业要在全球范围内配置资源需要的不仅仅是市场，更重要的是数字经贸规则的主导权。美国首次确定"电子商务"专章（2001年美国—约旦特惠贸易协定），最早明确了数字产品的定义、关税和非歧视待遇（2003年美智自由贸易协定），第一次提出了数据产品交易中的跨境信息流以及互联网的访问和使用原则（2007年韩美自由贸易协定）。近年来，美国在数字跨境流动规则、数字产品关税等技术问题和商业问题上不断努力。2016年7月美国贸易代表办公室成立数字贸易工作组（DTWG），以快速识别数字贸易壁垒，制定相应政策规则。

全球数字经济与数字贸易治理规则博弈正在加剧，我国作为世界第二大数字经济体，要重视增强数字经济与贸易关键领域规则制定权和话语权，在全球数字经济治理规则中贡献中国方案，尤其是代表发展中国家的立场与政策。我们已对国际竞争中的关键技术"卡脖子"问题予以了高度重视，但绝不能忽视了国际竞争中的国际规则"卡脖子"问题。

第三节　我国引资战略创新的新变化：新型信息基础设施与数字经济

数字经济包括数字产业化和产业数字化两大部分。数字产业化部分主要包括电子信息制造业、信息通信业、互联网行业、软件服务业等 ICT 核心产业。产业数字化部分反映的是数字产业在其他行业应用和融合的程度，包括利用数字化工具和数字化驱动升级的国民经济产业。作为数字经济世界第二大经济体，与美国相比，我国数字产业化规模仍偏小。数字产业化的基础设施主要依赖于固定宽带、光纤以及移动电话等，而这些数字经济的传统基础设施的渗透率已接近饱和状态。制约我国数字产业化发展一个重要方面就是"新基建"。

一、"新基建"加速数字经济的赋能升级

（一）"新基建"不是"铁公基"而是数字经济的产业配套和引擎

如何为基于新信息技术的数字经济赋能升级提供长久的支撑和保障？"新型基础设施建设"正是瞄准面向未来的新一代信息科技变革，助推信息经济和数字经济升级，为数字化供应链布局提供支撑。在其所涉及的领域中，5G、大数据中心、人工智能、工业互联网等新技术基础设施建设占主导。5G 作为移动通信领域的重大变革，是当前"新基建"的领衔领域，不仅会带动信息、通信和技术（ICT）全产业链发展，还将加快通信、制造、能源、交通、商业以及民生行业朝着数字化、网络化、智能化方向加速变革。

　　"新基建"不同于"铁公基"式的基建，不会依赖于大量的建设用地和钢铁水泥等，而是数字经济和信息经济时代的产业配套。"新基建"的提出并不是疫情发生后提出的，早在 2018 年年底召开的中央经济工作会议就提出要推动 5G、人工智能、工业互联网、物联网等"新型基础设施建设"，2019 年的政府工作报告中再次提出"加强新一代信息基础设施建设"。如今，5G 基站的布局基本完成。例如，上海在 2019 年 7 月就开始实施《关于加快推进本市 5G 网络建设和应用的实施意见》，聚焦以 5G 为引领的新一代信息基础设施建设，促进数字化、网络化、智能化转型升级，加快布局基于5G 技术的产品、服务和商业模式创新。"新基建"并不是应急性大规模投资刺激计划，而是为抢占全球新一代信息技术和数字经济转型升级制高点创造基础条件的战略之举。习近平总书记在 2018 年两院院士大会上高瞻远瞩地指出："世界正在进入以信息产业为主导的经济发展时期。我们要把握数字化、网络化、智能化融合发展的契机，以信息化、智能化为杠杆培育新动能"。"新基建"不仅是提供 5G、人工智能、数据中心、工业互联网等科技创新领域的基础条件，而且是通过数字化改造和升级来迎接基于新一轮科技革命的新产业、新业态、新模式。

（二）"新基建"在领域、区域、投资方式上具有新的特征

　　目前的"新基建"主要包含 7 大领域，其中的 5G 基站建设、大数据中心、人工智能、工业互联网四大领域属于新一代信息产业的配套设施，特高压、城际高速铁路和城市轨道交通、新能源汽车充电桩等三大领域属于补齐基础设施领域的短板。前四大领域旨在为新一代信息产业为主导的数字经济发展奠定基础条件，是发力于"科技端"的供给侧改革，构建高速、移动、安全、泛在的新一代信息基础设施。和传统的高度依赖于土地、钢筋、水泥的基础设施完全不同。新一代信息技术不仅具有跨界融合属性，将新一代 ICT 技术应用于传统产业，而且兼容或催生更多新产业、新业态和新模式。信息基础设施建设将破解制约人工智能、大数据、工业互联网等在信息传输、连接规模、通信质量上的瓶颈，提升制造业、服务业、民生领域的网络化、智能化、数字化水平。后三大领域均属非信息领域，看起来似乎和传统基建相似，但实质上还是新产业和新发展模式的配套。对于"新基建"中的特高压，也不是疫情后才采取的，早在 2018 年 9 月国家能源局就规划了 12 条特高压工程。一方面是为了解决我国能源供需的地域性失衡，中国 80% 以上的煤炭、水能、风能和太阳能资源分布在西部和北部地区，70% 以上的电力消费集中在东中部地区，这也为脱贫攻坚提供了一定的条件。另一方面特高压正在与高铁、核电一起成为中国制造的一张"新名片"，中国的特高压输电工程正在加速"出海"，已与"一带一路"沿线国家建成 10 余条互联互通输电线路，我国是该领域唯一实现大规模投入商业运营的国家，加速全球能源互联网建设。中国轨道交通里程虽居世界第一，但人均城轨里程远低于日本、英国、法国、德国。将城际高速铁路和城市轨道交通纳入"新基建"旨在推进城市群发展，适应了产业和人口向城市群集中的客观规律。中国已进入了城市群驱动发展模式的阶段，城市群发展模式不仅在土地、能源、基础设施等上更具效率，而且是消费主导经济增长和消费升级的主平台和动力源。"新基建"中的新能源汽车充电桩自然好理解，它是新能源汽车的基础设施，这是典型的针对新产业和新需求的补短板措施。

现在一提到基建，有些人就会担心是否会带来债务等拖累后续经济增长的问题。客观来说，改革开放过程中，若没有适度超前的基建，中国怎么会成为"世界工厂"？没有超前的信息网络设施建设，中国怎么去迎接新一代信息技术和数字经济的转型升级？怎么会形成具有国际竞争能力的全球产业链、供应链和创新链？根据世界经济论坛《2019 年全球竞争力报告》，中国经济类基建质量在 141 个经济体中排名第 28 位，低于美日等发达国家。当然，"新基建"要吸取以前"旧基建"中的教训，不能"一哄而上"和重复建设，防止过量投资带来的债务居高不下、金融风险和宏观经济波动。

由于"新基建"的主体是新信息技术应用和数字经济的产业配套，其他一些基础设施的短板也具有明显的产业配套特征，或者说，"新基建"是"占先机、补短板"的产业项目，是新时代的精准投资。特高压是中国制造的"新名片"，城际高速铁路和城市轨道交通是适应城市群发展模式的需要，提升规模经济和要素集聚效应，充电桩是新能源汽车产业的配套。因此，"新基建"不会出现"大水漫灌"，其具有鲜明的市场经济中资源配置的效率原理。"新基建"项目单体投资体量相对于以往"铁公基"项目而言较小，投资主体不仅多元化，而且不会简单追求建设规模的最大化而获取收益，"新基建"项目获取利润具有长期性和战略性，注重正外部性、规模经济效应等市场原则和产业布局的协调性和引领性。

"新基建"的"新"不只体现在领域上，而且在区域布局、投资主体、投资方式上都表现出"新"的特征。"新基建"注重规模效应，更加着重布局于人口日益集聚的长三角、粤港澳、京津冀等城市群。"新基建"兼具新的公共产品和新的产业引领功能，其投资主体和投资方式将更加多元化，鼓励各类资本参与，尤其是要积极吸引民间资本参与，拓宽融资来源，发挥PPP等混合所有制经济模式的优势。在传统的"铁公基"基建领域，投资主体以政府投资为主，民间投资难以进入。"新基建"的主体是新信息技术应用和数字经济的产业配套，市场化投资占比较传统基建要大，项目的投资回报率比传统基建也要高，因为"新基建"支撑的是新一代信息技术产业和数字经济，"旧基建"更多的是公共产品。因此，"新基建"将会通过更加丰富的市场手段吸引更多民间资本参与投资和运营。政府不仅要放开市场准入，对各类资本一视同仁，调动民间投资积极性，而且要制定行业规则、设施标准、产业规划布局等，通过分类管理，引导和支持市场有序运行。积极运用专项债、专项基金、PPP等模式，探索产权质押等多样化融资模式，发挥现有的创投引导资金、产业基金等作用，鼓励创业投资基金、私募基金等社会资本支持"新基建"。

面对世界的各种不确定性，"新基建"在增强中国经济的"韧性"的同时，也将对基于新一代信息技术的世界数字经济发挥引领作用。从需求侧，新基建有助于稳增长和稳就业，服务于消费升级，更好满足人民美好生活需要。从供给侧，新基建为迎接数字经济赋能升级，特别是抢占全球科技创新至高点创造基础条件。

二、"新基建"加速推动产业链数字化、创新链平台化、价值链数据化和供应链智能化

（一）以"新网络"建设行动推动产业链数字化

新一代信息技术正在改造着全球产业链的性质，数字化趋势加速扩展。现代生产制造日益表现为无人工厂、工业互联网等智能制造形态，生产性服务业加速演变为电商零售、在线金融服务，在线展览展示，在线研发设计等生产和服务深度内嵌的新模式，生活性服务业越来越依赖于信息和数字载体，在线教育、在线文娱、在线医疗、无接触配送、新型移动出行、远程办公等将服务和消费相互融合的新业态不断涌现。我国的"新网络"建设行动旨在率先建成全球领先的新一代网络基础设施。超高网速、超大带宽、超低时延的 5G 等新一代信息技术成为数字经济时代的"通用技术"，几乎能被所有行业所用。"新网络"建设行动不仅适应了世界产业链数字化的趋势，而且适度超前布局全球信息通信枢纽，为引领产业链数字化和人工智能化潮流奠定坚实基础。

（二）以"新设施"建设行动促进创新链平台化

数字经济时代的创新链更加注重要素的共享和重复使用，以此降低成本、增强竞争能力。创新链所依赖的数字化平台提供了各类要素的供需方在线互动机制，使创新网络的结构从传统的中心外围格局转向全连接网络生态，点对点的连接应用在创新链上加速扩展，各类的创新主体相互分享着显著的正外部效应。这种创新"新设施"一旦形成，可以为所有创新主体带来日益降低的研发成本和不断提高的研发质量，而且加深了创新主体之间的相互依赖性和协作性。这类"新设施"包括创新技术设施和技术产业化设施。我国的"新设施"建设行动，不仅立足科技创新中心和集成电路、人工智能、生物医药"三大高地"建设，持续提升科技和产业创新基础设施能级，而且还要围绕世界前沿科学研究方向，布局建设新的重大创新平台。

（三）以"新平台"建设行动强化价值链数据化

在世界经济数字化进程中，一个全新的"数据价值链"已经形成。从微观上看，从数据产生商机、从数据收集和分析产生数字智能，数据的日益商业化创造了新的价值链。从宏观上看，数据要素的非竞争性特征使其具有了显著的报酬递增性质，它可以被重复使用，且重复使用不会造成成本的增加，也可以被多人同时使用，从而导致同样收益的情况下成本不断下降甚至无成本，这种规模报酬递增效应就是数字经济时代经济持续增长的新机制。《中共中央、国务院关于构建更加完善的要素市场化配置体制机制的意见》将数据与土地、劳动力、资本、技术并列为五大要素。"新基建"中的"新平台"建设行动就是聚焦于超大规模城市海量数据资源，建设城市全要素数据要素体系，打造具有全球影响力的城市数据价值链。不仅如此，我国的"新平台"建设行动还要与长三角城市群其他城市的数据资源实现共享和集成，构建长三角高水平的数据要素平台和数据价值链，占据全球数据价值链的高端位置。

（四）以"新终端"建设行动加速供应链智能化

供应链智能要是借助人工智能、互联网、大数据、区块链等智能交互技术，在现代生产制造、商务金融、文娱消费、教育健康和流通出行等领域实现在线、智能、交互以及线上线下融合发展的新模式。全球供应链的智能化和线上化趋势加速凸显。近年来，世界信通技术服务和数字化交付的服务出口增速一直远高于整体服务出口增速。供应链智能化要依赖于"新终端"的有力支撑。一方面，在我国加快建设智能物流、智能医疗、生鲜冷链、新能源车充电桩、智能交通、大数据中心、工业互联网等城市基础体系，并与长三角城市群其他城市的基础体系实现互联互通。另一方面，提高供应链智能化的国际通信连接速度、国际出口带宽和数据处理能力，抢占全球供应链智能化发展的先机。

三、数字经济增长的内在逻辑

基于互联网经济表现活跃，数字经济正在改造着现代生产制造（无人工厂、工业互联网)、生产性服务业（电商零售、在线金融服务、在线展览展示、在线研发设计）和生活性服务业（在线教育、在线文娱、在线医疗、无接触配送、新型移动出行、远程办公）。数字经济作为新的经济模式，具有在线、智能、交互、跨界等新的特征，它与制造业、生产性服务业、生活性服务业全面深度融合，创造出了企业新供给模式、消费者新需求模式和经济新增长模式。依托数字化平台和在线经济企业，数字经济正在加速向各类经济业态扩展，以及线上与线下经济活动的融合。党的二十大报告提出，"加快发展数字经济，促进数字经济和实体经济深度融合"[1]。党的二十届三中全会《决定》要求，"加快构建促进数字经济发展体制机制，完善促进数字产业化和产业数字化政策体系"，"加快新一代信息技术全方位全链条普及应用，发展工业互联网，打造具有国际竞争力的数字产业集群"[2]。

（一）规模报酬递增效应——数字经济增长的逻辑

借助人工智能、互联网、大数据、区块链等智能交互技术，数字新经济在生产、服务等众多领域改造着企业的组织形式、经营模式和价值创造过程。数字经济遵循着规模报酬递增的逻辑，具体表现在规模经济、范围经济以及外部经济等效应上，其不仅以大规模市场需求为基础，而且具有柔性生产以及满足个性化需求的功能，注重价值链管理思维和市场适应性原则。

新古典经济增长理论认为，经济增长潜力的衰竭源于规模报酬递减规律。但是现实生活中这种趋势发生得较为缓慢，而且有观点认为，一些经济活动中存在着报酬递增的情况。20世纪80年代，以保罗·罗默为代表的"新增长理论"支持者强调，知识的非竞争性特征使其成为一种报酬递增的要素，它可以被重复使用，而且重复使用不会造成成本的增加，也可以被多人同时使用。宏观经济学家已经明确了知识在经济增长中的核心地位以及报

---

[1] 习近平：《高举中国特色社会主义伟大旗帜　为全面建设社会主义现代化国家而团结奋斗》，人民出版社2022年版，第30页。

[2] 《中共中央关于进一步全面深化改革推进中国式现代化的决定》，人民出版社2024年版，第11—12页。

酬递增的重要性。

数字经济之所以成为经济增长的新引擎，其逻辑就在于规模报酬递增。庞大的市场规模是规模报酬递增实现的必要条件。因此，数字经济活动日益向城市集聚。与新增长理论注重知识要素的作用相比，数字经济发展的内在驱动力就是数据要素。数据要素和知识技术要素一样，不仅可以被重复使用，而且还能被多人同时使用，从而导致同样收益的情况下成本不断下降甚至无成本，产生规模报酬递增效应。

20世纪90年代以后，世界各国更加注重技术创新对经济增长的引领作用，技术创新过程日益平台化。同样地，如今的数字经济增长机制所依赖的是数字化平台。数字化平台提供了供需双方和中介等市场参与方在不同时空里在线互动和交易的机制。这种平台一旦形成，可以促使所有参与主体不断降低成本和提高质量。数字化平台还会在外延上改造和扩展价值链。虽然在衡量数字经济以及相关的价值创造上还存着不少困难，但数字经济的成本优势在世界市场上得到了充分的体现，若以通信技术服务和可数字化交易的服务出口来看，其增速远大于世界服务贸易的出口增速，可数字化交易的服务出口已占到了全球服务出口的一半。越来越多的领域实现网络化、个性化和智能化，数据日益嵌入生产和服务环节，数据及其跨境流动成为数字经济国际竞争的重要支撑。

发挥数字经济的规模报酬递增效应，要依赖于规模经济，尤其是内部规模经济。纵观世界数字经济头部企业亚马逊、谷歌、阿里巴巴、腾讯等，其不仅市值规模庞大，而且在特定领域拥有垄断性的市场地位。联合国贸发会议发布的《2019年数字经济报告》数据显示，亚马逊占有全球在线零售市场的40%份额；脸书占据了全球三分之二的社交媒体市场；谷歌拥有约90%的互联网搜索市场；中国60%的电子商务市场归阿里巴巴；腾讯（微信）和阿里巴巴（支付宝）几乎占领了整个中国移动支付市场。数字经济的平台化机制使经济关系网络的结构从传统的中心外围格局转向全连接网络生态，点对点的连接应用在各产业领域和市场扩展，数量众多的在线主体相互分享着显著的网络外部效应。这不仅使每个参与者的成本趋于下降，而且加深了参与主体之间的相互依赖性，在线平台对每个经济主体都越来越有价值。用户转换服务供应商时将面临成本增加的情况，平台为了满足用户的多样化需求，就会追求集成服务和各类增值服务，于是数字经济的网络外部性和市场集中趋势就日益明显。更为重要的是，随着用户的激增而且具有一定的沉没成本，数字经济平台获取了更多的数据要素资源，进而强化了其成本优势和规模报酬递增效应。

（二）产业链数字化的基础设施建设——数字经济增长的硬件支撑

数字经济发展的基础设施是新一代通信技术及其应用平台，其适应和推动着产业链数字化的趋势。这类基础设施主要包括市场交易设施和创新技术设施。市场交易设施旨在确保在线交易的有序运行，具体载体诸如亚马逊、阿里巴巴、脸书、谷歌等数字公司以及各分领域的在线商业模式；创新技术设施旨在研发和提供操作系统或技术标准。目前，对数字经济发展形成强有力支撑的就是 5G 等新一代信息技术及其应用的配套设施建设。数字经济技术的核心源于数据要素，同时其又是数据资源的创造者。人工智能、区块链、物联网、云计算和所有基于互联网的服务正加速推动着全球产业链的数字化进程。

目前，我国实施的"新基建"正是面向未来的新一代信息科技变革，助推数字经济的发展和升级，为数字化产业链布局提供支撑。在其所涉及的领域中，5G 等新一代信息技术、大数据中心、人工智能、工业互联网占主导。新一代通信技术是当前"新基建"的领衔者，不仅会带动信息、通信和技术（ICT）全产业链发展，还将加快通信、制造、能源、交通、商业以及民生行业朝着数字化、网络化、智能化方向加速变革，为数字经济铺设"高速公路"。我国数字经济与实体经济融合度较低，数字经济创新发展亟需信息和数字设施支撑。早在 2018 年年底召开的中央经济工作会议就提出"加强人工智能、工业互联网、物联网等新型基础设施建设"。自此以后，我国新一代信息基础设施建设迈入快车道。数字经济的基础设施建设不仅加快了速度而且还各有侧重。粤港澳大湾区的核心城市广州和深圳侧重于 5G 等新一代信息技术的硬件设施建设，京津冀城市群龙头城市北京在人工智能、云计算技术设施建设上相对突出，长三角城市圈的龙头城市上海在信息技术和人工智能应用场景、工业互联网领域和产业数字化融合上显现出明显优势。

区块链技术也属于数字经济发展的"通用技术"，几乎能被各类行业所应用。随着区块链技术在电商零售领域的应用创新，不仅创造了天猫"双11"交易额奇迹，而且为数字经济的突破性增长提供解决方案，尤其是数据要素的信用问题、隐私问题和安全问题等。传统区块链因依托服务器而无法离开机房，现在的区块链日益走向无线移动，并通过手机接入区块链网络。传统的数据跨境流动一直存在着安全隐患，现在的跨境数据流动可通过区块链平台在线传输，不仅便捷高效而且还能保护隐私，保障数据安全性。以前的各类云资源分散且应用和进入的技术门槛高，现在我国建设了全球性区块链基础设施网络（BSN），解决了云资源整合的技术难题，通过降低技术门槛为区块链在数字经济中的大范围应用提供了支撑。

基于 5G 等新一代信息技术和区块链技术的"新基建"的初衷更多的是中长期效应，激发以信息化、智能化为特征的数字经济的动能，消除新技术大范围应用和数字经济所需基础条件的缺口，其兼备了短期拉动投资需求与长期构筑经济新动能的显著特征。根据《中国 5G 经济报告 2020》，我国 5G 产业的投资将有着高达 6 倍的产出溢出效应，这种溢出效应就是依靠数字经济的规模报酬递增效应体现出来的，注重网络外部性、规模经济等市场原则和新经济产业布局的协调性和引领性。因此，数字经济集聚于市场规模巨大的长三角、京津冀、粤港澳大湾区等城市群区域。

（三）营商环境与制度供给——数字经济增长的软件保障

数字经济既具有规模报酬递增性质，其厂商又面临着不完全竞争的市场结构，规模经济成为数字经济比较优势的重要来源。数据要素的非竞争性使得其不同于其他要素，容易使社会对该要素的投资以及产权保护相较于均衡状态显得不足，这要求政府要构建与数字经济相适应的制度供给体系和营商环境。作为一种新的商业模式和经济形态，数字经济在技术上也许并不是问题，制度供给及其效率是数字经济蓬勃发展的内在要求。

在制度供给方式上，不能拘泥于传统经济模式，以免对数字经济发展形成"桎梏"。营造一流的营商环境和规制体系，目的是为数字经济发展提供清晰有效的制度规范，同时对扰乱数字市场行为的惩罚予以明晰。因此，政府在制度供给时可考虑数字经济的驱动因素、数据要素和数字化平台、信息和数据密集的特征，重新审视已有制度框架的合理性，创新规制模式和机制，为数字经济的发展创造有利的制度环境。

从宏观制度供给上看，在税收政策、补贴手段、金融支持、知识产权保护等方面创造有利的环境，减少竞争中的政策壁垒。从微观制度供给上看，消除智能交互技术跨界融合创新的障碍，完善"揭榜挂帅"机制，以此推动重大产品基础创新和示范应用，支持高成长性创新企业优先在科创板上市，为新经济企业的品牌网络营销提供平台和渠道。从公共资源配套的制度供给上看，加快新一代信息技术、智能物流、生鲜冷链、新能源车充电桩等新型基础设施建设，大数据资源共享网络建设，数字经济应用场景实践区和生态链的建设与拓展，强化"一网通办"和"一网统管"的公共服务。

目前，我国制造业的数字化程度比服务业的数字化程度要高，产业链数字化融合程度正加速提升。数据要素的跨境流动和数字经济国际竞争力的提升也要依赖于政府的制度供给，尤其要注重数字经济与数字贸易规则的制定。美国一直试图主导世界数字贸易规则，经历了从 1.0 版到 4.0 版的变化：1.0 版以美国—约旦特惠贸易协定（2001 年）中首次出现"电子商务"专章为标志；2.0 版以美国—智利自由贸易协定（2003 年）中明确了数字产品的定义、关税和非歧视待遇为代表；3.0 版体现在韩美自贸区协定中首次提出了数据产品交易中的跨境信息流以及互联网的访问和使用原则；4.0 版集中反映在跨太平洋伙伴关系协定中对与数字贸易相关规则的进一步完善和细化上。2016 年 7 月美国贸易代表办公室（USTR）还成立数字贸易工作组（DTWG），旨在快速识别数字贸易壁垒，制定相应政策规则。世界数字贸易规则制定将是一个异常复杂的博弈过程，背后不仅是围绕商业利益的谈判，还涉及大量复杂的公共问题、技术问题和商业问题。

（四）构建与数字经济相适应的政策体系

数字经济是全新的经济形态，具有在线、智能、交互、跨界等新的特征，它与制造业、生产性服务业、生活性服务业全面深度融合，创造出了企业新的供给模式、消费者新的需求模式和经济的新增长模式。对于政府而言，构建与数字经济相适应的政策体系也是新的挑战。作为一种新的商业模式和经济形态，数字经济在技术上并不是问题，关键是新的制度供给和制度适应性要与数字经济相匹配，并能根据数字经济的需要进行制度变革或创新。制度供给及其效率本身就是数字经济蓬勃发展的内在要求。

数字经济遵循规模经济、范围经济以及外部经济性等规律，不仅以大规模需求为基础，而且具有柔性生产以及满足个性化需求的功能，注重价值链管理思维和市场适应性原则，公司对产品适应性、行为适应性和组织适应性尤为敏感。由于某些产品和服务由单个企业大规模生产比多个企业同时生产更有效率，因此数字经济容易形成自然垄断现象。这些特性对制度供给提出新要求。

对于数字经济的规制体系，要坚持激励机制和监管机制相结合的原则，注重制度适应性的效率。首先，要顺应市场，需要积极扶持，尤其是对数字经济平台的不同发展阶段采取适当激励。其次，根据导致数字经济市场失灵的原因，采取"对症下药"的治理手段。最有可能导致数字经济出现市场失灵的是委托代理问题、垄断格局以及信息监管机制问题。数字经济的各类平台与商家、消费者与平台、商家与第三方之间均存在委托代理问题，作为需求方的消费者和作为供给方的商家分别与平台建立代理关系与服务关系，其中的委托代理关系错综复杂。这就需要考虑风险责任的有效界定和多部门协调监管，寻求多元混合规制模式与数字经济的制度结构之间匹配性和适应性；探索适用于新业态新模式的"沙盒"监管措施，放宽融合性产品和服务的准入门槛，允许试错，扩大免罚清单。

数字经济是信息和数据密集型经济形态。传统的契约和合同形式数字经济模式中需要被信任机制所代替。信息安全与监管机制就成为数字经济制度供给中的又一难题。以大数据为支撑的信息披露机制可以强化数字经济主体的信用透明度，有助于各方主体建立信任或信用机制，避免因无实体感知、体验、即时交易所导致的信任缺失问题。数字经济制度供给的适应性效率需要引起足够重视。

第四节　我国引资战略创新的主攻方向及其举措

一、我国引资战略创新的主攻方向

中美贸易摩擦发生后，我国将引资战略创新的主攻方向立足于现代化产业体系。创新型经济日益成为我国经济的新特征和显著优势，是加快构建新发展格局的支撑点，是更好地参与国际竞争合作的重要着力点。战略性新兴产业尤其是先进制造业和高端服务业，是我国创新型经济发展的重点，更是我国引资战略创新的重点方向。

（一）重点方向之一——提升制造业的现代化水平、加快发展新质生产力

党的二十届三中全会《决定》要求，"健全因地制宜发展新质生产力体制机制"，"推动技术革命性突破、生产要素创新性配置、产业深度转型升级"[1]。按照国际价值链分工格局，目前我国在关键零部件、核心基础材料、核心技术和高端装备等方面仍然存在显著的"短板"。解决这一问题的关键在于充分利用全球要素分工对短板产业的"补齐"作用机制。"补齐"的关键意义并非简单地通过"拿来"方式"补齐"具体的生产环节和阶段，更重要的是要通过不断提升自身能力来"补齐"发展的能力，即要注重引进、消化、吸收和创新等环节的有机结合，在"补短板"过程中不断推动产业转型

---

[1]《中共中央关于进一步全面深化改革推进中国式现代化的决定》，人民出版社2024年版，第10页。

升级。党的二十届三中全会《决定》强调，"健全强化集成电路、工业母机、医疗装备、仪器仪表、基础软件、工业软件、先进材料等重点产业链发展体制机制，全链条推进技术攻关、成果应用"[1]。

实现高质量发展必须以先进制造业作为支撑。在数字经济时代，互联网、大数据、人工智能和制造业正在深度融合。美国、德国等发达国家在电气设备、自动控制系统、装备制造、航空器材、发动机、高端医疗器械、芯片、新能源、新材料等领域优势明显。先进制造的目标是实现我国制造业走向全球价值链高端，以质量变革为核心，以强化自主研发为目标，扩大对国外先进制造业产品进口，最终推动中国制造业的高质量发展。一是实现生产过程互联和集成的装备和技术。先进制造利用无处不在的传感器、嵌入式终端系统、智能控制系统形成智能网络，将人与人、人与机器、AI 与机器、机器与机器以及服务与服务之间连通起来，实现高度集成。二是实现生产过程智能化和数字化的装备与技术。先进制造注重促进工业互联网、云计算、大数据、人工智能在企业研发制造等全流程和全产业链的集成应用。三是实现生产过程的创新与个性化的装备和技术。制造之所以高端，原因就在于制造技术、产品、模式、业态、组织等方面复杂而层出不穷的创新。从技术创新到产品创新，到模式创新，再到组织创新，创新的重要性随着工业机器人与人工智能的发展而愈发凸显，并且催生出个性化制造。

（二）重点方向之二——促进服务业高端化

目前我国服务业发展很快，但在高级化程度、结构优化等上仍存在一些突出问题。党的二十届三中全会《决定》提出，完善发展服务业体制机制，完善支持服务业发展政策体系。[2]通过扩大服务业开放，尤其是研发设计与其他技术服务、信息服务、金融服务、节能与环保服务、商务服务、租赁

---

[1]《中共中央关于进一步全面深化改革推进中国式现代化的决定》，人民出版社 2024 年版，第 13 页。

[2]《中共中央关于进一步全面深化改革推进中国式现代化的决定》，人民出版社 2024 年版，第 12 页。

服务、人力资源管理服务等，引领中国相关产业向价值链高端攀升。通过扩大高质量服务的进口，推动高端服务业的发展，使经济社会发展呈现服务驱动的新特征。在扩大生产性服务进口的同时，积极扩大满足居民个性化、差异化消费需求的生活性服务进口。通过扩大高质量服务的进口，促进我国的服务业开放。通过放宽外资准入，全面实施负面清单，积极开展服务业扩大开放综合试点。扩大金融服务、教育服务、医疗服务、航空运输、文化娱乐等相关服务产品的进口。重点加大对"服务型制造"和"制造业服务化"等"服务＋"产品的进口，以竞争倒逼中国服务业对标国际先进水平，提高供给能力。

（三）重点方向之三——加速资源向前沿技术创新领域配置机制

党的二十届三中全会《决定》提出，推动国有资本向关系国家安全、国民经济命脉的重要行业和关键领域集中，其中就包括向前瞻性战略性新兴产业集中[1]。新质生产力就是创新尤其是以颠覆性技术和前沿技术创新起主导作用，摆脱传统经济增长方式、生产力发展路径。党的二十届三中全会《决定》为此作了重要部署："加强关键共性技术、前沿引领技术、现代工程技术、颠覆性技术创新，加强新领域新赛道制度供给，建立未来产业投入增长机制，完善推动新一代信息技术、人工智能、航空航天、新能源、新材料、高端装备、生物医药、量子科技等战略性产业发展政策和治理体系"[2]。在推动产业创新和转型升级的力量中，除来自技术进步和产业变革的供给层面推动外，需求引致的创新对产业推动作用也极其重要。主动扩大进口的本质意义绝不仅限于弥补国内供给不足，更为关键的是将潜在高端消费需求转化为现实需求，在培育新的消费增长点和扩大消费规模的过程中，最终实现以需求引致创新，以创新引领供给侧结构性改革，以创新推动产业高端化发

---

[1]《中共中央关于进一步全面深化改革推进中国式现代化的决定》，人民出版社2024年版，第7页。
[2]《中共中央关于进一步全面深化改革推进中国式现代化的决定》，人民出版社2024年版，第11页。

展。我国产业在迈向高质量发展的过程中，发展的动力机制必须实现相应的重大调整，也即从以往"要素驱动"向"创新驱动"转变。其转变的关键不仅取决于能否吸引和集聚高端创新生产要素，还取决于能否激发创新要素进行创新的内在动力。主动扩大进口无疑有助于构建更具竞争性的营商环境，其不仅要求我们进一步消减乃至消除关税及非关税壁垒，而且还会通过倒逼改革进一步规范市场运行机制；不仅有助于破除国内市场壁垒，而且会对国内企业带来竞争压力。这种竞争政策必将有助于激发微观主体的创新活力，为高质量发展提供不竭的动力源泉。

二、我国引资战略创新的重点举措

（一）构建开放型经济新体制，打造亚太投资门户

开放是中国式现代化的鲜明标识。党的二十届三中全会《决定》强调，依托我国超大规模市场优势，在扩大国际合作中提升开放能力，建设更高水平开放型经济新体制。[1] 首先，构建面向全球的投资促进网络。我国要加快形成高能级市场主体集聚、高标准投促体系健全、高水平服务系统集成的亚太投资门户。落实外商投资准入负面清单，推动银行、证券、保险、期货、信托投资、资产管理、评级等金融领域开放措施率先落地，加快电信、科研和技术服务、教育、卫生等重点领域对外开放，在更多领域允许外资控股或独资。对接区域 RCEP、CPTPP 等自贸协定，以"边境后"改革为重点，率先形成与高标准经贸规则相衔接的基本制度体系和监管模式。依托由政府、专业机构、商协会、企业组成的"四位一体"投资促进体系，发挥我国外商投资促进服务平台作用。

其次，提升总部经济的能级。创新功能性政策，吸引跨国公司亚太总部和全球总部落户，鼓励跨国公司立足我国设立辐射亚太、面向全球的资管中

---

[1]《中共中央关于进一步全面深化改革推进中国式现代化的决定》，人民出版社 2024 年版，第 25 页。

心、销售中心、采购中心、供应链管理中心等功能性机构。支持外商投资企业设立多种形式的开放式创新平台，构建开放式创新系统。重点聚焦人工智能、生物医药、集成电路、新能源汽车、民用航空等领域，吸引产业链上下游配套企业集聚，构建完备产业生态，形成前沿产业集群，加大对新兴产业和龙头企业的培育，建设集成电路及人工智能特色园区。

（二）推进现代市场体系建设，建设亚太供应链管理中心

党的二十大报告提出，构建全国统一大市场，深化要素市场化改革，建设高标准市场体系。[1]进一步地，党的二十届三中全会《决定》强调，推动市场基础制度规则统一、市场监管公平统一、市场设施高标准联通。[2]据此，我们要着力推进现代市场体系建设，主动应对国际产业链和供应链深刻调整的新挑战，吸引更多供应链核心环节集聚我国，打造期现市场联动、平台配置完善、供应链服务健全、物流配送高效、市场治理规范的亚太供应链管理中心。一方面，提升亚太供应链服务平台能级。以高水平的供应链综合服务平台和供应链公共服务平台，拓展会计审计、质量管理、追溯服务、金融服务、研发设计、数据服务、法律服务、信用评级、投资咨询、人力资源等领域专业服务。推动商品交易向要素交易升级。积极布局亚太地区交割仓库、物流网络以及交易经纪业务，建立内外连接的大宗商品供应链体系。另一方面，促进亚太供应链总部企业集聚。聚焦自贸区、京津冀、长三角、粤港澳大湾区等重点区域，加快集聚一批具有一定规模能级的贸易型总部和民营企业总部。完善供应链物流支撑体系。构建与亚太供应链管理中心相匹配的物流仓储规划布局和城乡配送网络体系，推动存量仓库高标化、数字化、智能化升级。依托青浦智能化商贸服务型国家物流枢纽，鼓励支持物流枢纽加强与全球生产、流通、贸易等主体合作对接，提升国际物流业务能力。

---

[1] 习近平：《高举中国特色社会主义伟大旗帜　为全面建设社会主义现代化国家而团结奋斗》，人民出版社 2022 年版，第 29 页。

[2]《中共中央关于进一步全面深化改革推进中国式现代化的决定》，人民出版社 2024 年版，第 8 页。

（三）放大进口博览会对我国高质量引资的带动效应

放大进口博览会对我国高质量引资的带动效应的渠道包括：提升进博会引资促贸功能，增强进博会优化要素配置功能，凸显进博会提升我国的首发经济的优势。依托进博会，加强我国综合服务、专业贸易等线下展示交易平台建设，联合打造我国吸引海外投资和专业服务平台。通过举办我国城市推介大会，开展以城市特色为主题的境内外投资促进活动。强化进口博览会的参展商对接服务，通过举办投资促进对接交流会、经贸合作论坛、设定不同特色的引资促贸考察路线等形式，推进我国的招商引资项目升级，鼓励策划开展贸易投资配套活动。依托进博会将全球的人流、商品流、金融流、信息流、科技流、文化流等要素流量汇聚至我国。以进口海外商品服务为契机带动高端要素流入，通过举办高端中间品、技术、人才和教育资源的引进洽谈会，为我国的产业提质和新兴产业发展提供来自全球的优质要素供给。以进博会能级提升助力我国首发经济。依托进博会增加优质商品和服务供给，支持我国发展"首店经济"和"首发经济"，鼓励国际知名高端品牌借助进博会"6+365"展示交易平台，将国际前沿的时尚、科技、理念等元素传导至本土品牌和产品。促进我国依托进博会推介本土特色商品品牌，打造现代金融、现代物流、科技服务、软件和信息服务、电子商务、文化创意、体育服务、人力资源服务、智慧健康养老等高端服务品牌。

（四）打造市场化、法治化、国际化营商环境，形成国际投资制度创新高地

党的二十届三中全会《决定》在完善高水平对外开放体制机制中要求：稳步扩大制度型开放，主动对接国际高标准经贸规则，尤其在产权保护、产业补贴、环境标准、劳动保护、政府采购、电子商务、金融领域等实现规则、规制、管理、标准相通相容，打造透明稳定可预期的制度环境。[1]一

---

[1]《中共中央关于进一步全面深化改革推进中国式现代化的决定》，人民出版社2024年版，第25页。

方面，对标国际最高标准、最好水平、最前沿实践，聚焦优流程、减单证、提效率、降费用、可预期，推动我国营商环境高质量发展。加快建设具有国际先进水平的国际贸易"单一窗口"，实现物流和监管等信息的全流程采集。建立进出口商品全流程质量安全溯源管理平台，开发信息化电子标签，整合生产、监测、航运、通关数据共享和业务协同，实现全链条监管。全面对接国际高标准市场规则体系。提升外商投资管理和服务水平，全面实施外商投资准入前国民待遇加负面清单管理制度，放宽外资准入限制，健全事中事后监管体系，加强国际知识产权保护。另一方面，深化外商投资和对外投资管理体制改革。按照党的二十届三中全会《决定》的要求，扩大鼓励外商投资产业目录，合理缩减外资准入负面清单，落实全面取消制造业领域外资准入限制措施，推动互联网、教育、医疗等领域有序扩大开放；保障外资企业在要素获取、资质许可、政府采购等方面的国民待遇，支持参与产业链上下游配套协作；完善境外人员入境居住、医疗、支付等生活便利制度。[1]

第五节　结论及总结性评论

全球国际直接投资格局发生了复杂变化和深刻调整。一是全球投资壁垒增加带来新变化。在投资驱动贸易的国际经贸格局下，国际贸易保护主义和单边主义盛行，地缘政治风险上升，国际经贸摩擦不断加剧，高新技术产品进口制约因素增多、不确定性加大，出口面临新一轮"去加工贸易化"，对我国进出口贸易形成较大下行压力。但同时，这也倒逼我国产业和贸易加快转型升级，进一步向以技术、质量、品牌和服务为核心的新竞争优势转变。二是全球产业链供应链深度调整。世界经济呈现日益显著的区域化特征，跨

---

[1]《中共中央关于进一步全面深化改革推进中国式现代化的决定》，人民出版社2024年版，第26页。

国公司降低对单一市场依赖，谋求更加多元化布局，加速近岸化、本土化发展；全球产业链数字化、价值链数据化、创新链平台化和供应链智能化的趋势日益加强，深度影响世界经济增长的动力、结构和形态，不仅引发各国内部数字经济治理的变革，而且导致全球数字经济与贸易规则的重塑与博弈。三是国际投资规则重构引领新变革，尤其是制度型开放和数字经济治理规则。以发达国家为主导的高标准自由贸易协定逐渐引领国际经贸规则重构，议题由"边境措施"向"边境内措施"延伸，知识产权保护、竞争政策、电子商务、政府采购等成为谈判焦点。我国在坚决维护多边贸易体制的基础上，积极应对经贸规则变化，加快推进 CPTPP 谈判，为我国推进贸易投资自由化便利化提供了新的发展空间。

面对国际直接投资发展的新格局，中国抓住新一轮科技革命的机遇，调整和创新引资战略，坚定不移地走开放共赢之路。第一，夯实数字产业基础设施配套。"新基建"引领全球产业数字化和融合化新趋势，以"新网络"建设行动推动产业链数字化，以"新设施"建设行动促进创新链平台化，以"新平台"建设行动强化价值链数据化，以"新终端"建设行动加速供应链智能化。第二，我国引资战略创新的主攻方向转向创新经济和现代化产业体系，强化高端产业引领功能。战略性新兴产业尤其是先进制造业和高端服务业是创新经济发展的重点，更是我国引资战略创新的重点方向。尤其是聚焦集成电路、人工智能、数字经济等重点领域，培育一批百亿级、千亿级甚至万亿级新产业。第三，以自由贸易试验区中的融资便利化和国际化的政策体系为突破口，增强我国引资战略创新的金融支持。尤其是已经实行自由贸易账户的自贸区，不仅要扩大企业国际融资渠道，增强资金跨境流动和高端要素配置能力，而且要在宏观审慎监管框架下积极探索灵活有效的监管方式，把金融开放与风险防范更好地结合起来。第四，我国引资战略创新日益聚焦高质量开放，强化高水平开放和制度型开放的功能。具体举措包括：构建开放型经济新体制，打造亚太投资门户，建设亚太供应链管理中心，构建面向全球的投资促进网络，提升总部经济的能级，主动应对国际产业链和供应链深刻调整的新挑战；放大进口博览会对高质量引资的带动效应，以数字化贸易平台打造全球数字贸易和投资高地，对接全球电子商务新模式新规则新标准；稳步扩大高水平制度型开放，打造市场化、法治化、国际化营商环境，形成国际投资制度创新高地。

第九章

新发展格局与"一带一路"包容性

"包容性增长"（Inclusive Growth）概念最早在 2007 年由亚洲开发银行提出，强调"崇尚公平正义，打破垄断，创造平等，缩小区域差距"（Walton，2007）。联合国 2015 年正式通过的新发展议程将未来国际发展和合作的方向指向了包容性增长。习近平总书记 2020 年提出了世界实现包容性增长的"良方"，即以创新驱动增强活力、以协同联动促进开放、以公正平等实现共赢、以合作包容推动普惠。[1]

虽然国内外学者从发展的不同维度去理解包容性增长，但其内涵还是清晰的，无论是追求社会和经济的协调发展，还是倡导机会平等的增长或可持续发展，其最基本的含义还是公平合理地分享经济增长，最重要的表现就是在保证经济增长的同时缩小收入差距（Rauniyar & Kanbur，2010）。国际慈善组织发布的世界财富不均报告呼吁世界各国政府要采取措施从根本上缩小收入差距（Coffey et al.，2020）。"一带一路"倡议的初衷是实现各国的共赢共享发展，在促进各国经济增长的同时缩小彼此差距、实现包容性增长，跨越各国发展鸿沟，使经济增长红利为各国人民所共享。

自 2013 年以来，"一带一路"倡议就一直致力于政策沟通、设施联通、贸易畅通、资金融通和民心相通的扎实推进，沿线参与国的包容性增长取得明显成效。共建"一带一路"倡议所体现的价值观和发展观符合全球构建人类命运共同体的内在要求，也符合沿线国家人民渴望共享发展机遇、建

---

[1] 习近平：《共担时代责任，共促全球发展》，《求是》2020 年第 24 期。

设开放包容世界的强烈愿望。"一带一路"倡议是当代人类发展史上宏大而独特的实践创新，这一构想从古代丝绸之路的历史经验中汲取了营养，既是对新时代中国开放空间进行的统筹谋划，又是对中国与世界实现开放共赢所做的顶层设计。[1] 习近平总书记关于共建"一带一路"倡议的系列重要讲话勾勒了建成和平之路、繁荣之路、开放之路、创新之路和文明之路的恢弘愿景，"秉持共商、共建、共享原则，不是中国一家的独奏，而是沿线国家的合唱"[2]，"推进'一带一路'建设，聚焦发展这个根本性问题，释放各国发展潜力，实现经济大融合、发展大联动、成果大共享"[3]，"把'一带一路'打造成为顺应经济全球化潮流的最广泛国际合作平台，让共建'一带一路'更好造福各国人民"[4]，其根本目的是实现沿线各国的优势互补、互利共赢。目前，"六廊、六路、多国、多港"互联互通架构基本形成，"一带一路"已从理念转化为行动，从愿景转化为现实，从倡议转化为全球广受欢迎的公共产品。

设施联通是实现包容性增长的基本依托。尤其是国际经济合作走廊和通道建设，新亚欧大陆桥、中蒙俄、中国—中亚—西亚、中国—中南半岛、中巴和孟中印缅六大国际经济合作走廊将亚洲经济圈与欧洲经济圈联系在一起，为建立和加强各国互联互通伙伴关系，构建高效畅通的亚欧大市场发挥了重要作用。贸易畅通和资金融通是实现包容性增长的主要载体。共建"一带一路"促进了沿线国家和地区贸易投资自由化便利化，贸易规模持续扩大，跨境电子商务等贸易方式创新进程加快，大幅度降低了交易成本和营商成本，释放了发展潜力，提升了各国参与经济全球化的广度和深度。以"亚投行"为代表的国际金融机构不断探索创新投融资模式，积极拓宽多样化融资渠道，金融互联互通不断深化，金融市场体系一体化建设日趋完善。贸

---

［1］ 中共中央党校（国家行政学院）编：《习近平新时代中国特色社会主义思想基本问题》，人民出版社、中共中央党校出版社 2020 年版，第 373 页。

［2］ 习近平：《迈向命运共同体　开创亚洲新未来》，《人民日报》2015 年 3 月 29 日。

［3］ 习近平：《携手推进"一带一路"建设》，人民出版社 2017 年版，第 8 页。

［4］ 习近平：《开放共创繁荣　创新引领未来——在博鳌亚洲论坛 2018 年年会开幕式上的主旨演讲》，人民出版社 2018 年版，第 14 页。

易畅通、资金融通也催发了沿线国家的投资合作。共建"一带一路"倡议支持开展多元化投资，鼓励进行第三方市场合作，推动形成普惠发展、共享发展的产业链、供应链、服务链、价值链，为沿线国家加快发展提供新的动能。通过基础设施的互联互通、贸易投资的自由化和便利化等一系列区域合作发展渠道，实现了"一带一路"沿线国家的包容性增长，兼顾合作方利益和关切，寻求利益契合点和合作最大公约数，使合作成果福及双方、惠泽各方。共建"一带一路"不是"你输我赢"或"你赢我输"的零和博弈，而是双赢、多赢、共赢。共建"一带一路"倡议推行 8 年来，人们都将"一带一路"视作全球经济包容性增长的成功范例或推动全球包容性增长的新模式（王义桅，2016；曹培强，2019；盛斌、靳晨鑫，2019）。这需要采用科学方法和详实数据回答两大问题："一带一路"倡议的包容性增长目标是否正在实现？其又是如何做到在保证经济增长的同时缩小收入差距的？

本章的主要贡献体现在以下方面：一是将一国地理区位代表的先天性因素和"一带一路"倡议代表的贸易投资自由化为主要特征的互利互惠型外生制度安排纳入包容性增长分析框架，揭示不同类型的国家地理区位特征对收入分配格局的影响渠道和结果；二是将制度驱动的市场扩展、内生经济增长与收入分配格局纳入一般均衡分析框架，证明在稳态均衡状态下存在将落后国家推向世界市场前沿的外生力量，基于自由贸易投资规则的制度框架下市场扩展有利于一国吸引资本流入，提高人均资本水平，缩小资本与劳动要素报酬差距，实现包容性增长；三是运用 62 个国家的发展数据实证不同地理区位对基尼系数的影响，发现"一带一路"沿线国家在保证经济增长的同时缩小了收入差距，"一带一路"倡议的包容性增长初衷正在实现。

第一节　文献综述

"区位理论是经济地理学这个更加广阔领域的一部分。"（Fujita et al.，2001）地理位置对一国或者地区的贸易、投资、交通设施等经济发展渠道有着重要影响，其逻辑主线是地理位置决定要素的流向和流量，决定该国是否具有发展外向型经济的先天优势。例如，多数岛屿国家的福利变化可以通过地理位置是否接近世界市场和附属市场来解释（Watsa，2009；McElroy & Medek，2012），接近北美和欧洲市场的加勒比群岛国家相对于地理位置远离全球市场的太平洋岛国具有更强的竞争优势（McElroy & Lucas，2014）；对单边沿海的国家而言，其对海外贸易的依赖驱使要素向边境地带集聚，从而引致区域经济与收入的失衡。从全球发展史角度看，地理、历史与政治之间具有错综复杂而密不可分的关系。例如，古代的"丝绸之路"沿线地区曾经非常富饶。"一带一路"倡议致力于设施联通、贸易畅通、资金融通、投资产业合作，正在重塑要素流动的方向和经济地理格局。"一带一路"倡议将打造中国对外贸易和投资的新"海岸线"，在中国的经济版图中，改变仅在东部有贸易和投资的"出海口"格局，构造了东西两面的新"出海口"。要素东西双向流动，有利于缩小沿海及内陆地区收入差距；同样，"一带一路"贸易与投资通道贯通之后，沿线国家也实现了要素双向流动，有利于这些沿线国家要素投资回报提高和地区差距的缩小（殷德生，2018）。因此，若要理解"一带一路"对包容性增长的作用，有必要探讨地理区位对收入分配格局的影响。

不同区域的生产与交易成本差异会引致经济增长的差异。Krugman（1991）从"冰山成本"和规模报酬递增角度，围绕空间区域差异对经济集聚的影响及其内在逻辑构建了"中心—外围"模型。一般而言，临海临港的地理位置具有增长优势：一是有利于形成集聚效应（Faber，2007），尤其对外贸易和投资带来制造业集聚和较高的要素报酬（Bhattacharya & Bloch，2000）；二是临海临港区位吸引上下游企业集聚，显著降低运输与交易成本（Midelfart-Knarvik et al.，2001）。地理区位还通过要素流动和配置效率影响收入差距。Gallego & Zofio（2018）认为贸易自由化的向心力和离心力使经济集聚地区的市场价格效应和规模经济得以增强，沿海地区相对较低的运输和贸易成本有利于促进要素集聚，引致地区收入不平等。"一带一路"倡议为非临海临港的沿线国家扩大对外贸易和投资提供了新渠道，弥补了自然地理位置在贸易和投资等领域的劣势，具备显著的增长效应和收入分配效应。

经济学界现有关于"一带一路"倡议的研究主要集中于沿线国家的经济增长、贸易、投资、基础设施建设等领域，基本上都在强调，"一带一路"倡议是促进和平发展的重要平台，促进了沿线国家的经济增长（Cui & Song，2019），具体渠道包括基础设施投资（牛雄鹰、丁言乔，2019），贸易或者贸易网络（周迪、李晓蕙，2020），投资或者投资网络（郑智等，2019），区域政策协调或者规则协议（丁任重、陈姝兴，2016；刘卫东，2017）。归纳起来，共建"一带一路"倡议为沿线国家（地区）提供了新的贸易投资通道和发展机会，提升了贸易投资便利程度，日益形成密切的贸易投资网络，带动沿线国家的经济增长（孔庆峰、董虹蔚，2015；刘洪铎等，2016）。具体途径包括：通过改善基础设施和交通便利度而显著地提升了贸易往来（Khan，2018），通过经贸合作提高沿线国家的经济增长率（陈虹、杨成玉，2015），通过金融合作和创新缓解外向型节点城市的融资约束（徐思等，2019），降低相关企业的投资风险，提升双边投资水平（孙焱林、覃飞，2018），通过加速要素跨区域流动影响收入分配格局，从发达国家转移到新兴经济体，从沿海发达城市转向内陆节点城市，正在重塑亚欧大陆的经济版图（Ni et al.，2017），例如，有研究发现，"一带一路"倡议显著地提高了中国"胡焕庸线"西侧的要素回报，有利于缩小东西部地区的收入差距（殷德生，2018）。

"一带一路"倡议标志着包容性全球化时代的到来（刘卫东等，2017）。包容性增长是保证增长的同时缩小收入的差距，有的将其与脱贫、扶贫相联系（Rauniyar & Kanbur，2010），有的将其扩展为惠及每位成员的经济增长模式，而不论成员之贫富（Klasen，2010），有的呼吁将收入差距纳入一国生产率水平的测度指标之中（陈红蕾、覃伟芳，2014）。人们还关注包容性增长的影响因素（李治勇、李兴，2012）。例如，将扩大对外开放，推动国际经济新秩序建立，抵制贸易保护主义，视为全球化包容性发展的重要条件（方勇等，2012），进出口贸易也显著促进了包容性增长（杨玲、郭羽诞，2014），数字经济为包容性发展提供新的推动力量（张勋等，2019）。作为开放之路、创新之路、繁荣之路的"一带一路"倡议，学界亟须论证其对沿线国家的收入分配（收入差距）产生了什么影响。

关于"一带一路"倡议对收入分配和包容性增长影响的文献总体不多，针对"一带一路"倡议对沿线国家经济地理格局的影响如何作用于收入分配和包容性增长的具体机理尚不明确，共建"一带一路"倡议所重构的经济地理格局如何有利于实现包容性增长的理论框架及其实证检验的文献明显缺乏。本章试图将"一带一路"倡议纳入新经济地理、开放新格局和包容性增长的框架中，构建一般均衡模型，揭示共建"一带一路"倡议如何重构新的经济地理格局，以及这种新格局对沿线国家经济增长和收入差距的影响渠道和影响结果究竟怎样，创新性地将一国地理区位划分为单边沿海、多边临海、岛国和内陆四种类型，研究"一带一路"倡议通过改变沿线国家经济地理特征而对各国的经济增长和基尼系数产生的影响，以此更好地回答"一带一路"倡议的包容性增长目标是否正在实现，即在保证经济增长的同时是否真的缩小了收入差距？

第二节　基本模型

本章假设存在一个世界前沿市场，构建包含家庭部门、中间品生产部门和最终品生产部门的市场拓展模型，并施加多边开放的制度安排，讨论其对扩展一国市场边界、促进经济增长，以及通过拓展要素流动通道或方向对收入分配格局的影响，形成新的经济地理格局，进而为论证共建"一带一路"倡议是否能实现包容型增长提供理论机制和框架。笔者将 Jean-Pascal Benassy（2002）的内生增长模型与 Acemoglu（2008）的技术扩散模型结合起来，刻画"一带一路"倡议这样的多边贸易投资自由化机制是如何为相互开放的国家实现市场扩展和包容性增长提供了途径和机理的，为分析地理位置对收入分配格局的影响提出新的视角。

一、家庭部门

对于代表性国家的家庭部门，其追求效用最大化，具体的行为偏好为：

$$U_j = \int_0^\infty \exp(-\rho t) \frac{c_j(t)^{1-\theta}-1}{1-\theta} dt \tag{9.1}$$

其中，$c_j \equiv C_j(t)/L_j(t)$ 为国家 j 在 t 期的人均消费，假定所有国家具有相同的贴现率 ρ。

资源约束条件为：

$$\dot{k}_j(t) = f(k_j(t)) - c_j(t) - g_j(t)k_j(t) \tag{9.2}$$

当对所有的 $j = 1, \cdots, J$，有 $\rho > (1-\theta)g$ 时，将存在一个唯一的稳态世界均衡。对国家 j 来说，$f'(k_j^*) = \rho + \theta g$，此时每个国家的人均消费增长率均为 g。

二、生产部门

各国之间的经济异质性可归纳为生产率和市场规模的差异，这在学术界已有广泛共识，但对于这些差异产生的原因犹存异议。"一带一路"沿线国家包含 J 个国家，记为 $j = 1, \cdots, J$，国家 j 的总量生产函数为：

$$y_j(t) = F(k_j(t), A_j(t)c_j(t)) \tag{9.3}$$

其中，$y_j(t)$ 为国家 j 在 t 期对于最终产品的人均产出，$k_j(t)$ 和 $c_j(t)$ 分别为人均资本投入和人均消费（市场规模）。$A_j(t)$ 代表该经济体的市场规模，技术变化被假定为市场规模扩张型，市场规模越大越能催生技术创新。国家 j 的外生储蓄率为 $s_j \in (0, 1)$。于是国家 j 的资本积累函数为：

$$\dot{k}_j(t) = s_j f(k_j(t)) - g_j(t)k_j(t) \tag{9.4}$$

$$g_j(t) \equiv \frac{\dot{A}_j(t)}{A_j(t)} \tag{9.5}$$

$g_j(t)$ 为国家 j 在 t 期市场规模扩展的增长率。在初始条件下，对于每个 j = 1，…，J，有 $k_j(0) > 0$ 和 $A_j(0) > 0$。

假设"世界"由两类国家构成，两国产出的差异体现在中间品的异质性上。E 国的最终产品部门由竞争性的企业根据一个不变替代弹性的生产函数生产：

$$Y_E(t) = \left(\int_0^1 x_{mt}^\theta dm\right)^{1/\theta}, \ 0 < \theta < 1 \tag{9.6}$$

其中，x_{mt} 是中间品 m 的投入，$m \in [0, 1]$。

令 P_{Et} 为 E 国最终产品的价格，P_{mt} 是中间品 m 的价格，竞争性的生产企业最大化其利润：

$$\mathrm{Max}\,\pi = P_t Y_E(t) - \int_0^1 P_{mt} x_{mt} dm \tag{9.7}$$

E 国生产中间品的企业 i 的生产函数为：

$$x_{mt} = z_t K_{mt}^\gamma L_{mt}^{1-\gamma} \tag{9.8}$$

K_{mt} 是企业 i 在 t 时期投入的资本，L_{mt} 是劳动要素投入，Z_t 是所有中间品生产企业都面对的随机技术冲击。企业 i 在垄断竞争的框架下制定价格 P_{mt}，于是在竞争均衡下存在：

$$\frac{P_{mt}}{P_{Et}} = \frac{\partial Y_E(t)}{\partial x_{mt}} \tag{9.9}$$

三、市场拓展

我们以简化形式构建市场扩展模型。假定 $A(t)$ 代表世界市场前沿或者说"世界市场"，其不变的外生增长率为：

$$g \equiv \frac{\dot{A}(t)}{A(t)} > 0 \tag{9.10}$$

$A(t)$ 代表任何国家都可以获得的最大市场规模水平，因此对于所有的 j 和 t，有 $A_j(t) \leqslant A(t)$。每个国家的经济增长都源于接近世界的最大市场规模。令一国的市场扩展法则为：

$$\dot{A}_j(t) = \sigma_j \left(A(t) - A_j(t) \right) + \lambda_j A_j(t) \tag{9.11}$$

其中，对于所有的 $j = 1, \cdots, J$，有 $\sigma_j \in (0, \infty)$ 和 $\lambda_j \in [0, g)$。（9.11）式意味着国家 j 以某个外生的市场扩展率 σ_j 接近世界市场，例如，"一带一路"倡议、自由贸易协定，以及消除市场进入的制度或者政策壁垒。那些相对"落后"的国家倾向于更快地增长，因为这些国家还有更多市场需要扩展或者还有更多的追赶空间。λ_j 刻画了国家 j 的市场在本地扩展的速度。

进一步定义：

$$a_j(t) \equiv \frac{A_j(t)}{A(t)} \tag{9.12}$$

此即国家 j 与世界前沿市场距离的倒数。于是可改写（9.11）式：

$$\dot{a}_j(t) = \sigma_j - \left(\sigma_j + g - \lambda_j \right) a_j(t) \tag{9.13}$$

在初始条件下，$A(0) > 0$ 和 $A_j(0) > 0$ 给定了上述关于 $a_j / a_j(0) \equiv A_j(0) / A(0) > 0$ 的微分方程的唯一初始条件。

由（9.13）式有：

$$g_j(t) = \frac{\dot{a}_j(t)}{a_j(t)} + g \tag{9.14}$$

世界均衡的稳态被定义为这个均衡路径的稳态，即对于所有的 $j = 1, \cdots, J$，满足 $k_j(t) = \dot{a}_j(t) = 0$ 的均衡。这也就是"平衡增长路径"。这里存在着唯一的稳态世界均衡，所有国家人均收入增长率均为 $g > 0$。于是有：

$$a_j^* = \frac{\sigma_j}{\sigma_j + g - \lambda_j} \qquad (9.15)$$

根据（9.15）式，存在着：

$$\frac{\partial a^*}{\partial \sigma_j} > 0 \qquad (9.16)$$

$$\frac{\partial a^*}{\partial \lambda} > 0 \qquad (9.17)$$

在世界稳态均衡状态下，尽管各国的储蓄率和市场扩展率不同，但所有经济体的人均收入增长率却是相同的，都等于世界前沿市场增长率 g。

命题 1：存在着一种将落后国家推向市场前沿的外生力量，而且在稳态时这种力量大到足以保证所有国家的增长率都相同，即实现包容性增长。那些不能成功扩展世界市场的国家，设置各种壁垒使市场扩展变得缓慢（即较低的 σ_j）的国家，以及那些在扩展本地市场方面内生能力不足（即较低的 λ_j）的国家将更加贫穷。

在命题 1 中，每个国家的稳态人均收入仅取决于世界市场前沿和其自身参数。一种情况是，将参数 σ_j 和基础设施联系起来。假定参数 σ_j 是基础设施互联互通的函数。基础设施连通性越好，经济体的市场扩展能力就越强。拥有良好基础设施的国家将会更富有，σ_j 越高的经济体，稳态收入水平越高。另外一种情况，将 σ_j 和贸易壁垒联系起来。将 σ_j 视为自由贸易制度的函数或者有利于商品和要素自由流动的制度或政策特征的函数。"一带一路"倡议是同时考虑了这两个情形的典型事实。从共建"一带一路"倡议的意义来说，市场扩展还是外生的。

四、市场拓展与内生增长

在（9.3）式的基础上，进一步将产品种类数纳入国家 j 的总生产函数中，于是有：

$$Y_j(t) = \frac{1}{1-\beta}\left(\int_0^{N_j(t)} x_j(v,t)^{1-\beta}\, dv\right) F_j^{\beta} \qquad (9.18)$$

其中,F_j 为总要素投入,$N_j(t)$ 为中间品种类量,$x_j(v, t)$ 为中间品投入。

假定每个国家的代表性家庭都具有相同偏好,中间品种类数的增加意味着市场规模的扩展,或者说,市场扩展率可用中间品种类数增长率来衡量,即:

$$\dot{N}_j = \sigma_j \left(\frac{N(t)}{N_j(t)} \right)^\gamma \tag{9.19}$$

其中,每个经济体的初始市场规模为 $N_j(0) > 0$,$\gamma > 0$。令国家 j 的代表性厂商在 t 期的利润流为 $\pi_j(t) = \beta F_j$,存在稳态均衡,利率 $r_j^* > 0$ 且为常数。那么一种新的中间品的净贴现值为:

$$V_j^* = \frac{\pi_j}{r_j^*} \tag{9.20}$$

在全局鞍轨路径稳定状态下,令 $\mu_j^* = N_j(t) / N(t)$,则单位市场扩展成本 σ_j 所对应的利润为 $\sigma_j (\mu_j^*)^{-\gamma} V_j^*$。于是,自由进入条件要求:

$$\mu_j^* = \left(\frac{\sigma_j \beta F_j}{\delta_j r^*} \right)^{1/\gamma} \tag{9.21}$$

σ_j 代表着 j 国参与"一带一路"建设所带来的市场对外扩展;"一带一路"倡议推动国际贸易与投资的自由化便利化,使 j 国的单位市场扩展成本 (δ_j) 不断下降;"一带一路"倡议促进了沿线国家的资本、劳动、技术、数据等要素的跨境流动,增加了一国的要素规模。根据(9.21)式,

$$\frac{\partial \mu^*}{\partial \delta_j} < 0 \tag{9.22}$$

$$\frac{\partial \mu^*}{\partial \sigma_j} > 0 \tag{9.23}$$

$$\frac{\partial \mu^*}{\partial F_j} > 0 \tag{9.24}$$

命题 2:更加自由的贸易制度、更高的市场扩展外生推动力,以及更显

著的规模经济（更低的平均成本）都将使得一国的产品种类数占比提高或者市场扩展能力增强。

在命题 2 中，单位市场拓展成本 δ_j 刻画了国家间市场扩展过程中规模经济差异的潜在原因，例如，既可能是制度壁垒，也可能是宏观经济政策的影响，"一带一路"倡议作为典型的贸易自由化制度有助于提升沿线各国的市场拓展能力。

五、市场扩展与收入分配

一国市场的对外扩展，必然带动要素的流动和回报的变化，进而影响收入分配。根据（9.6）式对应于产出水平 $Y_E(t)$ 的中间产品 m 的需求：

$$x_{mt} = Y_E(t)\left(\frac{P_{mt}}{P_{Et}}\right)^{-1/(1-\theta)} \qquad (9.25)$$

最终产品的价格 P_{Et} 与其生产函数所对应的成本相关联，即：

$$P_{Et} = \left(\int_0^1 P_{mt}^{-\theta/(1-\theta)}dm\right)^{-(1-\theta)/\theta} \qquad (9.26)$$

根据（9.8）式，中间产品企业 i 利润最大化一阶条件，有：

$$R_E K_{mt} = \gamma\theta P_{mt}Y_{mt} \qquad (9.27)$$

$$w_E L_{mt} = (1-\gamma)\theta P_{mt}Y_{mt} \qquad (9.28)$$

对中间品进行对称性假设，即每个厂商只生产一种中间产品，此时厂商数就等于中间产品数，于是有：

$$R_E = \frac{\gamma\theta N_E P_E Y_E}{K_{Et}} \qquad (9.29)$$

$$w_E = \frac{(1-\gamma)\theta N_E P_E Y_E}{L_{Et}} \qquad (9.30)$$

同样地，对于 W 国而言，

$$Y_W(t) = \left(\int_0^1 x_{nt}^\rho dn \right)^{1/\rho} \tag{9.31}$$

$$x_{nt} = z_t K_{nt}^\varphi L_{nt}^{1-\varphi} \tag{9.32}$$

同样地，类似于（9.25）—（9.28）式，根据 W 国中间品厂商的利润最大化一阶条件有：

$$R_W = \frac{\varphi \rho N_W P_W Y_W}{K_{Wt}} \tag{9.33}$$

$$w_W = \frac{(1-\varphi) \rho N_W P_W Y_W}{L_{Wt}} \tag{9.34}$$

根据（9.29）和（9.33）式，"世界"两国的资本要素相对回报率为：

$$\frac{R_E}{R_W} = \frac{\gamma \theta}{\varphi \rho} \frac{N_E}{N_w} \frac{P_E Y_E}{P_W Y_W} \frac{K_W}{K_E} \tag{9.35}$$

根据（9.30）和（9.34）式，两国的劳动要素相对回报率为：

$$\frac{w_E}{w_W} = \frac{(1-\gamma)\theta}{(1-\varphi)\rho} \frac{N_E}{N_w} \frac{P_E Y_E}{P_W Y_W} \frac{L_W}{L_E} \tag{9.36}$$

对于相互的开放的国家，或者说"一带一路"沿线国家，国内的资本与劳动要素价格比取决于各自的人均资本，随着人均资本的提高，各国的资本与劳动要素价格差距缩小；两国之间资本要素的相对回报率取决于贸易品相对种类数和资均经济规模比例，劳动要素的相对回报率取决于贸易品相对种类数和人均经济规模比例。

命题 3：贸易和投资的自由化和便利化将使得"两国"的贸易品种类数趋于相等，资本等要素流动在促进经济增长的同时进一步缩小两国的资均 GDP 和人均 GDP 差距，进而有利于相互开放的国家资本和劳动要素回报率趋于平衡。

六、制度安排与市场扩展的动态转换

根据前面对市场扩展的定义，笔者进一步将制度安排 v 作为一国市场

扩展效率 $A_j(v, t)$ 的函数。假设经济体 j 的市场扩展在 t 期时平均生产率为 $A_j(t) = \int_0^1 A_j(v, t)\, dv$，以 A_t 代表世界市场前沿的扩展效率，该国滞后于世界市场前沿，即 $A_j(t) \leqslant A(t)$。

在均衡状态下，一国的市场扩展既取决于外生的制度安排，又取决于内生的因素，类似于 Acemoglu（2008, ch.21），该国市场扩展的法则为：

$$A_j(v, t) = \eta A(t-1) + \tau A_j(t-1) \tag{9.37}$$

其中，$\eta > 0$，$\tau > 0$，$\eta A(t-1)$ 表示外生因素导致的市场扩展，例如区域自由贸易协定的签订、加入共建"一带一路"倡议，$\tau A_j(t-1)$ 为内生因素导致的市场扩展，例如内需拉动、扩大国内市场。

$a_j(t)$ 为国家 j 与世界前沿市场距离的倒数，对（9.37）式的市场扩展法则方程进行微分，则有：

$$a_j(t) = \frac{1}{1+g}(\eta + \tau a_j(t-1)) \tag{9.38}$$

（9.38）式刻画了市场开放导致一国市场扩展的动态收敛过程，只要 $\tau < 1 + g$，$a(t)$ 最终将收敛于1。

命题4：外生的制度安排与内生的市场发展的相对重要性取决于该国离世界市场前沿的距离。当 $a(t)$ 较大时，意味着该国更接近世界市场前沿；反之，该国远离世界市场前沿。当 $a(t)$ 较小时，外生的开放制度安排会带来更多的增长；当 $a(t)$ 较大时，内生的市场发展将相对更为重要。

一国市场的对外扩展中，外生因素包括共建"一带一路"倡议、签订自由贸易协定等制度安排，内生因素包括市场一体化进程。一国市场扩展的动态路径就是从外生力量推动开始，直到足够接近世界市场前沿再转向内生力量驱动。在这个结构转换中，存在着一个拐点 $\hat{a}$，其决定于一国市场扩展的外生因素张力和内生因素动力。当一国与世界市场前沿的距离 $a_j(t-1)$ 未达到拐点时，即 $a_j(t-1) < \hat{a}(t)$，一国市场扩展的核心动力是外循环，借助外

生力量接近世界前沿市场，签署诸如共建"一带一路"等这种长期"合同"性质的自由贸易协议或制度安排，使其实现更高水平增长，此时无法只依赖于本地市场的内生扩展。当 $a_j(t-1) > \hat{a}(t)$ 时，一国市场扩展的动力将转换为内循环为主、内外循环相互促进模式，激发内需、扩大国内市场的重要性上升。两种路径对于包容性增长而言是相辅相成的，只是在不同的阶段，侧重点不同。目前我国"加快构建以国内大循环为主体、国内国际双循环相互促进的新发展格局"，也正是该理论的应用。新发展格局既强调坚定实施扩大内需战略，又注重国内国际双循环，不是国内经济的单循环，国内循环也是建立在国内统一大市场基础上的大循环，要坚持更高水平的对外开放与新发展格局的更好结合。国内循环越顺畅，越能形成对全球资源要素的引力场，越能促进贸易与投资自由化便利化，惠及各经贸伙伴。

第三节　研究设计

一、地理区位影响收入分配的初步统计

为了考察一国地理区与收入分配的关系，我们将一国地理位置区分为单边沿海、多面临海、岛国和内陆四种类型，以世界银行（World Bank）数据库提供的一国基尼系数为核心自变量，时间跨度为 2005—2018 年，样本涵盖亚洲、北美洲、欧洲、南美洲、大洋洲五个大洲的 62 个国家。一方面，依据地理区位差异，将与其他邻国不存在陆上边界的岛屿国家视作岛国（如日本、英国、斯里兰卡等），将只存在部分单边的海岸线且与他国有漫长陆地边界的国家视作单边沿海国家（如中国、德国、荷兰、越南等），将存在较短陆地边界并有至少两个方向临海区域的国家视作多面沿海国家（如美国、法国等），将不存在任何海岸线的国家视作内陆国家；另一方面，依据国家经济发展水平，以及是否与中国签署"一带一路"合作备忘录，将国家类型进一步细分为发达国家、发展中国家，以及是否为"一带一路"沿线国家。表 9-1 的分类结果显示，本章基于世界银行官方数据库所能获取的国家

样本基本覆盖了不同地理区位类型，并且各国在经济发展水平方面具有明显的异质性特征。

表 9-1 样本国家的地理区位与经济发展水平

地理区位	发达国家	发展中国家	"一带一路"倡议沿线部分国家
岛国	英国、日本、澳大利亚、塞浦路斯	斯里兰卡、马尔代夫、菲律宾、印度尼西亚	塞浦路斯、斯里兰卡、马尔代夫、菲律宾、印度尼西亚
多面沿海国家	希腊、瑞典、意大利、加拿大、法国、美国、丹麦、韩国、西班牙	马来西亚、墨西哥、土耳其、爱沙尼亚	希腊、爱沙尼亚、马来西亚、土耳其
单边沿海国家	以色列、德国、挪威、荷兰、斯洛文尼亚	中国、俄罗斯、伊朗、埃及、孟加拉国、巴西、洪都拉斯、阿联酋、巴基斯坦、阿根廷、约旦、越南、乌克兰、黑山、阿尔巴尼亚、克罗地亚、泰国、拉脱维亚、波兰、立陶宛、格鲁吉亚、保加利亚、罗马尼亚	斯洛文尼亚、以色列、中国、俄罗斯、伊朗、埃及、孟加拉国、阿联酋、巴基斯坦、约旦、越南、乌克兰、黑山、阿尔巴尼亚、克罗地亚、泰国、拉脱维亚、波兰、立陶宛、格鲁吉亚、保加利亚、罗马尼亚
内陆国家	捷克、斯洛伐克	哈萨克斯坦、白俄罗斯、蒙古、老挝、塞尔维亚、亚美尼亚、匈牙利、塔吉克斯坦、吉尔吉斯斯坦、北马其顿、摩尔多瓦	捷克、斯洛伐克、哈萨克斯坦、白俄罗斯、蒙古、老挝、塞尔维亚、亚美尼亚、匈牙利、塔吉克斯坦、吉尔吉斯斯坦、北马其顿、摩尔多瓦

笔者将四种类型国家基尼系数以地理位置类型分组并取各组平均值，结果如图 9-1 所示：从基尼系数来看，单边沿海国家 > 多面沿海国家 > 岛国 > 内陆国家。单边沿海国家的基尼系数之所以最高，是因为单边沿海国家的要素流向并集聚于沿海，导致沿海地区的要素报酬高，地区差距显著扩大。对

于多面沿海国家和岛国,其要素流动的方向是多面的,呈发散状态,不会出现要素集聚或拥挤在某一个方向,从而要素收入差距不会过高,尤其是类似于日本、英国、澳大利亚这样的岛国。内陆国家因为没有出海口,要素同样不会出现拥挤在某个方向的情形,地区收入差距最低。从变化趋势来看,随着世界开放进程的加快,样本国家的基尼系数均呈下降趋势,尤其是单边沿海国家。

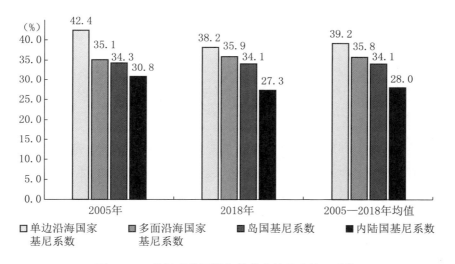

图 9-1 四种地理位置特征的代表性国家基尼系数

市场开放带来的贸易和投资增长、就业增加、技术进步以及城市化进程,加速了要素流动进而作用于收入分配。例如,要素是否进入了规模报酬递增的部门,具有更高教育水平与技能对要素报酬的影响,城市化对产业结构变化和要素配置效率的影响等。为控制因样本选择和遗漏变量导致的分析偏误,本章在后续的计量实证中,除考虑地理位置的特征之外,还对影响一国收入分配状况的经济规模、对外开放水平、城市化水平、教育水平等重要因素进行合理控制。进一步地,本章将第三节的理论模型中的命题整合成如下的推论,以此作为实证检验的目标:一国的地理位置通过要素配置和市场拓展能力等渠道对收入分配格局产生显著影响。单边沿海国家较其他类型国家，更易受到要素的单向性流动影响，从而导致更大的收入差距。"一带一路"倡议的制度安排将推动沿线国家接近世界前沿市场，带动贸易和投资规模扩大、劳动需求增加以及劳动力素质提高等经济红利，显著缩小沿线国家的收入差距，促进包容性增长。

二、实证模型与关键指标说明

（一）地理位置影响收入差距的基准模型

本章基于全球样本考察不同国家的地理区位特征对国内收入差距的影响，构造基准模型：

$$GINI_{i,t} = \alpha_0 + \alpha_1 GL_i + \alpha_2 GDP_{i,t} + \alpha_3 Land_{i,t} + \alpha_4 Trade_{i,t} + \alpha_5 Urban_{i,t} \\ + \alpha_6 Gov_{i,t} + \alpha_7 Flat_{i,t} + \eta_t + \varphi_{i,t} \quad (9.39)$$

式（9.39）中因变量是以各国基尼系数（$GINI$）表示的收入分配状况。自变量 GL 为国家所处的地理区位特征代表的虚拟变量（包括岛国、多面沿海国家、单面沿海国家、内陆国家）。本章控制以下变量的影响：以 GDP 表示的一国经济规模；$Trade$ 表示的各国贸易依存度；$Urban$ 代表各国的城市化水平，用各国城镇人口占总人口的比重来表示；以人均耕地面积 $Land$ 衡量的粮食供给与安全水平；Gov 代表政府对经济的宏观调控能力，以政府财政支出占 GDP 比重衡量；$Flat$ 代表各国通货膨胀率，控制该变量的原因是通货膨胀造成一国货币贬值与物价上涨，对低收入人群的影响更大，可能加剧贫富差距问题。此外，本章控制了年份固定效应 η_t，$\varphi_{i,t}$ 为误差项。[1]

（二）"一带一路"倡议下地理位置影响收入差距的模型设定

"一带一路"倡议作为国家之间的开放合作制度安排，实现了"一带一路"沿线国家的基础设施互联互通，拓展了经济体的市场需求潜力，有利于各国商品与要素的自由流动，逐渐消除贸易壁垒，因而该倡议会引致国家经

---

[1] 由于自变量为国家地理区位的虚拟变量，作为自然地理因素可视作严格外生，倘若考虑个体固定效应将导致该变量被剔除。

济地理空间格局的重塑，进而对一国内部的收入分配产生影响。本章据此设计两类计量检验模型，式（9.40）的 BR 为虚拟变量，如果样本国家是"一带一路"沿线国家，该变量值为 1，否则为 0。

$$GINI_{i,t} = \beta_0 + \beta_1 BR_i + \beta_2 GL_i + \beta_3 GDP_{i,t} + \beta_4 Land_{i,t} + \beta_5 Trade_{i,t} \\ + \beta_6 Urban_{i,t} + \beta_7 Gov_{i,t} + \beta_8 Flat_{i,t} + \chi_t + \mu_{i,t}$$ （9.40）

笔者重点关注一国响应"一带一路"倡议并签署战略合作协定后，是否对国内收入分配格局产生影响。由于即使同属"一带一路"沿线国家，不同国家与中国签署合作备忘录或战略协议的年份也有较大差异，本章将一国与中国正式签署合作文本的时间变量 Year 与该国是否为"一带一路"沿线国家的虚拟变量 BR 做成交叉项，将 $BR_i \times Year_t$ 纳入模型，考察多期的外生制度冲击是否对一国收入差距产生影响。

$$GINI_{i,t} = c_0 + c_1 BR_i \times Year_t + c_2 GL_i + c_3 GDP_{i,t} + c_4 Land_{i,t} + c_5 Trade_{i,t} + c_6 Urban_{i,t} \\ + c_7 Gov_{i,t} + c_8 Flat_{i,t} + \delta_t + \upsilon_{i,t}$$ （9.41）

为比较单边沿海国家相对于多面沿海国家、岛国和内陆国家等地理区位的影响系数，本章控制年份固定效应并采用稳健标准误控制潜在异方差，通过构造统计检验考察不同地理区位特征对基尼系数的影响是否有显著差异。

三、数据来源

本章的样本数据选择时间段为 2005—2018 年，基尼系数来自世界银行数据库，控制变量来自《国际统计年鉴》、Wind 数据库、国泰安数据库等。表 9-2 为本章变量的描述性统计。由于部分国家在基尼系数统计和其他变量方面存在一些缺失值，因而实证采用的数据样本为非平衡面板数据。基尼系数的标准差为 6.662，并且最小值为 23.7，最大值为 59.5，意味着各国之间的收入差距较为明显。

表 9-2　全球 62 个样本国家的描述性统计

变量名	符号	样本数	均值	标准差	最小值	最大值
基尼系数	*GINI*	640	34.499	6.662	23.70	59.50
城市化率（%）	*Urban*	868	64.293	18.298	18.196	92.418
国内生产总值（亿美元）	*GDP*	868	9526.52	24310.09	12	205802
人均可耕地面积	*Land*	866	0.305	0.327	0.004	1.886
货物贸易额占 GDP 比重（%）	*Trade*	856	88.663	40.412	22.106	208.307
通货膨胀率（%）	*Flat*	868	5.674	7.312	−15.479	75.277
政府财政支出占 GDP 比重（%）	*Gov*	856	16.429	4.654	5.039	29.941

第四节　共建"一带一路"缩小收入差距：证据与机制

一、地理位置影响收入差距的检验

实证检验的第一个问题是，如何从全球跨国样本视角解释地理区位与收入差距的关系。在控制年份固定效应和系列相关变量后，着重考察相对内陆国家而言，单边沿海国家、多面沿海国家、岛国等不同地理区位对一国基尼系数的影响程度。

表 9-3 的列（1）仅考虑不同国家地理区位特征，其对基尼系数的影响均在 1% 水平显著。采用逐步回归方式，在列（2）—（4）中先后加入国内生产总值、人均耕地面积、城市化率、外贸依存度、政府财政支出占比以及通货膨胀率等控制变量。若以内陆国家为基准，其余三种类型的国家地理区位均对基尼系数具有显著正向影响。其中，列（4）中的岛国系数为 2.325，多面沿海国家系数为 3.237，单边沿海国家则为 4.626。为从统计意义上检验三者的系数值是否具有显著差异。本章设置单边沿海国家与多面沿海国家、单边沿海国家与岛国两个分组，构建单边假设检验考察系数差异，结果表明单边沿海国家地理区位特征的估计系数均显著高于多面沿海国家和岛国（假

表 9-3　地理位置与收入差距的关系检验：基于 62 个样本国家

	（1） 基尼系数	（2） 基尼系数	（3） 基尼系数	（4） 基尼系数
单边沿海国家	5.885*** （0.573）	5.877*** （0.576）	5.530*** （0.574）	4.626*** （0.634）
多面沿海国家	4.700*** （0.573）	4.672*** （0.575）	3.582*** （0.611）	3.237*** （0.806）
岛国	5.647*** （0.628）	5.623*** （0.635）	5.022*** （0.700）	2.325*** （0.809）
国内生产总值			0.001*** （0.000）	0.001*** （0.000）
人均耕地面积			−0.331 （0.624）	−1.837*** （0.685）
城市化率				0.046** （0.021）
外贸依存度				−0.034*** （0.008）
政府财政支出占比				−0.527*** （0.070）
一国通货膨胀率				0.001 （0.031）
常数项	30.196*** （0.356）	31.391*** （1.223）	31.627*** （1.251）	41.647*** （1.831）
年份固定效应	未控制	控制	控制	控制
假设检验 1（H_0: $\beta_{单边沿海国家}$ = $\beta_{多面沿海国家}$，H_1: $\beta_{单边沿海国家}$ > $\beta_{多面沿海国家}$）				P-value：0.023
假设检验 2（H_0: $\beta_{单边沿海国家}$ = $\beta_{岛国}$，H_1: $\beta_{单边沿海国家}$ > $\beta_{岛国}$）				P-value：0.001
样本量	640	640	640	639
R^2	0.121	0.127	0.154	0.289

注：括号内为稳健标准误，*、**、***分别为 10%、5%、1% 的显著性水平。

设检验的 P 值分别为 0.023 和 0.001）。这意味着以内陆国家为参照系，单边沿海国家相对多面沿海和岛国将更为显著地导致基尼系数的上升，从而初步证实地理位置特征为单边沿海的国家存在更大的收入分配差距问题，其主要原因可能是单向开放引致的要素流向一个方向、拥挤在一个区位，随着劳动、资本和其他各类要素向沿海地区集聚，不仅推动了要素集聚区域的经济快速增长和居民收入水平的提升，同时也使要素流出地区的增长动能放缓，地区之间收入差距随之扩大。以上研究结果解释了为何具有多个方向出海口的国家，收入差距可能更小，而不考虑外生性制度安排的单边沿海国家地理区位特征会导致收入差距不断扩大。

从控制变量角度来看，以人均耕地面积衡量的一国粮食供给安全与收入差距具有显著负相关，农业作为经济运行体系的基本支撑和重要保障因素，更高的人均耕地面积意味着农业、农村发展具有更好的要素禀赋，有利于缩小区域贫富差距。贸易依存度衡量的对外开放水平对一国收入差距有显著负向影响。市场开放带来的货物、服务、知识、资本、技术的自由流动是一国实现规模报酬递增的必要条件，同时带来一国收入水平的提升和收入差距的缩小。相较之下，以城镇人口占总人口比重衡量的城市化水平对基尼系数具有显著正向影响。Jedwab & Vollrath（2015）基于 1500—2010 年间 1319 组城市化—收入对数据，检验了城市化率与人均收入的关系，发现 20 世纪中叶之前，城市化主要发生在最富裕的国家，最贫困国家的城市化率接近 0。此后城市化尤其是超大城市则主要出现在发展中国家，城市相比农村更加受益。一国政府财政支出水平的提升意味着政府具有更强的经济调控能力，有助于缓解市场配置资源和公共物品供给中存在的失灵问题，尤其是通过税收政策等再分配措施显著改善初次分配中的突出不均问题。

二、共建"一带一路"影响收入差距的经验证据

现有证据表明，国家地理区位特征对一国收入差距具有重要影响，那么对存在要素流动"先天劣势"的单边沿海国家而言，借助贸易与投资便利

化的制度安排能否抑制地理区位的局限，从而缩小地区收入差距呢？本章第二节的理论模型对此已经作出了证明，共同开放的制度性安排有利于使签约国接近世界前沿市场，促进包容性增长。"一带一路"倡议坚持共商共建共享，推动基础设施互联互通，拓展国际市场合作，加强贸易和投资自由化便利化制度体系建设。例如，作为共建"一带一路"的标志性成就，中欧班列开辟了亚欧大陆陆路运输新通道，被誉为"亚欧黄金通道"，通达欧洲 25 个国家 222 个城市。中欧班列打造了沿线国家商品要素流动和互利共赢的桥梁纽带，为沿线国家之间的经贸交流开辟了新的陆上通道，不仅改善了沿线各国贸易自由化与便利化水平（邹嘉龄等，2015），还鼓励各国对外投资以持续增强创新活动，同时吸引外商直接投资以更好满足企业创新投入的金融需求（王雄元、卜落凡，2019），促进了沿线国家的经济增长。进一步检验共建"一带一路"倡议对沿线国家带来的增长是否是包容性增长，对沿线国家的收入分配格局产生了哪些影响。

　　基于"一带一路"倡议这个多边贸易投资自由化便利化的制度安排，笔者将全球 62 个国家样本细分为"一带一路"沿线国家与非"一带一路"沿线国家。若为"一带一路"沿线国家，国家类型虚拟变量取值 1，否则为 0，估计结果见表 9-4。结果表明，如果一国为"一带一路"沿线国家，其对该国基尼系数的影响显著为负，列（3）纳入系列控制变量之后，是否为"一带一路"沿线国家的虚拟变量系数为 –2.443，并且显著性得到进一步的提升。这意味着控制相关因素后，加入"一带一路"倡议使其基尼系数相对非"一带一路"国家明显下降。究其原因，这与"一带一路"倡议带来的贸易投资自由化、就业提升效应和技术进步等因素有关。例如，有研究发现"一带一路"沿线国家的贸易、就业率和就业结构发生了积极变化（公丕萍、姜超，2021）。因此，共建"一带一路"倡议显著改善了沿线国家的收入分配状况，缩小了内部的贫富差距。需要说明的是，三类国家地理区位的虚拟变量及控制变量的系数均与前面结果保持近似一致性，结论具有可靠性。

表 9-4　"一带一路"倡议影响一国收入差距的检验结果

	（1） 基尼系数	（2） 基尼系数	（3） 基尼系数
是否"一带一路"沿线国家	-1.492* （0.827）	-1.478* （0.832）	-2.443** （1.038）
单边沿海国家	5.475*** （0.504）	5.471*** （0.506）	4.452*** （0.591）
多面沿海国家	3.670*** （0.800）	3.652*** （0.803）	2.700*** （0.831）
岛国	5.159*** （0.725）	5.140*** （0.730）	2.042** （0.819）
国内生产总值			0.000** （0.000）
人均耕地面积			-1.506** （0.691）
城市化率			0.022 （0.024）
外贸依存度			-0.028*** （0.009）
政府财政支出占比			-0.587*** （0.075）
通货膨胀率			0.001 （0.031）
常数项	31.687*** （0.900）	32.836*** （1.504）	45.519*** （2.672）
年份固定效应	未控制	控制	控制
样本量	640	640	639
R^2	0.129	0.135	0.303

注：括号内为稳健标准误，*、**、*** 分别为 10%、5%、1% 的显著性水平。

三、稳健性检验

为确保研究结论的可信性，笔者通过替换核心变量、变更估计方法等对前文结论进行系列稳健性检验：首先，替换核心自变量。前面根据一国地理区位是否具有陆上边界判断其国家样本类型，由于不同国家海岸线长度不同，仅对国家地理区位进行直观性判断可能使部分样本国家的真实地理特征被忽视。例如，多面沿海国家中的法国，其东部与西部分别邻近地中海与大西洋，美国东部与西部分别邻近大西洋与太平洋，上述国家两侧临海地区之间的航运分别要穿越直布罗陀海峡与巴拿马运河，而多面沿海中的意大利、希腊等国家虽然也具有多面临海特征，但均处于地中海内部，不同方向临海地区之间的航运相对更为便利。本章在稳健性检验中以海岸线长度占一国陆地与海洋边境线长度之和的比重刻画一国地理特征，该指标在实质上与前文讨论的一国地理区位特征具有相似性，亦即一国具有更多出海口可能使要素流动方向更加均衡，并且有效地实现市场拓展、提升就业和劳动力素质，从而改善一国收入分配状况。表 9-5 列（1）表明当一国海岸线长度占疆域边界线比重越高，其对收入差距的抑制作用越强（该指标系数为 –2.906，且在 5% 水平显著）。列（2）—（3）分别为单边沿海与多面沿海国家两类样本的估计结果，系数方向均与（1）一致。费舍尔组合检验结果表明多面沿海国家的海岸线占比系数绝对值显著高于单边沿海国家（P 值为 0.044），提升多面沿海国家的海岸线占疆域边界线之比对收入差距的抑制作用更强，亦即当一国拥有越多的出海方向且海岸线越长，则对基尼系数变化的边际影响越大。

其次，变更估计方法。虽然表 9-4 显示共建"一带一路"倡议有助于降低沿线国家的收入差距，但不同的沿线国家加入倡议的时间点存在较大差异，将其笼统划分成是否为"一带一路"沿线国家，可能影响估计结果的精准度。[1] 因此，我们不仅将全部样本细分为"一带一路"沿线国家与非沿线国家，而且将一国正式与中国签署合作协定的年份虚拟变量与其国家类型做交互项，亦即当一国官方加入"一带一路"倡议之后，当年以及以后年份的虚拟变量为 1，其他年份虚拟变量为 0。表 9-5 列（4）中是否已加入"一带一路"倡议的系数为 –2.139，再次证实了共建"一带一路"倡议对沿线国

[1] 早期国家包括 2014 年的哈萨克斯坦、巴基斯坦等，也有直至 2018 年才正式加入"一带一路"倡议的国家，例如，奥地利在 2018 年成为第一个与中国签订"一带一路"合作协议的欧盟发达成员国。

表 9-5　稳健性检验的结果

	（1）变换核心变量：全部样本	（2）变换核心变量：单边沿海国家	（3）变换核心变量：多面沿海国家	（4）估计方法：多期冲击检验
一国海岸线长度占疆域边界比重	-2.906^{**}（1.398）	-4.200^{**}（1.803）	-7.695^{***}（1.830）	
是否已加入"一带一路"倡议				-2.139^{***}（0.818）
单边沿海国家	5.513^{***}（0.742）			4.488^{***}（0.634）
多面沿海国家	5.317^{***}（1.283）			2.945^{***}（0.834）
岛国	4.975^{***}（1.460）			2.192^{***}（0.821）
国内生产总值	0.000^{***}（0.000）	0.000^{**}（0.000）	-0.000^{*}（0.000）	0.000^{***}（0.000）
人均耕地	-1.810^{***}（0.683）	0.870（1.349）	1.981^{*}（1.059）	-1.717^{**}（0.672）
城市化率	0.047^{**}（0.021）	0.108^{***}（0.035）	-0.019（0.050）	0.041^{*}（0.021）
外贸依存度	-0.037^{***}（0.009）	-0.050^{***}（0.014）	-0.029^{***}（0.008）	-0.036^{***}（0.008）
政府财政支出占比	-0.510^{***}（0.070）	-0.550^{***}（0.119）	-1.072^{***}（0.103）	-0.538^{***}（0.071）
通货膨胀率	0.003（0.031）	-0.064（0.059）	0.007（0.093）	-0.001（0.030）
常数项	41.518^{***}	45.020^{***}	63.224^{***}	42.422^{***}
年份效应	控制	控制	控制	控制
样本量	639	291	152	639
R^2	0.294	0.166	0.837	0.296

注：括号内为稳健标准误，*、**、*** 分别为 10%、5%、1% 的显著性水平。费舍尔组合检验为 H_0: $\beta_{单边沿海国家}$ ＝ $\beta_{多面沿海国家}$，H_1: $\beta_{单边沿海国家}$ ＞ $\beta_{多面沿海国家}$，P 值为 0.044。

家的基尼系数具有显著负向影响，也意味着这种制度安排有助于弥补一国自然地理位置对要素流动及其报酬分布的局限性，促进国内要素边际报酬区域均等，从而缩小国内的收入差距水平。

四、机制检验

本章证实了"一带一路"倡议显著改善了沿线国家的收入分配状况，即缩小了收入差距，实现了包容性增长，那么这种外生制度安排是通过何种渠道或者说中间机制影响了国内收入差距的呢？

一是提升一国对外贸易规模。例如，中国与"一带一路"沿线国家货物贸易总额年均增长率远高于同期中国对外贸易增速，促进了各国要素与商品的自由流动，实现了互利共赢和共同繁荣。与此同时，"一带一路"沿线国家的贸易方式也在不断创新，"丝路电商"成为沿线国家经贸合作的新渠道。共建"一带一路"倡议打造了横跨亚欧大陆和非洲的要素流动走廊，一定程度上消弭了沿线国家地理边界的阻碍，使沿线国家产业与各类要素更好地融入全球专业化分工与贸易网络，提高了要素的边际报酬。"一带一路"沿线国家的高水平贸易合作，推动各国外向型经济的发展，依托比较优势产品出口与高质量进口改善产业结构和贸易结构，而中间产品进口的技术溢出也有利于提升沿线国家的技术水平，进而缩小各国的收入差距。

二是降低本国失业率水平。共建"一带一路"倡议通过基础设施互联互通建设、吸引 FDI 等各种渠道为沿线国家创造更多的劳动岗位。例如，中国企业在"一带一路"沿线国家建成一大批境外经贸合作区，为东道国创造了大量的就业岗位，提高了劳动要素的报酬。"一带一路"倡议通过贸易与投资渠道还促进了沿线国家的劳动力在国内行业间和行业内的流动，搜寻到边际报酬更高的工作机会，缩小了社会阶层之间的贫富差距。

三是推动人力资本的积累。共建"一带一路"倡议深化了沿线各国文化沟通与教育合作，在促进人力资本积累的同时提升技能水平，有利于缩小收入差距。例如，中国已与 24 个"一带一路"沿线国家签署了高等教育学历

表 9-6   机制检验的结果

	（1） 港口货物码头 吞吐量	（2） 官方统计 失业率	（3） 人力资本培育 投入
是否已加入"一带一路"倡议	0.102* （0.060）	−1.204* （0.642）	1.425** （0.595）
单边沿海国家	0.089** （0.038）	−2.981*** （0.735）	−0.140 （0.406）
多面沿海国家	0.096*** （0.032）	−2.837*** （0.826）	1.603*** （0.460）
岛国	0.050* （0.029）	−5.138*** （0.862）	0.222 （0.504）
人均国内生产总值	0.000** （0.000）	−0.000*** （0.000）	0.000*** （0.000）
人均耕地面积	−0.078*** （0.016）	−1.795*** （0.446）	−1.266*** （0.375）
城市化率	0.000 （0.000）	0.044*** （0.012）	0.004 （0.013）
外贸依存度		−0.033*** （0.005）	0.005 （0.004）
政府财政支出占比	−0.006*** （0.002）	0.411*** （0.048）	−0.281*** （0.052）
通货膨胀率	−0.004*** （0.001）	−0.161*** （0.025）	0.123*** （0.037）
常数项	0.083* （0.044）	7.990*** （1.428）	15.970*** （1.028）
年份效应	控制	控制	控制
样本量	656	800	569
R^2	0.047	0.257	0.160

注：括号内为稳健标准误，*、**、***分别为10%、5%、1%的显著性水平。

学位互认协议，沿线国家来华的留学生占来华留学总人数的 65%。"一带一路"倡议不仅是沿线国家经贸合作的载体，而且是联通民心与文化的纽带，促进着沿线国家的劳工技能培训，以及在工程科技人才培养、科学技术成果转化、数据信息人才、绿色发展人才等重要领域的合作。

笔者以各个样本国家整体的港口货物码头吞吐量（亿标准箱）衡量该国的贸易活跃程度，以本国官方统计的失业率衡量该国就业状况，以教育支出占公共财政支出比重代表人力资本培育的投入。沿用稳健性检验的估计思路，笔者将一国正式与中国签署合作协定的年份虚拟变量与国家类型做交互项，亦即以是否已加入"一带一路"倡议考察其能否通过上述三类中间渠道产生影响。表 9-6 的结果表明，是否已加入"一带一路"倡议的影响系数均具有显著性，分别为 0.102、-1.204 和 1.425。这意味着相对其他国家而言，参与共建"一带一路"倡议的国家显著提升了港口货运码头的吞吐量，亦即更加活跃地参与国际贸易分工，同时降低了本国失业率水平。"一带一路"沿线国家政府对本国的教育投入也有明显改善趋势。以上检验结果与前面的中间机制分析保持了一致性，表明上述因素均为缩小国内收入差距的重要渠道。

第五节　结论及政策含义

笔者从理论和实证两个方面证实了"一带一路"倡议实现了包容性增长的目标，在促进经济增长的同时确实缩小了沿线国家的收入差距。一方面，将一国地理区位所代表的先天性因素和"一带一路"倡议代表的贸易投资自由化为主要特征的互利互惠型外生制度安排纳入包容性增长分析框架，揭示不同类型的国家地理区位特征对收入分配格局的影响渠道和结果。在理论上证明了存在着一种将落后国家推向市场前沿的外生力量，而且在稳态时，这种力量大到足以保证所有国家的增长率都相同，即实现包容性增长；更加自由的贸易投资制度、更强的市场扩展外生推动力，以及更显著的规模经济都将使得一国的产品种类数占比提高或者说市场扩展能力增强；自由贸易制度将使得一国的资本流入增加，从而提高人均资本水平，进而缩小资本与劳动要素的价格差距。外生的贸易投资自由化的制度安排与内生的市场发展的相对重要性取决于该国离世界市场前沿的距离。一国的市场扩展路径总是从远离到逐渐接近世界市场前沿，这意味需要诸如"一带一路"倡议、区域贸易协定等制度安排的外生力量推动，直到足够接近世界市场前沿。共建"一带一路"倡议通过改变沿线国家经济地理特征，进而对各国的经济增长和反映收入分配格局的基尼系数产生影响，其中涉及要素配置和市场拓展能力等渠道。本章创新性地将一国地理区位划分为单边沿海、多边临海、岛国和内陆四种类型，"一带一路"倡议实质上为它们增加一条东西向的商品和要素流动的通道，拓展了要素流向，这尤其有利于单边沿海国家避免要素拥挤于沿海地区而导致的收入差距扩大。另一方面，"一带一路"倡议的制度安排推动着沿线国家接近世界前沿市场，带来贸易投资自由化和规模效应、就业提升效应以及技术进步效应，进而显著缩小了沿线国家的收入差距，促进着包容性增长。本章实证部分证实了这些推论。当一国拥有更多出海方向且海岸线更长时，"一带一路"倡议更能显著降低沿线国家的基尼系数。

共建"一带一路"倡议旨在实现包容性增长，其源自中国，重点面向亚欧非，更向所有伙伴开放，寻求利益契合点和合作最大公约数，将发展成果惠及沿线国家，推动经济全球化朝着更加开放、包容、普惠、平衡、共赢的方向发展。共建"一带一路"倡议实现了包容性增长，其中的机制或者说主要途径包括：一是通过贸易畅通不断深化，推动了资源要素的高效流动和优化配置。推进中欧班列、陆海新通道等贸易大通道的建设，高标准建设自由贸易区网络，充分发挥进博会、广交会、服贸会、消博会等机制平台的作用。2013—2022 年，十年间中国与共建"一带一路"国家进出口贸易总额累计超过 19 万亿美元，年均增长 6.4%。二是通过投资合作持续提升，构建了互利共赢的产业链、供应链。近年来，中国与共建国家双向投资累计超过

3800 亿美元，其中中国对外直接投资超过 2400 亿美元。三是以合作项目为纽带，深化了互联互通的伙伴关系。目前中国已与 180 个国家和国际组织，签署了 230 余份共建"一带一路"合作文件，为当地创造了超过 33 万个就业岗位。

从理论到实证，再到实践，均可证实共建"一带一路"正在实现"促进包容性增长"的初衷。"一带一路"倡议有力地推动了沿线国家的市场扩展，提高了沿线国家的人均资本水平，提升了劳动要素的边际报酬，这既促进了经济增长，又缩小了各国的收入差距，实现了包容性增长。一国的地理位置特征是影响收入分配格局的重要的自然因素，相对多面沿海国家和岛国而言，单边沿海国家更容易受要素单向流动的影响而导致收入差距扩大现象。共建"一带一路"倡议为沿线国家的对外贸易和投资"认为"开辟了新的"出海口"，在原有的格局下又"构造"出了一条总体呈东西向的贸易投资新通道。一国的要素流动方向增多或者说一国具有更多的"出海口"，在促进经济增长的同时避免了要素拥挤的现象，有利于缩小地区收入差距；要素双向流动通道增加还有利于要素投资回报提高，从而缩小要素之间的报酬差距。不仅如此，共建"一带一路"倡议还会通过贸易投资规模扩大、就业增加以及对外开放带来的技术进步而降低基尼系数，缩小一国的收入差距。总之，"一带一路"倡议在推动经济全球化朝着更加开放、包容、普惠、平衡、共赢的方向发展的进程中，既具有显著的增长效应，又具有结构效应，还具有改变收入分配格局的效应。

第十章

新发展格局下的人民币国际化

国际金融体系改革进展及趋势决定着人民币国际化与资本项目开放进程。现行的国际金融体系不仅是全球经济失衡的重要原因，而且是过去30多年间众多金融危机频发的原因之一；在该体系的安排下，汇率调整很难解决储备货币发行国国际收支赤字和全球失衡问题，难以避免全球金融危机的发生和金融不稳定（周小川，2009）。因此，缓解全球失衡、维持金融稳定需要改革现行的国际金融体系。学术界将国际金融体系现状概括为美元依然主导、欧元面临挑战（没有统一的国债市场和财政政策）、多元化改革方向，并将现行国际货币体系改革的难点归结为国际储备货币的供应问题、国际收支不平衡的调节机制以及国际资本流动与全球治理三个方面（殷德生，2011）。关于国际金融体系改革的方向，目前形成了改良派和改革派两种思潮。改良派主张在现有美元主导的国际金融体系的基础上进行改进。改革派中形成了两种思路，一是彻底改革国际金融体系，例如，有的主张以SDR替代美元成为国际储备货币，有的主张引入超主权储备货币建立新的世界货币代替美元地位。这种思潮总体来说过于理想，还处于构想阶段。二是倡导国际货币多元化改革。该思路以Mundell（2007）和Eichengreen（2010）为代表。Mundell（2007）提出，国际货币体系内国家有可能整合成若干货币区，只要有两个货币区的汇率保持稳定，就能"诱使"第三个货币区的货币加入这个"汇率稳定机制"，从而实现全球金融的稳定。Eichengreen（2010）认为，美国的双赤字不可持续，美元地位将下降，现行货币体系将逐步朝着国际货币多元化的方向演进，在可预见的未来，美元和欧元可能将分享国际储备货币的地位。该思路日益得到广泛认可，国际货币体系朝着区域化、多元化方向发展，这符合国际金融体系的内在发展规律（殷德生，2011）。中国也是该思路的积极倡导者和推动者，构建包括人民币在内的多元化国际货币体系（夏斌，2011）。Jayakumar & Weiss（2011）强调，在未来的数十年中，包含美元、欧元、人民币的三极货币体系将会取代美元本位，现有美元与欧元两条腿支撑的国际货币体系并不稳定，中国经济实力的增强和日益全球化使人民币国际化具有内在需求。

　　人民币国际化是金融高水平开放的重要内容，也是中国积极参与国际经济治理改革、推动国际货币体系多元化的重要举措。党的二十大报告提出，"有序推进人民币国际化"[1]；党的二十届三中全会《决定》要求，"推动金融高水平开放，稳慎扎实推进人民币国际化，发展人民币离岸市场"[2]。人民币国际化依赖于资本市场开放度、市场深度和广度，前者取决于资本项目开放，后者意味着总体经济规模和贸易规模的进一步扩大、金融市场发达、金融产品丰富。也就是说，人民币国际化是一个系统工程。自2009年启动跨境贸易下人民币结算试点以来，我国经常项目下跨境人民币结算规模快速扩大，到2023年，中国跨境人民币结算量突破52.3万亿元。根据环球银行金融电信协会（SWIFT）的数据显示，目前人民币在全球贸易融资市场中的份额达到了6%，仅次于美元。在国际金融支付份额上，人民币成为第四大货币，逐步迈向国际舞台。国际贸易结算是推动人民币的国际化的主要动力，而中国的金融开放又为人民币国际化注入新的动力。一方面，中国自由贸易试验区致力于服务业的对外开放，这不仅将促进国际贸易中人民币结算额的进一步增长，而且能推动我国从货物贸易大国向服务贸易大国转变，提升贸易的综合竞争力，加快国内经济转型的进程。另一方面，以中国自由贸

---

[1] 习近平：《高举中国特色社会主义伟大旗帜　为全面建设社会主义现代化国家而团结奋斗》，人民出版社2022年版，第33页。
[2] 《中共中央关于进一步全面深化改革推进中国式现代化的决定》，人民出版社2024年版，第21页。

易试验区为先行先试基地，将在人民币资本项目开放上实现突破，推进人民币从贸易结算货币向国际投资和国际储备货币发展。主要世界货币的国际化进程中都以资本项目的自由兑换为先决条件。在推进资本项目可兑换的同时，中国自由贸易试验区还相应地实施利率市场化、汇率市场化的全面改革，这将推动人民币国际化进入新的发展阶段。与此同时，中国将继续加强与其他国家的货币合作，推动建立多元化的国际货币体系，进一步促进全球金融的稳定与发展。

第一节　人民币国际化的内在驱动力

金融扩大开放的内在驱动力来自中国对世界经济的贡献日益增大，尤其是在创新增长方式、完善全球经济金融治理、促进国际贸易和投资、推动包容联动式发展等重点领域中国取得显著成绩。目前，从全球来看，世界经济仍然处在深度调整期，整体动力不足，增长乏力。上一轮科技和产业革命所提供的动能已近尾声，传统体制和发展模式的潜能趋于消退，新的动能还处于孕育之中。这种情况下，中国对世界经济的贡献和稳定起到了关键性作用，成为世界经济的"动力源"、世界大市场和世界投资人。IMF 数据显示，多年来中国为全球经济增长贡献超过 30%。中国仍是世界第一大出口国和第二大进口国。中国正在加快发展新质生产力，实施供给侧结构性改革，制造业数字化转型，服务业创新发展，供给端和需求端协同发力，加快新旧增长动力转换。中国出口增速好于全球和世界主要经济体，占国际市场份额也呈上升趋势，出口结构不断优化，成为世界供给侧的中心。中国的世界投资人角色日益加强。

在创新发展方式上，中国是世界经济转型先行者，也因此成为世界经济的"动力源"和"稳定锚"。与中国一样，世界经济同样面临着动能转换、转型升级的迫切需要，中国的创新驱动转型发展经验为世界经济转型提供了素材和典范。目前，消费成为推动中国经济增长的第一引擎，最终消费对经济增长的贡献率超过了 80%，投资结构在显著优化，第三产业增加值占 GDP 的比重连续 9 年超过 50%，以高新技术产业、"互联网 +"、"人工智能 +"、新服务模式为代表的新经济快速崛起，中国向新增长模式转变的新动能加速积聚，为世界经济的复苏和增长作出了重要贡献。以创新引领增长不仅是中国的发展理念，更是世界经济实现新旧动能转换和催化新一轮科技革命和产业革命的基本共识，尤其是科技创新、制度创新和全球创新体系。贯彻落实创新驱动发展理念，需要在适度扩大世界总需求的同时，着力推进供给侧结构性改革，优化要素全球配置，推动世界产业结构升级，扩大有效和中高端供给，增强供给结构适应性和灵活性，提高全要素生产率，增强世界经济中长期增长潜力。

在建设开放型世界经济上，中国是全球经济金融治理改革的推动者，国际贸易和投资自由化的维护者。当前的国际金融体系存在明显的弊端，国际金融体系改革成为国际社会的诉求。中国在推进 IMF 改革、增加发展中国家份额上作出了显著贡献。中国一直致力于推进 IMF 改革，以确保新兴经济体获得更大的权重，不仅推进已有国际金融体系更为公平和包容，而且致力于通过推动建立金砖国家新开发银行和亚洲基础设施投资银行等举措，使全球治理体系更加开放和透明。金砖国家新开发银行和亚洲基础设施投资银行是由发展中国家主导的多边开发银行，也是对国际金融体系的必要补充。中国一直维护和加强多边贸易体制尤其是世界贸易组织在全球贸易投资中的主渠道地位，实施自由贸易区战略，促进全球贸易投资的自由化和便利化。

在推动包容联动式发展上，中国起到了示范引领作用。这集中体现在两个方面：一是将基础设施建设作为推动包容联动式发展的新议题。中国通过共建"一带一路"促进沿线国家的互联互通和世界经济的一体化发展。中国还在 G20 机制中主张成立全球基础设施中心，支持世界银行设立全球基础设施基金。"一带一路"建设成为世界经济一个新的增长点，推动多边投资贸易的发展，提升沿线国家基础设施建设水平。二是中国在消除贫困上做出了艰苦的努力并取得了举世瞩目的成就，到 2021 年实现了全部脱贫任务，历史性消除了绝对贫困。包容性增长理念是要求发展的成果惠及全球，促进公平公正，实现世界经济可持续发展。目前，世界发展不平衡问题阻碍了世界经济的复苏和可持续发展。在应对全球发展中的不平等、不公正问题上，中国提出的方案获得世界尤其是发展中国家的广泛认同：让处于全球价值链不同位置上的国家都能发挥自身优势，共享发展机遇；使各国在共建共享发展中有更多获得感，增强世界发展动力，并为此作出更有效的制度安排。

联动发展要求商品和要素自由流动，提升经济全球化深度和广度。中国式现代化是走和平发展道路的现代化，一直推动构建人类命运共同体。协调合作是各国的必然选择，没有哪一个国家可以独善其身。中国不仅提出构建开放型经济新体制，而且找到了互联互通发展的突破口——基础设施建设和共建"一带一路"，实现设施的联通、贸易与投资的畅通。一方面，积极推进亚洲基础设施投资银行、金砖国家新开发银行建设，发挥丝路基金作用，推动亚洲基础设施的建设和互联互通；另一方面，完善推进高质量共建"一带一路"机制。党的二十届三中全会《决定》提出，"继续实施'一带一路'科技创新行动计划，加强绿色发展、数字经济、人工智能、能源、税收、金融、减灾等领域的多边合作平台建设。完善陆海天一体化布局，构建'一带一路'立体互联互通网络"[1]。

第二节 人民币国际化的进程及其逻辑

人民币成为国际货币主要呈现出三种形态和规模：一是交易货币，即国际贸易结算中有多少是使用人民币结算的。二是投资货币，就是在国际投资市场有多少可以直接用人民币进行投资和定价。三是储备货币，即外国政府官方是否将人民币作为储备货币以及人民币储备资产占多大份额。自 2015

---

[1]《中共中央关于进一步全面深化改革推进中国式现代化的决定》，人民出版社 2024 年版，第 27 页。

年 12 月 1 日人民币加入 SDR，国际货币上述三种功能，人民币渐次开始承担。人民币加速国际化远远超出了当年设计者的估计。

一、人民币从交易货币到投资货币再到储备货币

当前人民币国际化正处于从支付结算货币向国际投资货币和国际储备货币转变的过程。作为交易货币，人民币跨境贸易结算国内结算地范围已经扩大至全国各省、自治区，境外结算地扩大至所有国家和地区。目前，中国货物贸易跨境使用人民币结算的占比在 30% 左右，人民币已经广泛地成为跨境贸易的计价和结算货币。而作为贸易融资货币，人民币已经跃居第二位，仅次于美元。作为投资货币，中国对外投资总额中人民币份额已占主体。除了直接投资之外，还有证券投资等中的人民币安排份额不断提高，最典型的就是沪港通。无论是交易还是投资，人民币日益成为广泛的国际支付货币，现在全球 200 多个国家和地区都在使用人民币。不仅如此，人民币还广泛地进入非居民的资产负债表：一方面，境内金融机构境外贷款快速增长；另一方面，境外机构与个人持有境内人民币资产。作为储备货币，自 2015 年 12 月人民币加入 SDR 是一个标志性进步。与此同时，越来越多的国家开始与中国签订货币互换协议。这个官方的人民币国际流动性安排加速了人民币储备资产功能的发挥，以及人民币作为国际交易货币的进程。2016 年 10 月 1 日，人民币正式进入特别提款权（SDR）货币篮子，这标志着人民币跨入国际储备货币行列，成为继美元、欧元、日元和英镑之后的第五种"入篮"货币。这是 IMF 历史上首次将一个新兴经济体货币作为储备货币。"入篮" SDR 是人民币成为国际储备货币的重要标志。人民币在外汇储备中的占比自 2016 年开始上升，从 1.1% 达到 2022 年的新高点 2.84%。

人民币国际化进程为何如此迅速，也就是说，为什么人民币的国际需求如此之大？亚洲以及"一带一路"沿线国家，人口占世界的 60%，是全球经济发展最快、国际贸易规模最大的地区，但结算和投资的国际货币依赖美元，发生在美国的金融危机很容易影响到这些地区。尤其是亚洲对使用

本地货币支付和投资有着内在需求，对本地货币的国际支付和投资安排早在 1997 年亚洲金融危机之后就开始了，中日韩加上东盟十国在 2003 年签订了清迈协议，但清迈机制还没有安排完成，2008 年全球金融危机就爆发了。随着中国成为世界第一大贸易国，人民币首先在亚洲快速区域化。这是人民币国际化路线的区域特征。人民币国际化是从货物贸易跨境结算开始，扩展到服务贸易，再延伸到资本项下的直接投资和间接投资。贸易上的人民币跨境结算使用不仅规模、区域在扩大，品种也在增多，而且由于贸易使用中一定有头寸的产生，相应金融上的安排就吸引更多的机构来使用，人民币对外直接投资规模扩大，金融市场进一步加大开放。

二、"入篮"SDR 使人民币成为国际储备货币

人民币正式进入特别提款权（SDR）货币篮子，这是中国金融融入全球金融体系的里程碑，是人民币国际化的里程碑，是世界对中国经济实力和金融发展的重视，是对中国在改革货币和金融体系方面所付出的努力以及成就的认可。这不仅有利于发挥中国在推动建立一个更加充满活力的国际货币和金融体系方面的智慧和能力，而且也将支持中国和全球经济的稳定和可持续发展。

SDR 是兑换可自由使用货币的权利，是 IMF 于 1969 年创设的一种补充性储备资产，与黄金、外汇等其他储备资产一起构成国际储备，是 IMF 赋予成员国可以自由兑换国际储备货币的一种特殊权利，仅限在 IMF 成员国官方部门使用。创设之初，SDR 与美元等价。布雷顿森林体系崩溃后，IMF 于 1974 年启用 SDR 货币篮子，按份额分配 SDR，以补充成员国的储备资产。目前，SDR 主要用于 IMF 成员国与 IMF 以及国际金融组织等官方机构之间的交易。"入篮"SDR 意味着人民币成为 IMF 180 多个成员国官方使用货币。

人民币真正确立国际储备货币的重要地位将是一个长期过程。"入篮"并不意味着人民币已成为国际货币，国际货币的核心功能不仅是看其他国家

在国际贸易和国际借贷中是否自由使用人民币，而且要取决于其他国家的央行是否通过人民币储备来干预该国货币的汇率。这里涉及两个问题：一是前面两个行为的主动权掌握在别的国家，二是人民币在资本项下自由兑换和汇率市场化的条件完全具备仍需时日。有人认为，只要中国打开资本账户，允许人们自由持有并使用人民币，人民币就实现了国际化。如果货币国际化的概念仅仅如此，那么英镑、瑞典克朗、日元、瑞士法郎等都算是国际货币。实际上，当今世界具有国际货币两种核心功能的目前还只有美元和欧元。

正式"入篮"反映了人民币在国际市场上不断上升的地位。2010年SDR审查时，中国就已满足出口标准，成为世界贸易大国。随着人民币国际化迅速进展，可自由使用程度达到了SDR审查标准。在人民币国际化的进程中，中国也注重向外国投资者提供具有深度和较高流动性的高品质人民币资产池，这对于提升人民币国际使用程度发挥了重要作用。在包括中国香港、伦敦、新加坡和法兰克福在内的离岸人民币中心，人民币存款已经具备了一定规模。在这种情况下，中国增加离岸人民币资产的供给。例如，2015年10月，中国人民银行在伦敦首次发行人民币债券；2016年8月在伦敦发售人民币国债，这是首次在中国香港以外地区发售离岸国债。

有人担心，正式"入篮"后，人民币汇率波动幅度和贬值压力可能增大。实际上，从长期来看，决定人民币汇率的是中国经济发展的状况和基础。中国经济的基本面决定了人民币汇率总体上将保持稳定，没有持续贬值的基础。从短期来看，一些国家的境外投资者和央行可能会增持人民币资产，这将形成对人民币贬值压力的一种有效对冲。从人民币汇率市场化改革的政策取向来看，汇率形成机制最终目标是要稳步地实现人民币汇率的"清洁浮动"，发挥市场在汇率形成中决定性作用。因此，人民币正式"入篮"后，人民币汇率的变化不但不会成为人民币国际化的障碍，反而随着人民币汇率市场化改革的推进，人民币国际化进程更加稳健和富有效率。

人民币要成为重要的国际储备货币以及广为接受的国际货币，必须依赖于国内的金融改革。人民币"入篮"将会倒逼国内金融开放与创新进程。货币类似于商品，出口商品到全世界销售是一回事，外国接受不接受该商品是另一回事。只有人民币资产具有稳定的收益和很强的抗风险能力，人们才会愿意接受、储备和使用。这需要国内具有长期的、稳定的、安全的人民币资产固定收益市场，这样的市场要求有深度和效率的金融市场来匹配。为推动人民币"入篮"，中国在货币政策、货币框架、利率制度、汇率制度等方面进行改革，尤其是采取一系列有利于资本和金融账户开放的措施，包括在境外发行以人民币计价的央票、完善人民币汇率中间价机制、扩大银行间债券市场开放。中国在继续扩大金融市场规模的同时，将不断增强金融市场功能，拓展市场的深度和广度。

第三节　有序推进人民币国际化的体制机制改革

一、人民币国际化面临的新挑战
（一）全球化进程受阻以及不稳定性不确定性明显增加

当今世界正经历百年未有之大变局，新一轮科技革命和产业变革深入发展，国际力量对比深刻调整，国际环境日趋复杂。世界进入动荡变革期，单边主义、保护主义、霸权主义对世界和平与发展构成威胁。世界之变、时代之变、历史之变正以前所未有的方式展开，这是改革开放以来从未遇到过的。世界经济陷入长期低迷期，经济全球化遭遇逆流，不稳定性不确定性明显增加，对我国的"世界工厂"地位构成威胁。美国企图把中国排除在以创新知识全球化为基础的全球贸易投资规则重构进程之外，挑起贸易摩擦和技术封锁，手段不断翻新和加码。从加征关税到"实体清单"，从限制高技术设备和关键零部件供应到《芯片与科学法案》再到"印太经济框架"（IPEF），企图在全球构筑对华科技封锁网并打造所谓的"平行供应链"。

由于全球化进程中收入分配问题没有得到根本性解决，2008年国际金融危机以后，很多国家的资本与劳动的收入差距进一步拉大，引发了反全球化力量的兴起。例如，英国国民中支持"脱欧"的最大一个原因是担心医疗、教育等公共福利资源被不断涌入的移民分享，他们认为移民抢走了低技能劳动力的工作，全球主义、区域主义与反对力量交互博弈，民族主义和民粹主义情绪参与其中。无独有偶，美国政府的保护主义倾向有使全球贸易缩小的危险，成为影响全球经济增长的风险来源，对人民币国际化进展产生影响。首当其冲的还是影响中美双边贸易。中国是美国最大的进口来源地。中美双边贸易因贸易摩擦而缩小，这直接影响经济的增长和人民币国际化进程。其次，美国的强美元倾向对人民币汇率产生影响。2009 年以来，人民币国际化进展迅速，其中一个重要因素是人民币的单边升值。人民币升值使得人民币作为投资货币和储备货币的需求增加。随着美国经济逐渐复苏回暖，在人民币盯住 SDR 一篮子货币之后，人们开始担心这些货币兑美元的弱势会转化为人民币贬值的压力，人民币呈现单边贬值的变化。随着人民币汇率市场化改革的推进，清洁浮动将使得人民币汇率呈现双边波动格局，这可能对人民币国际化进程带来新的外部环境。

（二）人民币国际化进程中的现实障碍

人民币国际化的推进中存在两大现实障碍——资本项下不可兑换和稳定的逆差形成机制所需要的有深度有效率的金融市场。国际货币一定是可兑换货币，但中国资本项下不可兑现。资本账户的开放是一个复杂工程，金融风险如何防范是其中的关键，考虑到中国金融市场不成熟，规避金融风险的市场工具和手段较为缺乏，金融监管制度不健全等现实因素，资本账户只能谨慎地渐进式开放。一国本币成为国际货币必然意味着这个国家的国际收支保持着稳定的逆差。中国经常项下长期顺差涉及就业的需求，因而贸易长期逆差在中国是不现实的，那国际收支的长期逆差只能取决于资本项下的长期逆差，这里涉及两个核心问题：在资本项目不能自由兑换的背景下如何实现长期逆差？资本项下长期逆差是否意味着流出的资本能获得稳定的收益？

对于第一个问题，二战后的美国也曾遇到，当时美国国际收支双顺差，美元具有很强的国际需求，但美元无法成为国家交易货币。美国当时就是通过欧洲美元和马歇尔计划提供贷款实现资本项下的长期逆差。共建"一带一路"和亚投行的运行基本也是试图实现中国资本项下的稳定逆差。借助"一带一路"倡议，通过对"一带一路"沿线国家提供贷款、提供援助，使"一带一路"沿线国家人民手上有了人民币，与此同时，还通过在欧洲发行人民币债券，让"一带一路"沿线国家和欧洲的人民拿着人民币到中国市场上购买贸易商品和服务，通过对外提供贷款和离岸人民币债券在资本项下做逆差。对于第二个问题，中国在资本项下形成对外逆差，贷出去的资本如何获取稳定收益，尤其是在汇率波动条件下，这需要具有长期、稳定的、安全的固定收益市场，中国目前不具备这方面的优势，因为金融市场的深度、广度和开放度都有待提高。因此，建设有深度、有广度和有效率的金融市场体系，就成为国际金融中心的重要使命。

(三) 人民币国际化与上海国际金融中心建设如何相互支撑

党的二十届三中全会《决定》将加快建设上海国际金融中心纳入其中，为有序推进人民币国际化提供了重要支撑。[1] 从英镑与伦敦、美元与纽约之间的关系就能看出，本币的国际化进程极大地促进了本国的国际金融中心地位和影响力的提升。同样地，人民币国际化为国际金融中心建设提供了难得机遇和强大动力。一方面，本币的国际交易和跨境流通是国际金融中心运行的基本内容，本币国际化程度越高，就会有越多的国际金融机构和投资者在本国金融中心聚集。另一方面，本币国际化对金融中心的市场建设和开放提出了更高的要求，不仅要求本国金融市场是高度开放的，而且要求具有很强的广度和深度。

本币国际化和国际金融中心建设之间是相辅相成、相互促进的。货币在经济领域中的循环使该国货币首先成为区域跨境贸易中的主要结算货币，并随着区域结算货币规模的扩大，逐渐成为全球跨境贸易结算货币，进而成为全球跨境贸易结算中心。货币在金融领域的循环还使该国货币成为区域投资

---

[1] 《中共中央关于进一步全面深化改革推进中国式现代化的决定》，人民出版社 2024 年版，第 21 页。

货币，继而成为区域投资中心。货币国际化还将带动该国货币成为全球外汇市场的主要交易货币，该国金融市场也随即成为全球重要的国际金融市场，基于该国货币的全球金融产品定价机制和资产管理中心也随之形成。反过来，国际金融中心的形成和发展亦将促进该国本币国际化。

本币国际化和国际金融中心相互促进的机制也符合历史演进的事实。很多人认为只要中国打开资本账户，允许人们自由持有并使用人民币，这样就实现了人民币的国际化。如果货币国际化的概念仅仅是如此，那么英镑、瑞典克朗、日元、瑞士法郎等都算是国际货币。人民币国际化的核心是人民币是否能成为国际交易货币（International Vehicle Currency），即看其他国家在国际贸易和国际借贷中是否使用人民币，其他国家的央行是否通过人民币储备来干预该国货币的汇率。当今世界具有国际交易货币功能的只有美元和欧元。1914 年，英镑是在世界占领导地位的国际交易货币，而美元在当时只是国际货币，还算不上国际交易货币。然而这并不意味着美国不重要，实际上 1914 年美国 GDP 是英国 GDP 的 2.1 倍。当美国经济实力是英国的 2.1 倍时，美元仍然比不过英镑。直到 1924 年，美元成为世界第一的国际交易货币。但此时的纽约还不是国际金融中心，世界领先的国际金融中心依然是伦敦。1924 年美国经济是英国经济的 3.2 倍。2014 年，美国经济是英国经济的 6.5 倍。英镑已经不是国际交易货币了，但伦敦仍然是一流的国际金融中心。当然，这些经济规模的比较，在今天看来没有可比性，经济环境也是今非昔比。但这百年的历史告诉我们：想要上海成为真正的国际金融中心，人民币必须是国际交易货币。一旦人民币成为国际交易货币，就为中国的一流国际金融中心创造了条件。

（四）人民币离岸市场与在岸市场如何协调

党的二十届三中全会《决定》提出发展人民币离岸市场的任务。[1] 在

---

[1]《中共中央关于进一步全面深化改革推进中国式现代化的决定》，人民出版社 2024 年版，第 21 页。

人民币国际化进程中，离岸市场发展显著快于在岸市场。这涉及国际金融中心到底是进一步发展在岸市场还是积极发展离岸市场，以及海外人民币如何回流等一系列问题。离岸市场必须要和在岸市场相联系，但联系的正常通道资本项下又未完全开放。目前中国的制度设计是实行清算行制度，即通过清算行将境外人民币清算回国，这就形成了一种特别的模式——香港市场、伦敦市场、新加坡市场、首尔市场、巴黎市场、法兰克福市场都有清算行的安排。所以，人民币国际化的格局一般被概括为"离岸市场＋清算行"模式。

以上海国际金融中心为例，在人民币国际化进程中，上海的代理行模式是在岸市场，中国香港及其以外的清算行模式是离岸市场。但离岸市场的规模远超在岸市场。人民币的绝大部分跨境贸易人民币结算业务和离岸业务都高度集中于中国香港。在中国香港，人民币可以在资本项下回流到内地；然而，在上海，人民币在资本项下是不可兑换的，海外人民币只有通过经常项下回流到内地。在香港模式下，海外人民币可以在香港市场进行金融安排，然后通过清算行回流到内地。香港的国际金融市场发达，可以进行人民币股票、人民币债券、人民币存款、人民币贷款、人民币衍生工具等各种金融投资。因此，上海国际金融中心一方面要创新发展人民币离岸市场，扩大人民币业务的清算行，另一方面显著提高在岸金融市场的深度、广度和效率。

二、人民币国际化体制机制的供给侧改革

（一）人民币资产池的供给

人民币正式加入 SDR 货币篮子，这代表着人民币的国际认可程度和影响力。有了国际货币基金组织的认可，人民币的国际使用范围和领域将会进一步扩大，人民币国际化进程会明显加快。人民币入篮将使得一些持有 SDR 资产的境外机构投资者根据新的 SDR 篮子调整期资产配置，一些境外央行也将增持人民币作为储备资产，人民币在金融交易中的使用扩大，国际金融市场将会追捧人民币资产池。在人民币国际化进程中，中国注重向外国投资者提供具有深度和较高流动性的高品质人民币资产池，这对提升人民币

国际使用程度发挥了重要作用。在包括中国香港、伦敦、新加坡和法兰克福在内的离岸人民币中心，人民币存款已经具备了一定规模。在这种情况下，中国增加离岸人民币资产的供给。例如，2015 年 10 月，中国人民银行在伦敦首次发行人民币债券，2016 年 8 月在伦敦发售人民币国债，这是首次在香港以外地区发售离岸国债。人民币资产的供给是人民币国际化的重要推动力，为此要持续推进本外币一体化资金池试点，完善存量人民币资金池和自由贸易账户管理。一方面，支持优质主体发行熊猫债，创新发展债券市场，完善"债券通""互换通"，丰富债券市场工具；另一方面，升级扩围跨国公司本外币一体化资金池政策，鼓励金融机构开展人民币跨境融资类业务，稳步推进央行间本币互换和本币结算合作。

（二）有深度有效率的金融市场体系建设

中国金融市场是人民币国际化的主平台，人民币国际化给中国金融市场建设提出了更高的要求。人民币要成为国际市场上广为接受的国际货币，离不开一个发达的、具有国际影响力的在岸金融市场。上海已经基本形成了包括股票、债券、货币、外汇、商品期货、金融期货与 OTC 衍生品、黄金、产权交易市场等在内的全国性金融市场体系，是国际上少数几个市场种类比较齐全的金融中心城市之一。人民币国际化要求中国成为全球性人民币产品创新、交易、定价、清算和业务中心，为人民币跨境投融资提供更加高效便利的市场平台，进一步扩大境外人民币回流的投资渠道，实现人民币良性循环。

人民币回流机制的关键是需要有深度有效率的金融市场。一方面，完善金融市场基础设施体系，建立便捷、高效的支付结算体系是推进人民币国际化的重要基础。美国的 CHIPS 系统（即纽约清算所银行间支付系统，主要进行跨国美元交易的清算），其跨境美元的清算量占全球跨境美元清算量的95%。另一方面，不断增强金融市场功能，拓展市场的深度和广度。中国不仅要丰富金融市场产品和工具，在推动股票、债券等基础性金融产品加快发展的基础上，发展各类 ETF 产品，推出以汇率、利率、股票、债券等为基础的金融衍生产品，而且要借助中国自由贸易试验区金融改革的先行先试，积极稳妥推进人民币可兑换，加快金融市场对外开放。

基于中国 21 个自由贸易试验区和海南自由贸易港，率先实现在岸和离岸人民币市场的协同发展。借助自贸区平台和香港模式发展人民币离岸市场，支持符合条件的境外机构发行人民币债券，拓宽和扩大境内外主体参与国内金融市场的渠道和规模，探索境外个人投资者直接投资境内金融市场的有效方式，加强与其他离岸人民币市场的合作，实现在岸市场和离岸市场的互动发展，以及自由贸易试验区和离岸人民币市场的有机互动。

自由贸易试验区要成为人民币回流的桥头堡，特别是资本项下人民币的回流机制，促进人民币"资产"和"负债"的协调发展。金融市场要便利人民币持有者用人民币对华进行贸易和投资。当人民币通过正常贸易渠道大量流出时，金融市场要有相应的制度安排，允许境外人民币回流国内，确保外国人可以使用人民币进行正常的跨境贸易结算和投资活动。通畅的人民币回流机制离不开人民币离岸和在岸市场的协同发展。中国香港是境外人民币的回流中心，自贸区向境外提供人民币。人民币的回流还离不开完善的人民币汇率形成机制，自贸区要健全外汇市场的交易品种和市场功能，推进外汇市场的国际化发展，逐步使人民币成为外汇市场上的重要品种，以此不断完善人民币汇率形成机制。

（三）资本账户开放的先行先试

人民币国际化最终绕不过资本账户的开放，但资本账户的开放又必须采取稳妥渐进的推进方式。中国自由贸易试验区是其先行先试的前哨。自贸区在开展内外分离型的离岸金融模式上积累了一定的经验。内外分离型离岸市场最鲜明的特征就是允许非居民对外币进行储蓄和借贷。内外分离型模式不仅可以使离岸金融市场脱离国内金融法律法规的束缚，便于吸引外资并获得国外金融机构的青睐，而且还能保持国内金融市场发展的独立性。自由贸易账户（FT 账户）就是其中的重要创新。依照"一线宏观审慎，二线有限渗透"的监管原则，自贸区企业不仅可以通过 FT 账户在区内开展投资汇兑、经常与直接投资项下的跨境资金结算，而且打通了境外人民币离岸市场低成本融资汇兑的路径。但设立自贸区的目的并不是建成一个"飞地"型的离岸中心，而是打造引领中国金融体系更高水平开放的示范区，这就需要在现有FT账户体系基础上推动投融资汇兑创新，探索区内与境内区外之间的资金"后向联系"和管控模式。FT体系是逐步实现资本项目可兑换的载体，对于探索投融资汇兑便利、扩大金融市场开放和防范金融风险的制度安排，以及全面推进自贸区金融功能扩展和便利实体经济投融资活动具有重要作用，是金融市场功能扩展的重要推动力。一方面，促进投融资汇兑便利、扩大金融市场开放，并依托FT账户率先建设现代跨境金融监管框架；另一方面，创新跨境财富管理工具以提升金融配置资源的功能。通过FT账户对接海外金融市场，强化资产全球配置功能。

第十一章

新发展格局下的自贸区提升战略

　　党的二十大报告提出了实施自由贸易试验区（自贸区）提升战略的重要任务。在上海自贸区建设 10 多年的基础上，进一步以能级和功能为核心，提升自贸区能级，形成成熟的投资贸易自由化、便利化制度体系，打造一批更高开放度的功能型平台，集聚一批世界一流企业，区域创造力和竞争力显著增强，使我国 22 个自贸区成为深度融入经济全球化的重要载体，以及国内国际双循环战略链接的枢纽节点。自贸区提升战略的主要着力点在于：对标最高标准、最好水平，构建更高水平的开放型政策和制度体系，成为参与全球经济治理的重要试验田；打造世界级先进制造业集群，形成一批具有影响力的功能型平台，充分发挥全球资源配置、科技创新策源、高端产业引领和开放枢纽门户四大功能。

第一节　贸易能级提升与自贸区提升战略

一、国际贸易能级提升的逻辑

　　中国的对外贸易进入了能级提升为重心的新发展阶段，服务于构建国内大循环为主体、国际国内双循环相互促进的新发展格局。当前，中国的对外贸易面临的外部环境更加复杂多变，"百年未有之大变局"以及国际政治经济地缘新特征新变化，既带来了前所未有的新挑战，更蕴含着前所未有的新机遇。一方面，全球贸易壁垒增加带来新变化，尤其是高新技术产品进口制约因素增多、不确定性加大，全球供应链深度调整形成新布局；另一方面，国际经贸规则重构引领新变革，特别是数字经济与贸易规则的大国博弈日趋激烈。贸易强国的发展目标已瞄准能级的全面跃升，要基本建成全球贸易枢纽、亚太投资门户、亚太供应链管理中心以及贸易制度创新高地。其中的首位任务是全球贸易枢纽与亚太投资门户。这顺应了国际贸易发展的三大基本逻辑和趋势——投资驱动贸易、数字驱动贸易、规则驱动贸易。

（一）集聚驱动贸易，构筑全球贸易枢纽

对外贸易高质量发展的核心就是能级跃升，而这要依赖于要素资源的集聚和高效配置，加快形成贸易规模稳定、集散功能强劲、竞争优势明显、链接国内国际两个市场的全球贸易枢纽，成为服务经济和数字经济为主要特征的全球高端要素的引力场，融入全球产业链的桥头堡。立足于"增强全球资源配置能力，服务构建新发展格局"，提升对外贸易能级的基本路径包括：一方面，夯实要素资源的国内区域集聚，打造联动长三角、京津冀、粤港澳、"一带一路"，辐射亚太的贸易枢纽。打造开放共享的国际贸易中心新平台、引领区域协同发展的新引擎。另一方面，顺应全球供应链深度调整新趋势和世界产业链区域化特征，特别是与日本、韩国、东盟以及"一带一路"沿线国家等保持良好的贸易联系，推动全球产业链向我国集聚，成为参与全球经济治理的试验田。

（二）投资驱动贸易，打造亚太投资门户

以服务业的新一轮开放为突破口，将我国打造成新时期外资首选地，构建面向全球的投资促进网络。加快电信、科研和技术服务、教育、卫生等重点领域对外开放，尤其是金融服务业的开放，推动银行、证券、保险、期货、信托投资、资产管理、评级等金融领域开放措施率先落地。实施"总部增能计划"，打造高质量外资集聚地。鼓励跨国公司在我国设立面向全球的资产管理中心、销售中心、采购中心、供应链管理中心等功能性机构和开放式创新平台，构建外商投资全生命周期服务链。打造"一带一路"对外投资合作桥头堡，集聚一批具有全球影响力的本土跨国公司，通过投资创新打造新型国际贸易发展高地，提升知识密集型服务贸易能级。例如，探索建立"一带一路"投融资中心，引导更多社会资金共同参与。将投资驱动贸易作为推动贸易新旧动能接续转换的关键动力，推动中国全面融入全球价值链、供应链体系。

（三）数字驱动贸易，建设数字贸易国际枢纽港

数字经济是以数字化的知识和信息为核心要素，以数字技术和现代信息网络为支撑，以数字产业和数字部门增长、数字技术与实体经济深度融合为主要表现形式的新型经济形态。世界主要国家和经济体在数字经济与贸易上的竞争格局日趋激烈。我国对外贸易能级提升中要强调建设数字贸易国际枢纽港的战略任务。以数字基础设施、市场主体集聚和公共服务建设为突破口，加快建设要素有序流动、功能完善、总部集聚的数字贸易国际枢纽港。推动中央商务区等特定功能区域建设国际互联网数据专用通道、数据枢纽平台。打造全球数字贸易高地，建设数字贸易跨境服务集聚区以及大数据产业集聚区。

数据资源的开发、算法、定价、流动与保护等深层次问题成为全球治理难题。我国对外贸易能级提升要注重探索推进数字贸易规则制度建设。在国际数字贸易规则制定上先行先试，更好地代表国家参与国际数字经济竞争合作，尤其是国际数字经贸规则博弈。围绕数字资产的确权、定价、交易、存储、转移等关键环节，健全数字经济领域知识产权综合服务、跨境支付结算服务。强化数据共享功能和综合配套服务功能，为数字企业"走出去"提供数据合规咨询服务。

（四）规则驱动贸易，率先高水平制度型开放

我国进入了以制度型开放为主的新阶段，这是新时代高水平开放的鲜明特征。由商品和要素流动型开放，向规则标准等制度型开放转变，不仅意味着更深领域、更加全面、更加系统的开放，而且是建设更高水平开放型经济新体制的必然选择，更是积极参与国际经济治理体系改革的重要举措。在对外面贸易能级提升中，要对标国际最高标准、最好水平，在制度型开放、增强配置全球资源能力等方面先行先试、形成能复制推广的经验，营造市场化、法治化、国际化的超一流营商环境，构筑贸易投资制度创新高地。健全适应贸易高质量发展的法规制度体系。推进数字贸易、电子商务、市场体系等重点领域的制度建设，强化对新业态、新领域、新模式的法治支撑与保障。

当前全球双边或区域自由贸易协定加速重构国际经贸新规则，高标准国际经贸新规则和新议题不断涌现，呈现出开放政策制度由边境向边境内延伸、开放政策制度体系的系统集成程度更高、开放政策制度由标准化向定制化转变等新的特征和趋势。我国要着力推动开放政策制度由单项政策向系统改革拓展、由标准化向定制化深化，成为高水平制度型开放的先行者。尤其是重点推进自贸试验区和海南自贸港的高水平制度型开放，率先推进规则、规制、管理、标准等高水平制度型开放，率先加大现代服务业和先进制造业对外开放力度。与此同时，自贸试验区和海南自由贸易港又是构建更高水平开放型经济新体制的试验田。

二、自贸区提升战略的基本路径

党的二十大报告提出了实施自贸区提升战略的要求。[1] 这意味着自贸区进入的新一轮发展周期，例如，形成成熟的投资贸易自由化便利化制度体系，打造一批更高开放度的功能型平台，集聚一批世界一流企业，区域创造力和竞争力显著增强，成为加快构建新发展格局的开放新高地和增长极。

（一）对标最高标准、最好水平，构建更高水平的开放型经济新体制

建设更高水平开放型经济新体制是当前我国发展面临复杂严峻国际形势下以开放促改革的战略主动，旨在把我国对外开放提高到新水平，服务加快构建新发展格局。美国将中国定位为"主要战略竞争者"，企图把中国排除在以创新知识全球化为基础的全球贸易投资规则重构进程之外，挑起贸易摩擦和技术封锁，这也是我国新一轮开放进程中的主要国际风险挑战。贸易保护主义抬头，经济全球化遭遇逆流，对我国的世界工厂地位构成威胁。而作为世界工厂，中国的开放大门只会越开越大。

---

[1] 习近平：《高举中国特色社会主义伟大旗帜 为全面建设社会主义现代化国家而团结奋斗》，人民出版社 2022 年版，第 9 页。

开放型经济新体制的"新"主要体现就在于高水平制度型开放，尤其是要在贸易、投资、金融、创新等领域取得突破。一是稳步扩大规则、规制、管理、标准等制度型开放。合理缩减外资准入负面清单，吸引并集聚全球创新要素，形成面向全球的贸易、投融资、生产、服务和创新网络。把实施扩大内需战略同更高水平开放型经济新体制有机结合。国内循环越顺畅，越能形成对全球资源要素的引力场，越有利于重塑我国国际合作和竞争新优势。通过高水平对外开放带动我国企业在全球产业链、价值链、创新链的跃升，在全球迈向更高位置，加快构建现代产业体系。把构建更高水平开放型经济新体制同高质量共建"一带一路"等国家开放战略有机结合。围绕构建面向全球的高标准自由贸易区网络，加快推进自由贸易试验区、海南自由贸易港和共建"一带一路"有机衔接，打造高水平国际经贸合作平台和机制，推动完善更加公正合理的全球经济治理体系。二是积极把握签订区域全面经济伙伴关系协定（RCEP）等高标准贸易协定带来的机遇，深化构建与国际通行规则相衔接的制度体系。以投资自由、贸易自由、资金自由、运输自由、人员从业自由等为重点，实施国际互联网数据跨境安全有序流动。加大在投资准入、货物和服务贸易、金融开放、数字经济、知识产权保护、国企竞争中立、政府采购、争端解决等领域的风险压力测试。先行先试扩大金融、增值电信、数据跨境流动、教育、医疗、文化等领域对外开放，加快发展文化服务、技术产品、信息通信、医疗健康、跨境数据交易等服务贸易。放宽或取消跨境交付、境外消费、自然人移动等跨境服务贸易市场准入限制，创新发展离岸金融市场。

（二）扩大内需以增强国内大市场

我国的大国经济具有内需为主导的显著特征。党的二十大要求，"把实施扩大内需战略同深化供给侧结构性改革有机结合起来，增强国内大循环内生动力和可靠性"[1]，"着力扩大内需，增强消费对经济发展的基础性作用和

[1] 习近平：《高举中国特色社会主义伟大旗帜　为全面建设社会主义现代化国家而团结奋斗》，人民出版社 2022 年版，第 28 页。

投资对优化供给结构的关键作用"[1]。按照生产、分配、流通、消费和投资再生产的全链条拓展内需体系，为此国家还专门出台了《扩大内需战略规划纲要（2022—2035年）》，通过高质量供给创造有效需求，支持以多种方式和渠道扩大内需。一是要把恢复和扩大消费摆在优先位置。从消费需求来看，增加城乡居民收入，支持住房改善、新能源汽车、养老服务等消费，既要持续提升传统消费，又要积极发展服务消费和新型消费；从投资需求来看，要通过政府投资和政策激励有效带动全社会投资，党的二十届三中全会《决定》要求，"健全政府投资有效带动社会投资体制机制，深化投资审批制度改革，完善激发社会资本投资活力和促进投资落地机制，形成市场主导的有效投资内生增长机制"[2]。二是以现代化基础设施建设夯实国内统一大市场的形成基础。在制造业投资、重点领域补短板投资、新型基础设施投资等方面加快实施重大工程，加强区域间基础设施联通，推动区域协调发展，释放内需潜能。三是加快建设现代化产业体系。面向需求结构变化和供给革命，强化科技自立自强；围绕制造业重点产业链，保证产业体系自主可控和安全可靠；壮大战略性新兴产业，加快人工智能、生物制造、绿色低碳、量子计算、新能源、新材料等前沿技术研发和应用，提前布局未来产业；加快推动数字产业化和产业数字化，创新发展数字经济。四是完善扩大消费长效机制，着力消除制约消费升级的不利因素。完善促进消费的体制机制，持续释放服务消费潜力，加强消费者权益保护，优化营商环境激发市场活力，深化"放管服"改革。

（三）深化外贸外资体制改革，提升国际循环质量和水平

依托我国超大规模市场优势，以国内大循环吸引全球资源要素，增强国内国际两个市场两种资源联动效应，提升贸易投资合作质量和水平。为此，

---

[1]　习近平：《高举中国特色社会主义伟大旗帜　为全面建设社会主义现代化国家而团结奋斗》，人民出版社2022年版，第29页。

[2]　《中共中央关于进一步全面深化改革推进中国式现代化的决定》，人民出版社2024年版，第9页。

党的二十届三中全会《决定》提出深化外贸体制、外商投资和对外投资管理体制改革。[1]一是深化外贸体制改革，推动外贸稳规模、优结构。尤其是推动货物贸易优化升级，创新服务贸易发展机制，发展数字贸易；强化贸易政策和财税、金融、产业政策协同；加快内外贸一体化改革，应对贸易数字化、绿色化趋势；提升服务贸易能级和水平，全面实施跨境服务贸易负面清单；创新发展数字贸易，推进跨境电商综合试验区、大宗商品交易中心建设，促进离岸贸易发展，发展新型离岸国际贸易业务。二是深化外商投资和对外投资管理体制改革，促进外资稳存量、扩增量，推动产业链供应链的国际合作。扩大鼓励外商投资产业目录，合理缩减外资准入负面清单，落实全面取消制造业领域外资准入限制措施，推动电信、互联网、教育、文化、医疗等领域有序扩大开放；营造市场化、法治化、国际化一流营商环境，保障外资企业在要素获取、资质许可、标准制定、政府采购等方面的国民待遇，支持参与产业链上下游配套协作。三是加快全球高端创新要素的集聚。统筹在岸与离岸业务，加快发展跨境金融、新型贸易、高端航运等现代服务业，在科技创新、现代金融等重点领域推进更高水平的开放；完善境外人员入境居住、医疗、支付等生活便利制度，健全对外投资管理服务体系。四是提升总部经济能级。吸引跨国公司地区总部、贸易型总部、研发类总部和国际组织地区总部等功能性总部机构集聚；鼓励跨国公司在华设立全球或区域投资、管理、研发、运营、结算等功能性机构。

（四）稳步扩大制度型开放，引领自贸区进一步全面深化改革

加入 WTO 以来，我国通过不断降低进口关税水平、开放国内市场、持续缩减外商投资负面清单、实施《外商投资法》、营造一流的营商环境等举措，从"单一窗口"到"证照分离"，大幅提升了跨境贸易和投资的便利化水平，使商品和要素的流动型开放水平已达到较高水平。目前我国关税总水

---

[1]《中共中央关于进一步全面深化改革推进中国式现代化的决定》，人民出版社 2024 年版，第 55 页。

平已经接近发达国家水平，低于发展中国家关税税率平均水平。较高水平的商品和要素流动型开放为高水平制度型开放奠定了基础，高水平制度型开放也是商品和要素流动型开放的自然延伸，商品和要素流动对规则、规制、管理、标准等则有着内在需求。制度型开放程度决定了商品和要素流动型开放的范围、水平与质量。由商品和要素流动型开放向规则标准等制度型开放转变，意味着更深领域、更加全面、更加系统的改革开放，尤其是在中国已正式加入全球最大的自贸区——RCEP（区域全面经济伙伴关系协定），以及积极推动加入其他各类贸易协定的背景下，更要主动对标最高水平的对外开放，对照最高标准的国际规则、规制、管理、标准，深度参与全球产业分工和合作，实现新一轮全面深化改革和高水平开放的相互促进。

服务业为主的增长结构特征依赖于高水平制度型开放。服务经济是规则、规制、管理和标准高度依赖型经济。近年来，全球服务贸易额年均增长是同期货物贸易增速的 2 倍，我国服务贸易进出口额始终保持了两位数左右的高速增长。目前，我国的第三产业增加值占 GDP 比重接近 55%，实际利用外资总量的 70% 以上集中在服务业领域，全球对外直接投资总流量的 2/3 集中在服务业领域。推进规则、规制、标准、管理等制度型开放，是形成以服务经济为重点高水平开放新格局的内在需求，并成为服务经济领域改革系统集成的引擎。应对标国际最高水平的开放，在商事、投资、贸易、事中事后监管、行业管理制度等重点领域推进系统集成改革。对外推进服务业领域规则、规制、管理、标准等更大程度开放与国际接轨，实现我国服务贸易规模再上一个大台阶。

国际经贸规则重构新趋势倒逼我国高水平制度型开放。近年来，全球双边或区域自由贸易协定加速重构国际经贸新规则。以全面与进步跨太平洋伙伴关系协定、美墨加协定、跨大西洋贸易与投资伙伴关系协定和服务贸易协定等为代表的高标准国际经贸新规则和新议题不断涌现，呈现出开放政策制度由边境向边境内延伸、开放政策制度体系的系统集成程度更高、开放政策制度由标准化向定制化转变等新的特征和趋势。我国要在国际经贸规则重构中争取主动，必须从国内制度层面进行系统性改革，此时改革与开放高度统一，开放即是改革，改革即是开放。我国要站在新的历史方位和新的发展格局下布局推动开放政策制度由单项政策向系统改革拓展、由标准化向定制化深化，成为制度型开放的先行者。在继续深入推动商品和要素流动型开放的同时，对外开放不断向制度层面纵深推进，并由规则为主的制度型开放向规则、规制、管理、标准等更宽领域、更深层次拓展，更加注重国内制度层面的系统性全面开放，开放就是最大改革，改革系统集成依赖于制度型开放。

第二节　自由贸易账户与资本项目稳妥有序开放

一、自由贸易账户的功能与监管体系
（一）自由贸易账户的功能及其扩容路径

在资本账户未开放条件下，自由贸易账户是我国金融开放的一大创举，其首先在中国（上海）自贸试验区实践，后来复制推广到海南自由贸易港（2019 年 1 月 1 日开始上线运行海南自由贸易账户［HNFT］），并在其他自贸区逐步推广，这既是金融开放的又一次"国家试验"，又是特色鲜明的金融创新案例。金融开放理论表明，资本项目开放能够产生资源配置效应、市场竞争效应、技术溢出效应以及制度约束效应，从而促进经济增长。因此，对于我国的资本账户，不是一个开放与否的问题，而是如何稳妥地开放。我国基本遵循"先试点、后放松、再取消"与"成熟一项、推出一项"的渐进式模式稳步推行资本项目可兑换，强调"有序"和"稳妥"。"有序"即在顶层设计时综合权衡各类资本项目开放的风险程度，合理地安排开放次序。在实践中形成了"先长期后短期、先机构后个人、先直接投资后证券投资、先股权融资后债券融资、先交易自由化后汇兑自由化"的改革路径。"稳妥"即要求一切金融领域的改革开放进程必须坚决守住不发生系统性金融风险的底线。我国已在全口径跨境融资宏观审慎管理框架下，建立起单向流出、单

向流入以及双向流通三类资本跨境流通通道，自由贸易账户体系是双向流通通道中的重要组成部分。

在资本项目不可完全兑换的条件下，政府对跨国资本流动的主要管理模式就是在汇兑环节和结算环节对出入境资金的性质和用途进行合规性审查。但在传统的账户体制下，这一做法使得企业"走出去"面临诸多障碍。一方面，资本开放幅度小，投资主体和额度限制过于严格。可供资金跨境流通的QFII、QDII、沪港通、沪伦通等一系列"通道式"机制总体开放程度不高。另一方面，外汇专户制度过于繁琐，目前中国存在60余个外汇专户，专款专用，账户之间不能融通资金，而且在实务操作中较为繁琐，政策审核严格且时间长，不仅不利于企业的资金管理和国际化经营，还使得企业面临汇兑风险。

2014年5月人民银行上海总部出台《分账核算业务实施细则（试行）》以及《分账核算业务风险审慎管理细则（试行）》，首次提出建设自由贸易账户和分账核算体系以来，自由贸易账户的功能和主体都在不断拓宽。其基本原则为：实需原则（企业必须有真实跨境金融服务需求）、合规原则（企业须诚信守法经营，无不良记录）以及实效原则（引导市场主体开立账户后提升账户活跃度和使用率）。目前，上海自贸区的自由贸易账户的主要功能包括：经常账户和直接投资项下的跨境人民币结算、境外人民币借款、融资及担保业务、双向人民币资金池业务、经常项目下的人民币集中收付、第三方支付机构跨境人民币支付即跨境电子商务结算业务、以人民币计价结算的金融资产服务等。

自由贸易账户设立以来，其功能扩容主要是从人民币服务到本外币一体化服务，从经常项目和直接投资项目到资本项目，从贸易投资活动到投融资汇兑创新活动再到证券金融服务。2016年11月，央行上海总部发布《关于进一步拓展自贸区跨境金融服务功能支持科技创新和实体经济的通知》，自由贸易账户功能再次拓展至以跨境金融服务功能来支持科技创新和跨境电商、贸易融资、股权投资等七大方面。自由贸易账户的主体扩容则是从机构到个人、从区内到沪内区外再到长三角和长江经济带的自由贸易试验区。自由贸易账户体系的重大突破体现在三个方面：一是由"专户制度"到"单一集中账户"。自由贸易账户率先实现了这一功能，能集中管理成员单位的资本金、外债、资产变现等，相当于多个外汇专户的功能集合，是外汇管理制度的重大创新。二是从"本外币结算分离"到"本外币规则合一"。上海自由贸易账户分账核算体系独立于我国传统账户核算体系，打破了我国长期以来存在的人民币银行结算账户体系与境内外汇账户体系相互隔离、独立监管的局面，率先实现了本外币规则合一，能在账户内实现本外币快速切换，提高了境内外资金双向流动效率。三是从"审批式"管理到"制度式"管理。所有符合条件的上海市同业机构、境外机构、区内机构及注册企业（含个体工商户）、区内个人均可在上海市已通过系统接入验收的金融机构开设并使用自由贸易账户，免去了繁琐的审批制度。随着投融资汇兑相关政策的陆续出台，自由贸易账户将为更广泛的自由贸易投融资活动提供支持。总之，以自由贸易体系为工具和载体，建立分账核算制度，形成链接自贸区和离岸市场的重要通道，创造出与境外资金相互连通而又隔离控制相对金融风险的金融环境，为在更广范围和更大程度上推行人民币资本项目可兑换、人民币跨境使用、外汇体制改革等金融改革试验积累经验。自由贸易账户的功能扩容就是推进资本账户稳妥有序开放。

（二）自由贸易账户的监管体系

为了降低金融创新可能带来的宏观经济不确定性，上海自贸区分账核算体系总体上遵循"标识分设、分账核算、独立出表、专项报告、自求平衡"的 20 字方针，基本监管原则为"一线放开、二线管住、有限渗透"。上海自由贸易账户监管体系的建立充分借鉴了其他国际金融中心的经验，并结合中国的国情，构建了"分离渗透型"账户体系的监管模式。自贸区内和境内区外之间建立了严密的防火墙，全方位搭建起"电子围网"式的制度架构，防止资金在两个区域间以投机为目的大进大出，为自贸区率先推进金融重点领域的改革创新营造了风险可控的环境。

自由贸易账户的资金划转通道与金融监管原则是："一线放开、二线管理"。"一线放开"是指在境外区内资金流动逐步开放，需满足宏观审慎要求、收付款指令申报要素以及展业三原则，享受利率市场化的环境。目前经常项目、直接投资、投融资业务等均可自由兑换；对境内"二线"资金流动采取有限渗透管理，允许符合条件的区内企业按规定开展境外证券投资和境外衍生产品投资业务，支持区内证券期货经营机构开面向境内客户的大宗商品和金融衍生品的柜台交易，目前仅经常项目、偿还自身贷款、实业投资等少数通道允许资金划转，且划转必须以人民币进行。

自由贸易账户体系引入了新的宏观审慎管理模式。从监管政策来看，自由贸易账户体系的跨境资金监管重点是融资性、外币和短期性资本；从监管手段来看，传统系统只能月度、周度汇总数据，而自由贸易账户系统依托国家外汇管理局引用服务平台（ASOne）和上海自贸试验区功能模块（FTAMIS）能够实时逐笔监测，能完全掌握跨境资金的来龙去脉。在金融机构层面按照"反洗钱、反恐怖融资和反逃税"要求进行跨境资金审查，构建起跨境金融风险防火墙；在金融市场层面建立风险隔离带，境外主体参与各类交易所的跨境交易资金，遵照"分区交割，封闭清算"的原则进行封闭管理，既不会直接冲击境内，又不会交叉外溢到境内外汇市场。此外，央行根据系统数据与区内金融运行实际情况，综合观测规模、结构、流动性、信贷供求四类预警指标，把控境外融资杠杆率、风险转换因子、宏观审慎调解等参数调控工具，建立起以资本约束机制为基础的宏观审慎下本外币全口径境外融资管理制度。

中国人民银行上海总部保留了应急处理自由贸易账户体系异常资金流动的权限，可使用包括要求金融机构采取延长账户资金存放期、征收特别存款准备金、征收零息存款准备金以及采取临时资本管制措施等方式调节资金流量。一旦发生重大风险事件或严重违法违规行为，可暂停或取消试验区分账核算业务并依法追究相关责任人责任，这凸显了政策制定对防范跨境资金流动重大风险的重点关注。总体来说，以分账核算为主要特征的自由贸易账户体系已经为风险防控提供了良好条件，再加以总量控制，便足够守住不发生系统性风险和区域性风险的底线。自其建立以来，自由贸易账户系统经受住了多方考验，没有传染国际金融市场的不稳定因素，保障了跨境资金平稳有序流动。

二、自由贸易账户的改革议题与网络体系构建

（一）FT 账户功能面临的制约因素

自由贸易账户是中国（上海）自贸试验区金融改革的核心制度安排之一，实现了宏观审慎的本外币一体化跨境融资管理，可以提供包括跨境结算、融资、担保、并购、债券等在内的本外币金融服务。但由于诸多原因，自由贸易账户在使用中仍然面临一系列瓶颈，最初设想的功能尚未完全实现。一是与境外相比自由贸易账户的优势尚未凸显。"二线有限渗透"在一定程度上束缚了自由贸易账户的功能，使该账户资金只能来自境外市场或贸易结汇等有限途径。在一定程度上经由自由贸易账户的资金流通与经由中国香港的资金流通相似。二是自由贸易账户资金使用限制较为严格。自由贸易账户与境内其他账户间可进行的业务种类有限，使得自由贸易账户内资金对企业来说"易进难出"，并且开设该账户的企业并未获得更便利的跨境人民币和外汇交易待遇，资本项目下的交易仍需面临严格审查。目前企业主要通过自由贸易账户办理贸易结算和境外融资等业务，功能有待进一步提升。三是自由贸易账户在未来资本项目开放中的作用有待明晰。我国"境内区外"的资本项目开放仍处于传统监管框架下，由于金融监管的特殊要求，在"一线"积累的开放经验很难推广到其他地区。

国际上跨境资金账户管理经验为自由贸易账户改革提供了有益借鉴，尤其是美国的国际银行设施（IBF）。IBF 形成了与国内金融市场相隔离的"本币离岸市场"，进入 IBF 的美元资金视同境外的美元，其与境内美元账户严格分开，两者不能混合。若 IBF 资金进入美国境内账户，则不再享受"离岸待遇"，资金汇出海外后再进入 IBF 账户可继续享受离岸待遇。通过设立

IBF，美国构建了一个与境内本币交易系统相隔离的离岸金融市场。上海国际金融中心的一个重要目标是要成为人民币金融交易中心。自由贸易账户虽在设计之初借鉴了美国国际银行设施的做法，但未来自由贸易账户应打造成为链接离岸和在岸金融市场的桥梁。

（二）放大功能效应，构建 FT 账户网络体系

首先，进一步拓展自由贸易账户使用功能和用途。自由贸易账户的使用是市场主体自由选择的结果，为不断增强自由贸易账户对用户的吸引力，需要在拓展功能和用途上有更大突破。扩展自由贸易账户的资本项目下交易功能。目前自由贸易账户功能主要在于经常项目，资本项目下功能较为有限，要逐步开放自由贸易账户项下其他资本项目性质的交易，如债券、资产证券化产品、商业票据等。在风险可控前提下提高自由贸易账户使用自由度，适当放宽对企业、非银机构通过自由贸易账户境外借款、境外发债的管制，对通过自由贸易账户向境外贷款采取与国际市场贷款一致的管理要求，降低企业融资成本。

其次，改进自由贸易账户风险监管方式。随着自由贸易账户不断扩容和深化，在风险防控上应进一步处理好宏观审慎监管与微观审慎监管的关系，关键是完善以宏观审慎为目标的跨境资金流动管理机制，积极探索灵活有效的监管方式。比如，充分运用信用监管机制，对白名单客户允许银行适当自主简化审核要求。依托 FT 账户分账核算建立金融机构层面的"电子围网"，要求金融机构建立可兑换后的内部业务风险控制体系，人民银行则通过系统直连的方式采集数据，实现事中事后、全覆盖的动态金融风险监管。

最后，加快构建自由贸易账户网络体系。自由贸易账户作为金融开放的基础性平台，只有不断扩大参与者数量，才能增强平台规模效应和网络效应，对更多的用户形成吸引力。目前，自由贸易账户已在海南落地，并复制推广到广东、天津等其他自贸试验区，进一步推动自由贸易账户覆盖到更大范围，加快构建自由贸易账户网络，使其成为我国资本项目开放的主要渠道和基础性平台。同时，依托自由贸易账户，进一步促进企业跨境投融资便利化，充分发挥金融开放对实体经济的促进作用。

第三节　参与国际数字经贸规则的博弈与制定

一、数据要素与数字贸易新优势

数据是数字经济的"石油"，其作为一种新型生产要素，与土地、劳动力、资本、技术等一道，共同构成城市的要素市场和比较优势的源泉。与传统的经济要素相比，数据资源涉及的领域更广，它将生产、服务、消费等环节深度融合，不仅是一种新的经济形态，更是一种新的比较优势。数据资源是数字经济的主要投入要素，具有在线、智能、交互、跨界等新的特征，它与制造业、生产性服务业、生活性服务业全面深度融合，创造出新的供给模式、新的需求模式和新的增长模式。

基于新一代信息技术、互联网、大数据和人工智能，数据要素重构的软实力重要性日益突出，在提升对外贸易能级的"换道超车"上具有战略性优势。新一轮科技革命和数字化产业竞争加速演进，数据流引领信息流、技术流、资金流和人才流的流动，我国对外贸易能级提升中涌现出以数据资源驱动力为新要素，面临着数据规则重构、数据标准重定等新的变量，尤其是重构数据开放、数据产权、数据保护、数据流动、数据定价等基础性秩序。资源配置效率源于要素的流动。重构数据要素首要的就是在加强数据资源整合和安全保护的基础上畅通数据要素的流动，加快推出数据流动规则。把数据等新要素集成起来，把潜能释放出来，构筑数字经济与贸易的新优势。数据要素的流动和配置对规则的依赖程度比其他任何要素都要高。这不仅是因为数据资源涉及隐私和安全等方面，而且还涉及经济和产业竞争力的综合较量。

源于数据资源重构的软实力，其逻辑在于规模报酬递增效应。与传统要素不同，数据要素不仅可以被重复使用，而且还能被多人同时使用，从而导致同样收益的情况下成本不断下降甚至无成本。超大城市的庞大市场规模是规模报酬递增实现的必要条件，因此，数据资源日益向超大城市集聚。同样地，数据资源重构带来的软实力，所依赖的是数字平台化。数字平台提供了供需双方和中介等市场参与方在不同时空里在线互动和交易的机制。这种平台一旦形成，所有参与主体都可以促使成本日益降低、质量不断提高，并在外延上改造和扩展价值链。我国正加快推动数字产业化、产业数字化，加快建设集成电路、人工智能等世界级数字产业集群，以数据流动牵引资金、人才、技术、知识等要素的全球化配置。

借助互联网、大数据、区块链、人工智能等新技术，数字贸易在生产、服务等众多领域改造着企业的组织形式、经营模式和价值创造过程。数字经济与贸易之所以成为经济增长的新引擎，其逻辑就在于规模报酬递增。庞大的市场规模是规模报酬递增实现的必要条件。与新增长理论注重知识要素的作用相比，数字贸易所依赖的是数据要素。数据要素和知识技术要素一样，不仅可以被重复使用，而且还能被多人同时使用，从而导致同样收益的情况下成本不断下降甚至无成本，产生规模报酬递增效应。

数字贸易增长机制所依赖的是数字化平台。数字化平台提供了供需双方和中介等市场参与方在不同时空里在线互动和交易的机制。这种平台一旦形成，可以促使所有参与主体不断降低成本和提高质量。数字化平台还会在外延上改造和扩展价值链。虽然在衡量数字贸易以及相关的价值创造上还存着不少困难，但数字贸易的成本优势在世界市场上得到了充分的体现，若以通信技术服务和可数字化交易的服务出口来看，其增速远大于世界服务贸易的出口增速，可数字化交易的服务出口已占到了全球服务出口的一半。越来越多的领域实现网络化、个性化和智能化，数据日益嵌入生产和服务环节，数据及其跨境流动成为数字经济国际竞争的重要支撑。数字贸易的平台化机制使经济关系网络的结构从传统的中心外围格局转向全连接网络生态，点对点（P2P）的连接应用在各产业领域和市场扩展，数量众多的在线主体相互分享着显著的网络外部效应。这不仅使每个参与者的成本趋于下降，而且加深了参与主体之间的相互依赖性，数字贸易的网络外部性和市场集中趋势日益明显。

二、世界数字经贸规则的博弈与格局

世界主要国家和经济体正积极推进数字产业化和产业数字化的发展，竞争格局日趋激烈。中国一直保持全球第二大数字经济体地位。美中欧在世界数字经济上形成了三足鼎立格局。从国内看，我国的数字经济集中于京津冀、长三角、粤港澳大湾区，呈现出明显的城市群驱动发展格局。我国对外贸易能级提升的重要标识就是积极参与数字经济治理国际新规则、新标准的制定，更好地向世界展示中国数字经济共享发展理念和治理方案，重视世界数字经济与贸易关键领域规则制定权和话语权，在数据治理、算法治理、数字市场治理和网络生态治理等领域贡献中国方案，绝不能忽视了国际竞争中的国际规则"卡脖子"问题，着力推动规则规制管理标准等制度型开放的关键也在于此。能级提升的最高形态就在于规则的主导权。目前全球有100多个国家已经制定了数字转型计划或数字化行动方案。美欧更是早在20世纪90年代就开始布局数字经济发展战略，最近20多年来特别注重抢占国际数字经济规则的主导权。

数字经济国际规则博弈日趋激烈，美欧早早布局。世界货物贸易和服务贸易有WTO的基本规则，但与数据相关的国际规则严重缺失。数字经济是以数据要素为核心要素，数据又是可重复使用且具有规模报酬递增性质的资源，数据资源的开发、算法、定价、流动与保护等深层次问题成为全球治理难题。美欧不仅早在20世纪90年代就开始布局数字经济发展战略，而且近几年特别注重抢占国际数字经济规则的主导权。这体现在诸如美国2019年的"数字现代化战略"、欧盟2018年的"人工智能合作宣言"、英国2018年的"数字宪章"等一系列战略中。

在数据治理领域，美欧已形成各自基本模式。国际数字经济规则博弈主要集中于数据治理、算法治理、数字市场治理和网络生态治理四大领域，世界大国纷纷提出自己的治理理念与主张，全球数字经济治理话语权博弈日趋激烈。在数据治理上，美欧已形成了各自的基本模式。欧盟以《通用数据保护条例》（GDPR）的实施为标志，构建了个人信息制度体系，逐渐成为全球个人信息保护和执法中心。美国则试图构建自己主导的多边数据跨境流动机制，争夺数据资源，尤其是 2018 年通过的《澄清数据合法使用法案》（CLOUD 法案）为美国获取他国数据扫清制度性障碍。在数据跨境流动上，欧盟也不甘示弱，尤其是 2019 年 5 月实施的《欧盟非个人数据自由流动条例》及其指南，在欧盟各成员国之间形成了单一数字市场。中国也一直积极推进个人信息保护立法与实践个人信息保护制度不断完善，未来的制度供给重点在数据跨境流动规则上，通过规则博弈为我国数据要素流动保驾护航。

在数字市场治理和网络生态治理上，中国依然有占先机会。在算法治理、数字市场治理和网络生态治理上，美欧还未形成具体模式，总体处于探索阶段，这是我国积极参与国际数字经济规则博弈的机会。美国主张算法公平，倡导消除算法歧视，要求算法使用机构对算法结果负责；欧盟注重推动人工智能伦理框架，注重算法的可信赖性。中国也积极引导算法向善，重视人工智能伦理和道德问题。在数字市场治理上，中美欧都提高了对数字平台反垄断监管的力度，但对具体反竞争行为的认定和应对措施存在分歧和差异，欧盟正积极提供一系列应对数字平台垄断的监管规则和实践方法，我国也在不断完善数字市场反垄断规则。在网络生态治理上，法治成为全球趋势，各国在治理虚假信息等行为上有着强烈的共识。中国倡导基于主权的网络空间治理理念，积极推进网络生态多元共治。贸易强国建设要求积极参与全球数字经济规则的博弈，在全球数字经济治理规则中贡献中国方案，尤其是代表发展中国家的立场与主张，推动建立各方普遍接受、具有国际适用性的国际规则与治理体系。

我国要充分用好已有的一批重量级国际平台，主动设置数字经济全球性议题，提升能级放大效应传递声音，推动形成各方普遍接受、具有国际适用性的国际数字规则与治理体系。一方面，利用中日韩为代表的东亚地区日益紧密的数字化产业链，加快消除东亚地区尤其是中日韩之间的数据跨境流动障碍，在东亚地区率先推动形成数据跨境流动规则；另一方面，响应"一带一路"沿线国家的诉求，推动形成数字经济治理规则，打造服务"一带一路"建设桥头堡，除了完善"一带一路"数字基础设施，更要在规则软实力上为"数字一带一路"发展保驾护航。

第四节　上海国际贸易中心能级提升的路径与经验

作为超大城市的上海，在加快构建新发展格局、着力推动高质量发展中不断优化城市空间布局，既要实现超大城市内部空间结构的优化，又要构建具有"世界影响力"的都市圈和城市群，为此上海提出了"中心辐射、两翼齐飞、新城发力、南北转型"的空间布局。"中心辐射"就是加快提升主城区的服务能级和辐射功能；"两翼齐飞"是指依托上海自贸试验区临港新片区、长三角一体化示范区、虹桥商务区、张江科学城等战略平台，发挥对内对外开放枢纽作用；"新城发力"即大力推进嘉定、松江、青浦、奉贤、南汇五个新城建设；"南北转型"指的是推动金山、宝山南北两极的加快转型升级。"两翼齐飞"发展格局的要求就是东向着眼全球实现最高标准、最好水平的对外开放，依托中国（上海）自由贸易试验区和临港新片区，将浦东建设成为社会主义现代化建设引领区，西向着眼于长三角高质量一体化发展，依托虹桥国际开放枢纽、进博会、长三角生态绿色一体化发展示范区等国家重大平台，打造新时代改革开放的标志性区域、长三角强劲活跃增长极的战略承载地。

一、扩大制度型开放，发挥浦东高水平改革开放"王牌"作用

浦东坚持以自贸试验区和临港新片区为牵引，勇当改革开放的排头兵。上海自贸试验区建设升级提速，目前累计已有300多项重要改革成果、51条"浦东经验"向全国复制推广。到2035年，浦东现代化经济体系全面构建，现代化城区全面建成，现代化治理全面实现，城市发展能级和国际竞争力跃居世界前列。这需要大力提升浦东高水平开放能级，为更好利用国内

国际两个市场两种资源提供重要通道，构建国内大循环的中心节点和国内国际双循环的战略链接，打造社会主义现代化建设引领区。其中的主要要求包括：更高水平改革开放的开路先锋，在浦东全域打造特殊经济功能区；自主创新发展的时代标杆，建设国际科技创新中心核心区；全球资源配置的功能高地，率先构建高标准国际化经贸规则体系；扩大国内需求的典范引领，建设国际消费中心。这些任务的新动能日益集中于系统集成改革和推动规则、规制、管理、标准等制度型开放，对标全球最高标准的开放，提供高水平制度供给。

由商品和要素流动型开放，向规则、规制、管理和标准等制度型开放转变，不仅意味着更深领域、更加全面、更加系统的开放，而且要求建设更高水平开放型经济新体制。一方面，服务业为主的增长结构特征依赖于高水平制度型开放。服务经济和数字经济是高度依赖制度型开放的经济。上海浦东的第三产业增加值占 GDP 比重接近四分之三。推进制度型开放成为服务经济和数字经济领域改革系统集成的引擎，浦东要依托自贸区提升战略和临港新片区加大在投资准入、货物和服务贸易、金融开放、数字经济、知识产权保护、国企竞争中立、政府采购、争端解决等领域的风险压力测试。另一方面，国际经贸规则重构新趋势加速了高水平制度型开放进程。当前，全球双边或区域自由贸易协定加速重构国际经贸新规则，高标准国际经贸新规则和新议题不断涌现，呈现出开放政策制度由边境向边境内延伸、开放政策制度体系的系统集成程度更高、开放政策制度由标准化向定制化转变等新的特征和趋势。浦东要率先推动开放政策制度由单项政策向系统改革拓展、由标准化向定制化深化，对标最高标准、最好水平，构建更高水平的开放型政策和制度体系，成为制度型开放的先行者，打造全球高端要素的引力场以及全球产业链的核心链接。

二、提升产业能级，发挥浦东的经济"压舱石"作用

2021 年，上海全市生产总值首次突破 4 万亿元，浦东新区则是突破了

1.5 万亿元，是全市经济的"压舱石"。按照目标，浦东要在 2025 年实现 GDP 突破 2 万亿元；临港新片区要在 2035 年实现区域生产总值超过 1 万亿，形成具有创新策源意义、引领赛道风口的"核爆点"。

一是形成全球高端资源要素配置的功能高地。面对全球市场，尤其是发达国家市场，积极配置全球资金、信息、技术、人才等要素资源，打造上海国际金融中心、贸易中心、航运中心核心区。陆家嘴地区要继续打造成上海国际金融中心的核心功能区，建设国际金融资产交易平台，提升重要大宗商品的价格影响力，加快发展跨境金融。上海自贸区以提升上海国际贸易中心能级为中心，大力发展新型国际贸易；临港新片区统筹发展在岸业务和离岸功能，形成贸易投资自由化和先进产业的良性互动；张江科学城和临港新片区携手打造科技创新中心与现代产业体系一体化的核心承载区。

二是打造世界级数字经济产业集群。世界经济竞争日益集中于数字经济领域，浦东要为数字经济的升级加速赋能。以张江人工智能岛和临港国际智能制造中心为载体，加快工业互联网、人工智能技术发展，建设世界级人工智能创新应用先导区。以新一代信息技术应用为依托，建设世界级数据中心和数字经济集聚区。

三是构筑世界级先进制造业产业集群。加大力度集聚集成电路产业，以上海集成电路设计产业园建设为基地，集聚千家企业、汇聚十万人才、形成千亿规模。聚焦创新药研发、新技术赋能医疗服务，建设集聚研发、生产、测试、展示等功能的国际生物医药产业基地，提升张江创新药产业基地、张江医疗器械产业基地等 10 平方公里的产业园能级。提升人工智能核心产业的能级，打造"平台＋应用"人工智能生态链。以民用航空产业、智能新能源汽车产业和高端装备制造产业为主体，建设世界级智能制造中心以及大飞机和现代汽车为特色的高端制造集聚区。

三、服务进博会，凸显虹桥国际开放枢纽中央商务区功能

虹桥国际开放枢纽立足一流中央商务区建设目标，发挥对内对外开放两

个扇面的枢纽作用。对内成为引领长三角一体化的重要动力源、落实国家战略的重要承载区，对外打造开放共享的国际贸易中心新平台、联通国际国内综合交通新门户、全球高端要素配置新通道。一方面，以提升经济密度和产业能级为重点，构建高端赋能、融合发展的现代化产业体系，引导临空服务、健康医药、人工智能、北斗导航等特色产业发展，全面确立国际化中央商务区的功能框架。另一方面，依托进博会平台，放大其溢出效应和带动作用，打造辐射亚太的进出口商品集散地和新型国际贸易创新地；发挥大交通、大会展、大商务融合发展优势，推动形成全球高端要素配置新通道，吸引各类要素市场、功能机构、交易主体集聚，尤其是吸引培育包括长三角企业总部在内的全球高能级总部机构，拓展研发、销售、金融、数据等功能。放大进博会溢出效应，首先是增进国内消费者福利。扩大进口能够丰富消费清单，满足多元化需求，提高消费者福利。扩大消费者的选择范围、满足多样化的消费需求是提升消费者福利的重要渠道之一。其次是升级国内产业的全球价值链。扩大进口既可以通过进口先进的机器设备促进企业技术升级和价值链提升，通过进口高质量中间产品提高企业产品的质量，又可以通过进口大量最终消费品改变国内市场竞争格局，倒逼国内产业转型升级。再次是提升要素配置效率。扩大进口有利于提高要素配置效率和全要素生产率，具体渠道包括进口竞争效应和分工效应。放大进博会溢出效应有利于更好统筹高质量"引进来"和高水平"走出去"，更好统筹"在中国、为世界"，更好配置资本、人才、技术、数据等关键要素资源。

四、增强长三角生态绿色一体化发展示范区和虹桥国际开放枢纽的辐射功能

上海"西翼"的最大亮点就是推进长三角一体化发展，长三角生态绿色一体化发展示范区和虹桥国际开放枢纽勇当"服务长三角一体化发展国家战略的排头兵"，推动长三角产业联动、企业互动和资源配置能力提升，畅通国内循环、促进国内国际双循环。

建设长三角生态绿色一体化发展示范区，旨在率先探索形成新发展格局的路径、率先探索将生态优势转化为经济社会发展优势、率先探索从区域项目协同走向区域一体化制度创新。近年来，长三角生态绿色一体化发展示范区着眼于科创产业融合发展、基础设施互联互通、生态环境共保联治、公共服务便利共享等重点领域，已推出一批一体化制度创新成果。虹桥国际开放枢纽、G60 科创走廊等一批跨界区域率先突破，政策协同、要素市场、多层次多领域合作等一体化体制机制加快探索完善。

虹桥国际开放枢纽除了中央商务区本身的强辐射效应外，还通过一系列渠道发挥龙头带动作用，合力推进长三角一体化发展。放大进口博览会对长三角的溢出效应。强化进博会对长三角地区的消费升级功能、引资促贸功能、要素流动与优化配置功能以及品牌推介功能。以虹桥国际开放枢纽综合交通门户增强长三角联动性，这不仅体现在交通联动、物流联动和商务联动上，而且增强了投资联动、创新协同和产业链供应链一体化。

五、上海国际贸易中心服务新发展格局的基本经验

以国际消费中心城市建设增强国内大循环内生动力。上海国际贸易中心建设坚持实施扩大内需战略，促进消费提质扩容。社会消费品零售总额、电子商务交易额、服务贸易额均位列全国城市首位。上海已是国内最大的进口消费品集散地，国际品牌进入中国市场的首选地。无人零售、生鲜冷链、在线视听、无接触配送等新模式新业态加速涌现。消费已成为上海经济增长的第一驱动力。国家要求把实施扩大内需战略同深化供给侧结构性改革有机结合起来，增强国内大循环内生动力和可靠性。上海以国际消费中心城市建设为重点，促进高端商品和要素资源在更大范围内畅通流动和高质量供给，在更多大宗商品的定价上掌握主动权。

以推进更高水平的对外开放提升国际循环质量和水平。上海国际贸易中心建设坚持服务于国际循环和开放枢纽功能的增强。上海口岸贸易额位列世界城市首位，全球市场份额持续提高，结构日益优化。依托国家级特色服务

出口基地等贸易载体辐射能力显著增强，进博会等高能级展会溢出带动效应日渐彰显。外商投资首选地持续巩固，总部经济效应加速凸显，上海已成为中国内地跨国公司地区总部最为集中的城市。上海依托超大城市的市场规模优势，以国内大循环吸引全球资源要素，增强国内国际两个市场两种资源联动效应，提升贸易投资合作质量和水平，率先构建更高水平的贸易投资制度创新高地，在稳步扩大规则、规制、管理、标准等制度型开放上先行先试，出台了全国首部地方外商投资条例、全国首份自贸试验区外商投资准入负面清单，出现了全国首家股份制外商投资性公司、外资保险控股公司。

结　论

　　加快构建以国内大循环为主体、国内国际双循环相互促进的新发展格局，这是以习近平同志为核心的党中央统筹"世界百年未有之大变局"和"中华民族伟大复兴的战略全局"，根据我国发展阶段、环境、条件变化作出的战略决策，是事关全局的系统性深层次变革，进一步丰富和发展了中国特色社会主义政治经济学。党的二十大报告将构建新发展格局与推进高质量发展有机统一起来，并提出高质量发展是全面建设社会主义现代化国家的首要任务，从这个角度看，加快构建新发展格局事关中国式现代化进程。面对盛行的贸易保护主义和日趋复杂严峻的外部环境，我国的应对机制就在于增强国内大循环内生动力和可靠性，加快建设现代化经济体系，提升国际循环质量和水平。本书基于新发展阶段和新发展理念，将强国建设使命与新发展格局构建结合起来，系统阐释了为什么要加快构建新发展格局、怎样加快构建新发展格局（第一章）。具体是以增强国内大循环的内生动力与可靠性、提升国际循环质量和水平为两大篇。

第一节　增强国内大循环内生动力和可靠性

　　在增强国内大循环的内生动力与可靠性的第一大篇中，我们从超大城市率先构建新发展格局的实践经验入手（第二章），这是因为各个地区的基础条件和特色优势不同，需要因地制宜构建新发展格局。在增强国内大循环的内生动力和可靠性上，笔者从供给侧和需求侧分别阐述，在供给侧首先就是现代产业体系的形成，而现代产业体系的核心在于加快发展新质生产力，笔者揭示了新质生产力的水平、趋势及其决定因素（第三章）；其次在于先进制造业的创新驱动发展（第四章）；在需求侧，笔者围绕市场一体化和营商环境两个重点展开，在市场一体化中，以专利要素流动视角，检验其对城市群（以长三角城市群为例）创新网络的影响以及对全国层面的城市工业企业全要素生产率的影响，为消除阻碍创新要素流动的体制机制提供了政策含义（第五章）；营商环境也是生产力，据此笔者提出营商环境影响国内大循环和经济活力的理论机制并对其进行实证检验，为加快构建新发展格局提供了新的路径和政策（第六章）。

加快构建新发展格局是统筹中华民族伟大复兴战略全局和世界百年未有之大变局、实施强国建设的内在要求和主动选择，充分体现了历史主动。新发展格局有其内在规律和显著优势，一方面，超大规模的国内市场是国内大循环的基础，并且为新技术、新产业、新业态以及新质生产力发展提供了占领先机的机会和优势；我国经济总量占世界经济的比重达 18.5%，稳居世界第二，不仅拥有最大规模的中等收入群体，是全球最具潜力的大市场，而且拥有全球最完整、规模最大的工业体系以及雄厚的科技创新能力。我国不仅拥有 1 亿多市场主体，而且科技论文发表数量 2023 年首次超过美国，位列世界第一，中国专利申请已超过 14 万件，占全球比重超过 58%，位居全球第一，全社会研发经费支出居世界第二位，研发人员总量居世界首位。另一方面，中国的货物贸易总额居世界第一，进出口贸易总额世界第一，成为140 多个国家和地区的主要贸易伙伴，吸引外资和对外投资居世界前列，形成更大范围、更宽领域、更深层次对外开放格局，构建面向全球的高标准自由贸易区网络，加快推进自由贸易试验区、海南自由贸易港建设，共建"一带一路"成为深受欢迎的国际公共产品和国际合作平台。

超大型城市基于国内市场规模优势和对外开放优势，在加快构建新发展格局上具有率先性和示范性，形成了丰富经验。例如，作为我国改革开放的前沿窗口和对外依存度高的国际大都市上海，在加快构建新发展格局上主动作为：在全球政治经济格局深刻调整中更好地参与国际合作与竞争，助力国家在严峻的外部挑战中突出重围；在开放潮流中坚定不移融入世界，为我国深度参与引领全球经济治理作出应有贡献；充分发挥科技水平高、制造业发达、产业链供应链基础好和市场潜力大等优势，更加主动服务全国构建新发展格局；在长三角高质量一体化发展和长江经济带发展的国家战略中充分发挥龙头作用，共同打造强劲活跃增长极，辐射带动更广大区域发展。打造国内大循环的中心节点、国内国际双循环的战略链接，旨在构筑未来发展的战略优势，这是上海主动服务新发展格局的战略举措确立的立论依据。着眼于城市空间新格局、经济发展新格局、开放新格局的调整优化，形成了上海主动服务新发展格局的战略举措框架：推动长三角率先形成新发展格局，以新城规划建设优化空间新格局，加快完善经济发展新格局，在供给侧深化结构性改革的新格局，在需求侧扩大内需以形成强大国内市场，全面深化改革开放的系统集成。其中结构性问题是当前和未来较长一段时期的主要障碍，既包括产业链结构、能源结构、国际贸易结构、国际金融结构等全球性的结构问题，又包括增长动力结构、产业结构、供给与需求结构、城乡区域结构、收入分配结构等发展不平衡不充分的问题。上海主动服务新发展格局政策体系的关键就在于破解结构性难题，以全面强化"四大功能"为主攻方向，全面深化"五个中心"建设。全球资源配置、科技创新策源、高端产业引领和开放枢纽门户，四大功能不断提升城市能级和核心竞争力。

增强国内大循环内生动力和可靠性，首要的是构建现代产业体系，加快发展新质生产力。新质生产力是符合新发展理念的先进生产力质态，以创新尤其是颠覆性技术和前沿技术创新起主导作用，具有高科技、高效能、高质量特征，表现为前沿技术创新催生的新产业、新模式、新动能。发展新质生产力是推动高质量发展的内在要求和重要着力点。本书选取集成电路行业、电子与通信设备类行业、计算机及办公设备类行业、医药和医疗仪器类行业，在非参数 DEA 模型的基础上进行方法创新，同时采用产出导向的 SBM 模型和投入导向的 EBM 模型，对我国代表性地区和战略性新兴产业的新质生产力水平进行测度，揭示其变动特征及趋势；围绕产业数字化转型、产业链优化升级、战略性新兴产业研发投入强度等角度，以双向固定效应模型为基准，实证检验新质生产力变动的决定因素；在此基础上提出加快发展新质生产力的支撑体系在于推动产业链优化升级、积极培育新兴产业和未来产业，以及深入推进数字经济创新发展。加快发展新质生产力的着力点在于，改造传统产业，推动产业供应链优化升级；壮大新兴产业，推动战略性新兴产业融合集群发展；培育未来产业，抢占产业的新领域新赛道；加快推进数字经济创新发展。与新质生产力相对应的新型生产关系，除了构建高水平社会主义市场经济体制外，就是深化教育体制、科技体制和人才体制等改革，畅通教育、科技、人才、产业的国内国际双循环。为此，党的二十届三中全会《决定》要求，健全因地制宜发展新质生产力体制机制。[1] 在技术创新上注重加强关键共性技术、前沿引领技术、现代工程技术、颠覆性技术创新；在战略性产业发展上，完善推动新一代信息技术、人工智能、航空航天、新能源、新材料、高端装备、生物医药、量子科技等战略性产业发展政策和治理体系；在未来产业发展上，建立未来产业投入增长机制，引导新兴产业健康有序发展；在传统产业改造上，以国家标准提升引领传统产业优化升级，支持企业用数智技术、绿色技术改造提升传统产业。

加快构建新发展格局还要依赖于从制造大国走向制造强国。世界大国兴衰史和改革开放以来的发展经验一再证明，没有强大的制造业，就没有国家和民族的强盛。改革开放以来，我国建立了全世界最完整的现代工业体系，有力推动我国现代化进程，显著增强综合国力，支撑我国世界大国地位。然而，与世界先进水平相比，"世界工厂"在规模上的辉煌难掩在自主创新能力、产业结构水平、信息化程度、质量效益等方面的差距，中国经济要实现高速增长向高质量发展转变，必须坚持把制造业高质量发展放在更加突出的位置，实现中国制造向中国创造转变、中国速度向中国质量转变、中国产品向中国品牌转变。高端制造和先进制造关系到我国的国际竞争力和影响力，

---

[1]《中共中央关于进一步全面深化改革推进中国式现代化的决定》，人民出版社2024年版，第10页。

是现代产业体系的基础和支撑。全力打响"中国制造"品牌，必须坚持把先进制造业的加快发展放在更加突出的战略位置。从世界来看，全球产业竞争格局正发生着重大调整，国际产业分工格局正在重塑。发达国家纷纷实施"再工业化"战略，重塑制造业竞争新优势。发展中国家积极参与全球产业再分工，承接产业及资本转移。新一代信息技术与制造业深度融合，正在引发影响深远的产业变革，形成新的生产方式、产业形态、商业模式和经济增长点。智能装备、智能工厂等智能制造正在引领制造方式变革；网络众包、协同设计、大规模个性化定制、精准供应链管理、全生命周期管理、电子商务等正在重塑产业价值链体系。在新中国发展史上，"上海制造"有着辉煌的历史。一大批上海的制造业商品，因其品质精良，成为家喻户晓、风靡全国的国货精品，既为我国成为制造业大国作出了特殊贡献，又为上海率先构建新发展格局奠定了坚实基础。超大规模内需催生先进制造业，这是上海引领制造业高质量发展的第一个优势。随着新型工业化、信息化、城镇化同步推进，超大规模内需潜力不断释放，为"上海制造"高质量发展提供了广阔空间。制造业发展追求结构优化，这是上海引领制造业高质量发展的第二大优势。在工业化后期，典型工业化国家普遍出现制造业"服务化"，以及服务业专业化和外包化的趋势。上海注重先进制造业和现代服务业的深度融合发展，推动生产型制造向服务型制造转变。开放是上海引领制造业高质量发展的第三大优势。作为开放前沿阵地，上海构筑了更加开放的现代服务业和先进制造业体系，以及覆盖全球的进口贸易促进网络。

增强国内大循环内生动力和可靠性，关键在于创新要素的自由流动与效率提升。本书运用社会网络分析法，基于城际专利转移数据构建长三角城市群创新网络，揭示了长三角城市群各城市之间的专利是如何实现流动的以及流动的方向和趋势，并在此基础上展示长三角城市群创新网络的形成、特征及其在高质量一体化中的作用。新时代长江三角洲城市群经济发展紧扣"高质量"和"一体化"两个关键，肩负打造区域经济增长极、实施国家重大战略和引领经济发展方式转变的重要使命。长三角城市群创新网络从以上海为绝对中心的单级结构逐步演化为"一龙头、多中心"的钻石型结构，空间网络中心性对城市创新产出存在显著正向影响。推动创新要素跨区域流动，提高创新网络的紧密度，在更大市场范围内发挥创新要素的空间溢出效应，是驱动长三角城市群高质量一体化发展的动力源泉。从全国城市层面来看，专利流动直接影响着工业企业全要素生产率。本书进一步使用数据挖掘方法获取中国区域专利流动数据，提供了专利流动提升工业企业全要素生产率的大样本微观实证证据，揭示了专利流动提升经济发展质量的关键作用。专利流动整体上显著提升了我国工业企业的全要素生产率，原因在于专利流动的"补偿效应"和"溢出效应"占据主导地位。专利流动对企业全要素生产率的影响具有非对称性：对于与前沿存在较大技术差距的企业而言，专利流动是提升全要素生产率的重要路径，但随着企业技术水平的上升，其正向效应逐渐减小并在超过一定阈值后转变为负向影响。企业地理区位、所处经济发展阶段、所有制性质都是影响专利流动与企业全要素生产率关系的重要异质性来源。因此，对于不同技术水平企业要制定差异化发展战略，城市要基于自身比较优势融入区域技术转移体系。城市群经济发展模式是专利流动提升企业全要素生产率的空间基础，自主研发对于实现更高水平创新发展的核心作用会随着经济发展阶段的推进和企业技术水平的增长而越发凸显。

营商环境是企业等市场主体在市场经济活动中所涉及的体制机制性因素和条件，也是增强国内大市场的重要因素。行政审批制度改革既是商事制度改革的重要方面、优化营商环境的关键着力点，也是理顺政府与市场关系、提升治理能力现代化的关键举措。本书基于地级城市数据，实证考察行政审批制度改革影响城市经济增长的效应。研究证实，地级市设立行政审批中心的时间越长，行政审批制度改革的城市增长效应越显著。行政审批制度改革因具有提高城市对外引资能力、培育企业家精神、激发民营经济活力的关键作用，而成为城市经济增长的动力源泉。在使用一系列工具变量控制内生性问题后，结论仍然稳健。在通过平行趋势检验以及安慰剂检验的条件下，以多期 DID 模型对城市设立行政审批中心的政策效应进行评估，同样验证了行政审批制度改革的增长效应，并且这一效应是随时间逐渐显现并显著的。本书还考察了行政审批制度改革增长效应的区域异质性，证实整体上我国南方城市率先在行政审批制度改革上形成突破，打造更加系统、集成、综合的营商环境优化体系，促进更高的外商投资、企业创业和民营经济增长。行政审批制度改革推进时间、范围、力度的差距以及由此形成的制度软环境差异，也是当前我国南北城市经济增长差异的重要影响因素。

第二节　提升国际循环质量和水平

在提升国际循环质量和水平的部分，本书从中美贸易摩擦的影响开始，研究其对中美双方制造业全球价值链地位的影响（第七章），这是决定了要构建新发展格局的重要外部环境变化之一；百年未有之大变局纵深发展正重构着全球产业链供应链，其变革的新格局与新趋势也要求我国的引资战略调整（第八章）；在世界经济长期低迷，贸易保护主义盛行的情形下，中国倡导的共建"一带一路"成为新型国际开放合作机制和平台，其不仅正实现着沿线国家的"包容性增长"，而且构建了新的经济地理格局（第九章）；比"一带一路"倡议更早的开放制度安排中，对构建新发展格局有着重要影响的就是人民币国际化，在推动金融进一步开放尤其是探索资本账户开放上迈出了坚实的步伐、积累了丰富的经验，尤其是自由贸易账户的创新、扩容和复制推广（第十章）；自由贸易试验区是我国进一步扩大开放，提升国际循环能级的重大举措，对标国际最高水平的开放，一批又一批的开放实验成果在这里创新生成，并不断向全国复制推广，面对加快构建新发展格局的使命，党的二十大以后实施自贸区提升战略，本书总结和提炼了自贸区提升战略促进国际大循环质量和水平的逻辑和经验（第十一章）。

中国是世界上最大的发展中国家，美国是世界上最大的发达国家。中美经贸关系既对两国意义重大，也对全球经济稳定和发展有着举足轻重的影响。2017年以来，在"美国优先"的口号下，美国实行单边主义、保护主义和经济霸权主义，对许多国家和地区特别是中国作出一系列不实指责，利用不断加征关税、实体清单、技术封锁等一系列手段，试图采取极限施压方法将自身利益诉求强加于中国，导致中美经贸摩擦在短时间内持续升级，使中美经贸关系受到极大损害，也使多边贸易体制和自由贸易原则以及全球产业链遭受严重冲击。中美贸易摩擦对双方制造业全球价值链（GVC）位置产生了哪些影响？这是评估中美贸易摩擦影响的重要方面。本书基于亚洲开发银行多区域投入产出表数据库，测算并比较摩擦前后中美两国制造业的 GVC 参与指数和地位指数的变化。结果显示：中美贸易摩擦给两国制造业的 GVC 带来的短期影响开始显现；从 GVC 前向参与度来看，贸易摩擦对中国制造业 GVC 前向参与度造成了一定冲击，但提高了美国制造业 GVC 前向参与度，美国的制造业回归使其更加积极地参与 GVC 生产；从 GVC 后向参与度来看，贸易摩擦在短期内还无法改变中国有较大比例的制造业 GVC 后向参与度高于美国的状况，这也显示了中国出口优势的韧性，贸易摩擦后美国 GVC 后向参与度短期内呈现先升后趋降的过程，决定出口结构的决定因素是比较优势，不可能是加征关税等保护手段；从 GVC 位置来看，贸易摩擦使中国的产业链遭受了一定程度的冲击，制造业 GVC 地位指数开始下降，美国制造业 GVC 位置攀升，尤其是先进制造业，这也促使中国创新驱动发展战略加快推进、贸易结构转型升级。

随着百年未有之大变局的加速演变，全球产业链深度调整，日益呈现美德中三足鼎立的区域化格局，即以美国为中心的北美地区、以德国为中心的欧盟地区、以中国为中心的东亚地区的各自产业链和供应链网络将会更加紧密。美德中三大产业链之间的联系网络将以数字化形式趋于更加紧密。全球产业链数字化、价值链数据化、创新链平台化和供应链智能化的趋势日益加强，并将深度影响着世界经济增长的动力、结构和形态，不仅引发了数字经济各国内部治理的变革，而且催化了全球数字经济与贸易规则的重塑与博弈。据此，我国要加快创新引资战略，一方面，在夯实数字产业基础配套设施的基础上，将战略创新的主攻方向对准创新型经济和以先进制造业和高端服务业为支撑的现代化产业体系。另一方面，以能级全面跃升为目标，将中国建成全球贸易枢纽与亚太投资门户，顺应了国际贸易发展的四大基本逻辑和趋势——集聚驱动贸易、投资驱动贸易、数字驱动贸易和规则驱动贸易——进行制度设计。

共建"一带一路"，从西线为中国的对外贸易打开了新的市场。这里就要证明"一带一路"倡议是如何成为新型国际公共产品和合作平台的。"一带一路"倡议旨在实现包容性增长，其源自中国，重点面向亚欧非，更向所有伙伴开放，寻求利益契合点和合作最大公约数，将发展成果惠及沿线国家，推动经济全球化朝着更加开放、包容、普惠、平衡、共赢的方向发展。本书从理论和实证两个方面证实了"一带一路"倡议实现了包容性增长的目标，在促进经济增长的同时确实缩小了沿线国家的收入差距，进而成为国际经济贸易领域的合作平台。一方面，将一国地理区位所代表的先天性因素和"一带一路"倡议代表的贸易投资自由化为主要特征的互利互惠型外生制度安排纳入包容性增长分析框架，揭示不同类型的国家地理区位特征对收入分配格局的影响渠道和结果。在理论上证明了，存在着一种将落后国家推向市场前沿的外生力量，而且在稳态时这种力量大到足以保证所有国家的增长率都相同，即实现包容性增长；更加自由的贸易投资制度、更强的市场扩展外生推动力，以及更显著的规模经济都将使得一国的产品种类数占比提高或者说市场扩展能力增强；自由贸易制度将使得一国的资本流入增加，从而提高人均资本水平，进而缩小资本与劳动要素的价格差距。外生的贸易投资自由化的制度安排与内生的市场发展的相对重要性取决于该国离世界市场前沿的距离。一国的市场扩展路径总是从远离到逐渐接近世界市场前沿，这意味需要诸如"一带一路"倡议、区域贸易协定等制度安排的外生力量推动，直到足够接近世界市场前沿。共建"一带一路"倡议通过改变沿线国家经济地理特征，进而对各国的经济增长和反映收入分配格局的基尼系数产生影响，其中涉及要素配置和市场拓展能力等渠道。另一方面，"一带一路"倡议的制度安排推动着沿线国家接近世界前沿市场，带来贸易投资自由化和规模效应、就业提升效应以及技术进步效应，进而显著缩小了沿线国家的收入差距，促进着包容性增长。第九章实证部分证实了这些推论。当一国拥有更多出海方向且海岸线更长时，"一带一路"倡议更能显著降低沿线国家的基尼系数。其中的机制或者说主要途径包括：通过贸易畅通不断深化，推动了资源要素的高效流动和优化配置；通过投资合作持续提升，构建了互利共赢的产业链、供应链；以合作项目为纽带，深化了互联互通的伙伴关系。

与"一带一路"倡议一样，人民币国际化也为加快构建新发展格局提供了新的路径。人民币国际化依赖于资本市场开放度、市场深度和广度，前者取决于资本项目开放，后者意味着总体经济规模和贸易规模的进一步扩大、金融市场发达、金融产品丰富。也就是说，人民币国际化是一个系统工程。自 2009 年启动跨境贸易下人民币结算试点以来，我国经常项目下跨境人民币结算规模显著扩大，以人民币结算的货物贸易额占海关进出口总额的比例已超过 10%，在国际金融交易中人民币成为第九大货币。国际贸易结算是推动人民币的国际化的主要动力，而中国的金融开放又为人民币国际化注入新的动力。一方面，中国自由贸易试验区致力于服务业的对外开放，这不仅将促进国际贸易中人民币结算额的进一步增长，而且推动我国从货物贸易大国向服务贸易大国转变，提升贸易的综合竞争力，加快国内经济转型的进程。另一方面，以中国自由贸易试验区为先行先试基地，将在人民币资本项目开放上实现突破，推进人民币从贸易结算货币向国际投资和国际储备货币发展。主要世界货币的国际化进程都以资本项目的自由兑换为先决条件。在推进资本项目可兑换的同时，中国自由贸易试验区还相应地实施利率市场化、汇率市场化的全面改革，这将推动人民币国际化进入新的发展阶段。

提升国际循环质量和水平，关键在于通过高水平开放增强全球资源配置功能。中国的对外贸易进入了以能级提升为重心的新发展阶段，服务于构建国内大循环为主体、国内国际双循环相互促进的新发展格局。当前，中国的对外贸易面临的外部环境日益复杂多变，既带来了前所未有的新挑战，又蕴含着前所未有的新机遇。一方面，全球贸易壁垒增加带来新变化，尤其是高新技术产品进口制约因素增多、不确定性加大，全球供应链深度调整形成新布局；另一方面，国际经贸规则重构引领新变革，特别是数字经济与贸易规则的大国博弈日趋激烈。贸易强国的发展目标已瞄准能级的全面跃升，要基本建成全球贸易枢纽、亚太投资门户、亚太供应链管理中心以及贸易制度创新高地。其中的首位任务是全球资源配置功能的增强。功能是超越数量和规模，甚至高于质量和效益的特质。以全球资源配置功能彰显高质量发展的战略位势。全球资源配置功能的核心在于对全球战略性资源、战略性产业和战略性通道具有控制力与影响力，全面提升国际经贸能级，做大做强资本要素市场，高效配置人才、技术、数据等关键要素资源，全面夯实现代产业体系基础，不仅要实现实体经济、科技创新、现代金融、人力资源的协同发展，而且要求结构优化，即以现代服务业为主体、战略性新兴产业为引领、先进制造业为支撑。吸纳全球的高端人才、资本、信息、技术等战略资源加速集聚，促进战略资源交易交换交流，增强对资源要素流量的管控和增值能力，推动中国在全球产业链、价值链、创新链、人才链、服务链中占据更多的高端环节，成为全球资金、信息、人才、科技等要素流动的重要枢纽。以能级和功能为核心实施自贸区提升战略，形成成熟的投资贸易自由化便利化制度体系，打造一批更高开放度的功能型平台，集聚一批世界一流企业，区域创造力和竞争力显著增强，成为我国深度融入经济全球化的重要载体，成为加快构建新发展格局的开放新高地、推动高质量发展的战略增长极。

随着数据资源在链接服务国内大循环和国内国际双循环中的引领型、功能型、关键型要素地位不断凸显，全面推进城市数字化转型成为加快构建新发展格局的重要举措。制约数字化转型以及数字产业化和产业数字化发展的主要因素包括：（1）新型信息基础设施建设的滞后。数字产业化的传统基础设施主要依赖于固定宽带、光纤以及移动电话等，而它们的渗透率已接近饱和状态。"新基建"是加速数字经济赋能升级的"母机"，为产业链数字化、价值链数据化、创新链平台化和供应链智能化提供信息基础配套，催生数字经济时代的新产业、新业态与新模式。（2）把握世界数字经济规则的主导权与话语权，破解规则"卡脖子"问题。数据要素和数字经济对规则的依赖性强，各国数字经济治理实践中已形成了数据治理、算法治理、数字市场治理和网络生态治理四大领域和一定的经验共识，全球数字经济治理话语权博弈日趋激烈。上海要代表国家参与数字经济国际规则博弈。数字经济治理和数字贸易规则中既存在各国的理念、利益与主张的明显差异和分歧，又具有显然的全球公共产品属性。数字经济是以数据要素为核心要素，数据又是可重复使用且具有规模报酬递增性质的资源，但数据相关的世界规则体系严重缺失，数据的开发、利用、定价、算法、标准与保护等深层次问题成为全球难题。

上海国际贸易中心建设进入了以能级提升为重心的新发展阶段，服务于构建国内大循环的中心节点和国内国际双循环的战略链接，以国际消费中心城市建设增强国内大循环内生动力，以推进更高水平的对外开放提升国际循环质量和水平，以制度型开放加速上海自贸区能级提升。本书从集聚驱动贸易、构筑全球贸易枢纽，投资驱动贸易、打造亚太投资门户，数字驱动贸易、建设数字贸易国际枢纽港，规则驱动贸易、率先高水平制度型开放等角度梳理上海国际贸易中心能级提升的路径。上海"两翼齐飞"发展格局要求，东向着眼全球实现最高标准、最好水平的对外开放，依托中国（上海）自由贸易试验区和临港新片区，将浦东建设成为社会主义现代化建设引领区。对标最高标准、最好水平，构建更高水平的开放型政策和制度体系，成为参与全球经济治理的重要试验田；建设具有全球影响力的国际创新协同区，打造世界级先进制造业集群；形成配置全球高端要素资源的现代服务业体系。西向着眼于长三角高质量一体化发展，依托虹桥国际开放枢纽、进博会、长三角生态绿色一体化发展示范区等国家重大平台，打造新时代改革开放的标志性区域、长三角强劲活跃增长极的战略承载地，具体机制包括：放大进博会对长三角一体化发展的外溢效应并构建长效机制，以虹桥国际开放枢纽增强长三角商务联动性，以数字化贸易平台打造长三角全球数字贸易高地，以国际合作园区支撑长三角高质量一体化发展，强化投资合作打造长三角一体化产业链，共同打造国际一流的营商环境。

参考文献

《马克思恩格斯全集》第 31 卷，人民出版社 1998 年版。

《邓小平文选》第 3 卷，人民出版社 1993 年版。

习近平：《迈向命运共同体　开创亚洲新未来》，《人民日报》2015 年 3 月 29 日。

习近平：《携手推进"一带一路"建设》，人民出版社 2017 年版。

习近平：《决胜全面建成小康社会　夺取新时代中国特色社会主义伟大胜利》，人民出版社 2017 年版。

习近平：《开放共创繁荣　创新引领未来——在博鳌亚洲论坛 2018 年年会开幕式上的主旨演讲》，人民出版社 2018 年版。

《习近平在 2020 年中国国际服务贸易交易会全球服务贸易峰会上的致辞》，《人民日报》2020 年 9 月 5 日。

习近平：《共担时代责任，共促全球发展》，《求是》2020 年第 24 期。

习近平：《高举中国特色社会主义伟大旗帜　为全面建设社会主义现代化国家而团结奋斗》，人民出版社 2022 年版。

《习近平谈治国理政》第 4 卷，外文出版社 2022 年版。

习近平：《在北京冬奥会、冬残奥会总结表彰大会上的讲话》，人民出版社 2022 年版。

习近平：《新发展阶段贯彻新发展理念必然要求构建新发展格局》，《求是》2022 年第 17 期。

习近平：《加快建设农业强国　推进农村农业现代化》，《求是》2023 年第 6 期。

习近平：《加快构建新发展格局　把握未来发展主动权》，《求是》2023

年第 8 期。

中共中央党史和文献研究院编：《习近平关于总体国家安全观论述摘编》，中央文献出版社 2018 年版。

《中共中央关于坚持和完善中国特色社会主义制度、推进国家治理体系和治理能力现代化若干重大问题的决定》，人民出版社 2019 年版。

《中共中央关于制定国民经济和社会发展第十四个五年规划和二〇三五年远景目标的建议》，人民出版社 2020 年版。

《中国共产党第十九届中央委员会第五次全体会议公报》，人民出版社 2020 年版。

中共中央党校（国家行政学院）：《习近平新时代中国特色社会主义思想基本问题》，人民出版社、中共中央党校出版社 2020 年版。

《中共中央　国务院关于做好 2023 年全面推进乡村振兴重点工作的意见》，人民出版社 2023 年版。

《中共中央关于进一步全面深化改革、推进中国式现代化的决定》，人民出版社 2024 年版。

《〈中共中央关于进一步全面深化改革、推进中国式现代化的决定〉辅导读本》，人民出版社 2024 年版。

白俊红、蒋伏心：《协同创新、空间关联与区域创新绩效》，《经济研究》2015 年第 7 期。

曹培强：《"一带一路"是全球经济包容性增长成功范例》，《红旗文稿》2019 年第 3 期。

陈红蕾、覃伟芳：《中国经济的包容性增长：基于包容性全要素生产率视角的解释》，《中国工业经济》2014 年第 1 期。

陈虹、杨成玉：《"一带一路"国家战略的国际经济效应研究——基于 CGE 模型的分析》，《国际贸易问题》2015 年第 10 期。

陈继勇：《中美贸易战的背景、原因、本质及中国对策》，《武汉大学学报（哲学社会科学版）》2018 年第 5 期。

陈熠辉、蔡庆丰、林海涵：《政府推动型城市化会提升域内企业的创新活动吗？——基于"撤县设区"的实证发现与政策思考》，《经济学（季刊）》2022年第2期。

程大中：《中国参与全球价值链分工的程度及演变趋势——基于跨国投入—产出分析》，《经济研究》2015年第9期。

戴平生：《区位基尼系数的计算、性质及其应用》，《数量经济技术经济研究》2015年第7期。

戴翔、刘梦：《人才何以成为红利——源于价值链攀升的证据》，《中国工业经济》2018年第4期。

丁任重、陈姝兴：《中国区域经济政策协调的再思考——兼论"一带一路"背景下区域经济发展的政策与手段》，《南京大学学报（哲学·人文科学·社会科学）》2016年第1期。

董志强、魏下海、汤灿晴：《制度软环境与经济发展——基于30个大城市营商环境的经验研究》，《管理世界》2012年第4期。

段德忠：《中国城市技术转移的空间演化研究》，华东师范大学2018年博士学位论文。

方勇、戴翔、张二震：《论开放视角的包容性增长》，《南京大学学报（哲学·人文科学·社会科学）》2012年第1期。

符淼：《地理距离和技术外溢效应——对技术和经济集聚现象的空间计量学解释》，《经济学（季刊）》2009年第4期。

傅晓霞、吴利学：《技术差距、创新路径与经济赶超——基于后发国家的内生技术进步模型》，《经济研究》2013年第6期。

高传胜、李善同：《中国服务业：短处、突破方向与政策着力点——基于中、美、日、德四国投入产出数据的比较分析》，《中国软科学》2008年第2期。

公丕萍、姜超：《"一带一路"建设对沿线国家经济增长的影响效果与中介路径》，《世界地理研究》2021年第3期。

谷业凯：《中国是国际专利申请最大来源国》，《人民日报》2024年3月13日。

官建成、陈凯华：《我国高技术产业技术创新效率的测度》，《数量经济技术经济研究》2009年第10期。

郭庆旺、贾俊雪：《全要素生产率的估算：1979—2004》，《经济研究》2005年第6期。

国务院新闻办公室：《关于中美经贸摩擦的事实与中方立场》，《人民日报》2018年9月25日。

洪银兴、高培勇等：《新质生产力：发展新动能》，江苏人民出版社2024年版。

黄群慧：《读懂新质生产力》，中信出版社2024年版。

黄少安、谢冬水：《南北城市功能差异与南北经济差距》，《南方经济》2022年第6期。

《加快发展新质生产力　扎实推进高质量发展》，《人民日报》2024年2月2日。

蒋为、李行云、宋易珈：《中国企业对外直接投资快速扩张的新解释——基于路径、社群与邻伴的视角》，《中国工业经济》2019年第3期。

解维敏、方红星：《金融发展、融资约束与企业研发投入》，《金融研究》2011年第5期。

金碚：《关于"高质量发展"的经济学研究》，《中国工业经济》2018年第4期。

柯善咨、赵曜：《产业结构、城市规模与中国城市生产率》，《经济研究》2014年第4期。

孔庆峰、董虹蔚：《"一带一路"国家的贸易便利化水平测算与贸易潜力研究》，《国际贸易问题》2015年第12期。

蓝庆新、赵乐祥：《应采取灵活措施避免中美贸易战的全面爆发》，《国际贸易问题》2018年第5期。

李光龙、范贤贤:《财政支出、科技创新与经济高质量发展——基于长江经济带 108 个城市的实证检验》,《上海经济研究》2019 年第 10 期。

李青:《知识溢出:对研究脉络的基本回顾》,《数量经济技术经济研究》2007 年第 6 期。

李文、王佳:《地方财政压力对企业税负的影响——基于多层线性模型的分析》,《财贸研究》2020 年第 5 期。

李治勇、李兴:《对"包容性增长"理念的再探讨》,《人民论坛》2012 年第 8 期。

林毅夫等:《新质生产力:中国创新发函的着力点与内在逻辑》,中信出版社 2024 年版。

刘诚、杨继东:《商事制度改革与产业专业化》,《中国工业经济》2020 年第 4 期。

刘诚、钟春平:《产能扩张中的行政审批:成也萧何,败也萧何》,《财贸经济》2018 年第 3 期。

刘承良、管明明:《基于专利转移网络视角的长三角城市群城际技术流动的时空演化》,《地理研究》2018 年第 5 期。

刘洪铎、李文宇、陈和:《文化交融如何影响中国与"一带一路"沿线国家的双边贸易往来——基于 1995—2013 年微观贸易数据的实证检验》,《国际贸易问题》2016 年第 2 期。

刘景卿、于佳雯、车维汉:《FDI 流动与全球价值链分工变化——基于社会网络分析的视角》,《财经研究》2019 年第 3 期。

刘善仕、孙博、葛淳棉、王琪:《人力资本社会网络与企业创新——基于在线简历数据的实证研究》,《管理世界》2017 年第 7 期。

刘生龙、胡鞍钢:《交通基础设施与中国区域经济一体化》,《经济研究》2011 年第 3 期。

刘思明、张世瑾、朱惠东:《国家创新驱动力测度及其经济高质量发展效应研究》,《数量经济技术经济研究》2019 年第 4 期。

刘维林：《劳动要素的全球价值链分工地位变迁——基于报酬份额与嵌入深度的考察》，《中国工业经济》2021 年第 1 期。

刘卫东：《"一带一路"：引领包容性全球化》，《中国科学院院刊》2017 年第 4 期。

刘卫东、Dunford Michael、高菠阳：《"一带一路"倡议的理论建构——从新自由主义全球化到包容性全球化》，《地理科学进展》2017 年第 11 期。

刘志彪：《产业链现代化的产业经济学分析》，《经济学家》2019 年第 12 期。

罗仲伟、孟艳华：《"十四五"时期区域产业基础高级化和产业链现代化》，《区域经济评论》2020 年第 1 期。

马建堂、袁东明、马源、高太山：《持续推进"放管服"改革 不断优化营商环境》，《管理世界》2022 年第 12 期。

马述忠、任婉婉、吴国杰：《一国农产品贸易网络特征及其对全球价值链分工的影响——基于社会网络分析视角》，《管理世界》2016 年第 3 期。

毛琦梁、王菲：《地区比较优势演化的空间关联：知识扩散的作用与证据》，《中国工业经济》2018 年第 11 期。

倪红福、龚六堂、陈湘杰：《全球价值链中的关税成本效应分析——兼论中美贸易摩擦的价格效应和福利效应》，《数量经济技术经济研究》2018 年第 8 期。

聂辉华、韩冬临、马亮、张楠迪扬：《中国城市政商关系排行榜》，中国人民大学国家发展与战略研究院 2020 年。

牛雄鹰、丁言乔：《我国对外直接投资对"一带一路"沿线国家经济增长的影响——基于碳排放的中介作用》，《西北师大学报（社会科学版）》2019 年第 3 期。

任泽平：《未来十年中国制造业发展前景展望》，《经济学动态》2013 年第 7 期。

沈坤荣、马俊：《中国经济增长的"俱乐部收敛"特征及其成因研究》，

《经济研究》2002 年第 1 期。

盛斌、靳晨鑫：《"一带一路"倡议：引领全球包容性增长的新模式》，《南开学报（哲学社会科学版）》2019 年第 6 期。

盛来运、郑鑫、周平、李拓：《我国经济发展南北差距扩大的原因分析》，《管理世界》2018 年第 9 期。

盛垒、权衡：《区域经济分化态势与经济新常态地理格局》，《复旦学报（社会科学版）》2018 年第 3 期。

孙建、齐建国：《中国区域知识溢出空间距离研究》，《科学学研究》2011 年第 11 期。

孙焱林、覃飞：《"一带一路"倡议降低了企业对外直接投资风险吗》，《国际贸易问题》2018 年第 8 期。

唐未兵、傅元海、王展祥：《技术创新、技术引进与经济增长方式转变》，《经济研究》2014 年第 7 期。

屠新泉、武赟杰：《入世 20 周年推动中国营商环境持续改善》，《行政管理改革》2021 年第 7 期。

王小鲁、胡李鹏、樊纲：《中国分省份市场化指数报告》，社会科学文献出版社 2021 年版。

王雄元、卜落凡：《国际出口贸易与企业创新——基于"中欧班列"开通的准自然实验研究》，《中国工业经济》2019 年第 10 期。

王一鸣：《高质量发展十策》，《北京日报》2018 年 4 月 2 日。

王义桅：《"一带一路"：重塑经济全球化话语权》，《红旗文稿》2016 年第 21 期。

王直、魏尚进、祝坤福：《总贸易核算法：官方贸易统计与全球价值链的度量》，《中国社会科学》2015 年第 9 期。

魏后凯：《中国城市行政等级与规模增长》，《城市与环境研究》2014 年第 1 期。

魏下海、董志强、张永璟：《营商制度环境为何如此重要？——来自民营企业家"内治外攘"的经验证据》,《经济科学》2015年第2期。

吴慧:《中国商业通史(第五卷)》,中国财政出版社2008年版。

吴群锋、蒋为:《全球华人网络如何促进中国对外直接投资?》,《财经研究》2015年第12期。

夏斌:《国际货币体系缓慢变革下的人民币国际化》,《中国金融》2011年第15期。

夏后学、谭清美、白俊红:《营商环境、企业寻租与市场创新——来自中国企业营商环境调查的经验证据》,《经济研究》2019年第4期。

夏杰长、刘诚:《行政审批改革、交易费用与中国经济增长》,《管理世界》2017年第4期。

肖金成、沈体雁、左万水:《中国经济南北差距扩大的原因与趋势分析——中国区域经济50人论坛第二十次专题研讨会综述》,《经济与管理》2022年第1期。

肖利平、谢丹阳:《国外技术引进与本土创新增长:互补还是替代——基于异质吸收能力的视角》,《中国工业经济》2016年第9期。

徐佩玉:《5G迎来规模化发展关键期》,《人民日报(海外版)》2023年7月10日。

徐思、何晓怡、钟凯:《"一带一路"倡议与中国企业融资约束》,《中国工业经济》2019年第7期。

杨继东、江艇:《中国企业生产率差距与工资差距——基于1999—2007年工业企业数据的分析》,《经济研究》2012年第2期。

杨玲、郭羽诞:《生产性服务贸易出口技术结构对包容性增长的影响研究》,《世界经济研究》2014年第2期。

杨龙志、刘霞:《区域间技术转移存在"马太效应"吗?——省际技术转移的驱动机制研究》,《科学学研究》2014年第12期。

叶静怡、刘雯:《中国创新活动空间分布及创新增长收敛性分析》,《郑州大学学报(哲学社会科学版)》2018年第1期。

叶文平、李新春、陈强远：《流动人口对城市创业活跃度的影响：机制与证据》，《经济研究》2018 年第 6 期。

殷德生：《"两大布局"论》，上海人民出版社 2022 年版。

殷德生：《权力、相互依赖与国际货币合作——基于国际货币体系史的考察》，《世界经济与政治》2011 年第 8 期。

殷德生：《一带一路：潜在增长率空间变化与中国经济动能空间重塑》，《探索与争鸣》2018 年第 7 期。

殷德生、吴虹仪、金桩：《创新网络、知识溢出与高质量一体化发展——来自长江三角洲城市群的证据》，《上海经济研究》2019 年第 11 期。

于文超、梁平汉：《不确定性、营商环境与民营企业经营活力》，《中国工业经济》2019 年第 11 期。

张虎、张毅、韩爱华：《我国产业链现代化的测度研究》，《统计研究》2022 年第 11 期。

张杰、陈志远、吴书凤、孙文浩：《对外技术引进与中国本土企业自主创新》，《经济研究》2020 年第 7 期。

张军、吴桂英、张吉鹏：《中国省际物质资本存量估算：1952—2000》，《经济研究》2004 年第 10 期。

张龙鹏、蒋为、周立群：《行政审批对创业的影响研究——基于企业家才能的视角》，《中国工业经济》2016 年第 4 期。

张少辉、余泳泽：《土地出让、资源错配与全要素生产率》，《财经研究》2019 年第 2 期。

张学良：《中国交通基础设施促进了区域经济增长吗——兼论交通基础设施的空间溢出效应》，《中国社会科学》2012 年第 3 期。

张勋、乔坤元：《中国区域间经济互动的来源：知识溢出还是技术扩散?》，《经济学（季刊）》2016 年第 4 期。

张勋、万光华、张佳佳、何宗樾：《数字经济、普惠金融与包容性增长》，《经济研究》2019 年第 8 期。

张志明、杜明威:《全球价值链视角下中美贸易摩擦的非对称贸易效应——基于 MRIO 模型的分析》,《数量经济技术经济研究》2018 年第 12 期。

赵涛、张智、梁上坤:《数字经济、创业活跃度与高质量发展——来自中国城市的经验证据》,《管理世界》2020 年第 10 期。

赵勇、白永秀:《知识溢出:一个文献综述》,《经济研究》2009 年第 1 期。

郑智、刘卫东、宋周莺、叶尔肯·吾扎提、梁宜:《"一带一路"生产网络及中国参与程度》,《地理科学进展》2019 年第 7 期。

郑子君、周文彰:《以行政审批制度改革为突破口优化营商环境》,《行政管理改革》2022 年第 7 期。

中央金融委员会办公室、中央金融工作委员会:《锚定建设金融强国目标　扎实推动金融高质量发展》,《人民日报》2024 年 2 月 2 日。

中央网络安全和信息化委员会办公室编:《习近平总书记关于网络强国的重要思想概论》,人民出版社 2023 年版。

周迪、李晓蕙:《"一带一路"贸易关联网络及其包容性增长效应研究》,《国际商务研究》2020 年第 3 期。

周密、孙浬阳:《专利权转移、空间网络与京津冀协同创新研究》,《科学学研究》2016 年第 11 期。

周小川:《关于改革国际货币体系的思考》,《中国金融》2009 年第 7 期。

朱光顺、张莉、徐现祥:《行政审批改革与经济发展质量》,《经济学(季刊)》2020 年第 3 期。

邹嘉龄、刘春腊、尹国庆、唐志鹏:《中国与"一带一路"沿线国家贸易格局及其经济贡献》,《地理科学进展》2015 年第 5 期。

Acemoglu D., *Introduction to modern economic growth*, Princeton university press, 2008.

Acemoglu D., Aghion P., Zilibotti F., "Distance to frontier, selection, and economic growth", *Journal of the European Economic Association*, 2006, 4 (1): pp.37—74.

Acemoglu D., Johnson S., Robinson J. A., "The colonial origins of comparative development: An empirical investigation", *American Economic Review*, 2001, 91 (5): pp.1369—1401.

Acemoglu D., Johnson S., Robinson J. A., *Institutions as a fundamental cause of long-run growth*, Handbook of Economic Growth, 2005, 1: pp.385—472.

Acemoglu D., Zilibotti F., "Productivity differences", *The Quarterly Journal of Economics*, 2001, 116 (2): pp.563—606.

Aghion P., Burgess R., Redding S. J., Zilibotti F., "The unequal effects of liberalization: Evidence from dismantling the License Raj in India", *American Economic Review*, 2008, 98 (4): pp.1397—1412.

Agrawal A., Cockburn I., McHale J., "Gone but not forgotten: knowledge flows, labor mobility, and enduring social relationships", *Journal of Economic Geography*, 2006, 6 (5): pp.571—591.

Alfaro L., Chanda A., Kalemli-Ozcan S., Sayek S., "FDI and economic growth: the role of local financial markets", *Journal of International Economics*, 2004, 64 (1): pp.89—112.

Alfaro L., Chari A., "Deregulation, misallocation, and size: Evidence from India", *The Journal of Law and Economics*, 2014, 57 (4): pp.897—936.

Amiti M., Redding S. J., Weinstein D. E., "The impact of the 2018 tariffs on prices and welfare", *Journal of Economic Perspectives*, 2019, 33 (4): pp.187—210.

Bai Y. X., Wang C., Zeng M., Chen Y. H., Wen H. X., and Nie P. Y., "Does carbon trading mechanism improve the efficiency of green innovation? Evidence from China", *Energy Strategy Reviews*, 2023, 49, pp.101—170.

Balistreri E. J., Bohringer C., Rutherford T. F., "Quantifying Disruptive Trade Policies", CESifo Working Papers, 2018, No. pp.73—82.

Beck T., Levine R., Levkov A., "Big bad banks? The winners and losers from bank deregulation in the United States", *The Journal of Finance*, 2010, 65 (5): pp.1637—1667.

Bellora C., Fontagné L. G., "Shooting oneself in the foot? Trade war and global value chains", CEPII Working Paper, 2020, No. 2019-18.

Bénassy J., *The macroeconomics of imperfect competition and non-clearing markets: a dynamic general equilibrium approach*, MIT Press, 2002.

Bhattacharya M., Bloch H., "The dynamics of industrial concentration in Australian manufacturing", *International Journal of Industrial Organization*, 2000, 18 (8): pp.1181—1199.

Blundell R., Bond S., "Initial conditions and moment restrictions in dynamic panel data models", *Journal of Econometrics*, 1998, 87 (1), pp.115—143.

Bolt W., Mavromatis K., van Wijnbergen S., "The global macroeconomics of a trade war: The EAGLE model on the US-China trade conflict", CEPR Discussion Paper, 2019, No. DP13495.

Borensztein E., De Gregorio J., Lee J., "How does foreign direct investment affect economic growth?", *Journal of International Economics*, 1998, 45 (1): pp.115—135.

Bottazzi L., Peri G., "Innovation and spillovers in regions: Evidence from European patent data", *European Economic Review*, 2003, 47 (4): pp.687—710.

Brandt L., Van Biesebroeck J., Zhang Y., "Creative accounting or creative destruction? Firm-level productivity growth in Chinese manufacturing",

Journal of Development Economics, 2012, 97（2）: pp.339—351.

Caballero R. J., Jaffe A. B., "How high are the giants' shoulders: An empirical assessment of knowledge spillovers and creative destruction in a model of economic growth", NBER Macroeconomics Annual, 1993, 8: pp.15—74.

Canepa A., Stoneman P., "Financial constraints to innovation in the UK: evidence from CIS2 and CIS3", Oxford Economic Papers, 2007, 60（4）: pp.711—730.

Castellani D., Zanfei A., "Technology gaps, absorptive capacity and the impact of inward investments on productivity of European firms", *Economics of Innovation and New Technology*, 2003, 12（6）: pp.555—576.

Cavallo A., Gopinath G., Neiman B., Tang J., "Tariff pass-through at the border and at the store: Evidence from us trade policy", *American Economic Review: Insights*, 2021, 3（1）: pp.19—34.

Chamarbagwala R., Sharma G., "Industrial de-licensing, trade liberalization, and skill upgrading in India", *Journal of Development Economics*, 2011, 96（2）: pp.314—336.

Chong T. T. L., Li X., "Understanding the China-US trade war: causes, economic impact, and the worst-case scenario", *Economic and Political Studies*, 2019, 7（2）: pp.185—202.

Coffey C., Espinoza Revollo P., Harvey R., Lawson M., Parvez Butt A., Piaget K., Sarosi D., Thekkudan J., *Time to Care: Unpaid and underpaid care work and the global inequality crisis*, Oxfam, 2020.

Cohen W. M., Levinthal D. A., "Innovation and learning: the two faces of R&D", *The Economic Journal*, 1989, 99（397）: pp.569—596.

Contractor F. J., Dangol R., Nuruzzaman N., Raghunath S., "How do country regulations and business environment impact foreign direct investment （FDI）inflows?", *International Business Review*, 2020, 29（2）: pp.101—640.

Costa M., Iezzi S., "Technology spillover and regional convergence process: a statistical analysis of the Italian case", *Statistical Methods and Applications*, 2004, 13: pp.375—398.

Cui L., Song M., "Economic evaluation of the Belt and Road Initiative from an unimpeded trade perspective", *International Journal of Logistics Research and Applications*, 2019, 22（1）: pp.25—46.

Daudin G., Rifflart C., Schweisguth D., "Who produces for whom in the world economy?", *Canadian Journal of Economics/Revue canadienne d'économique*, 2011, 44（4）: pp.1403—1437.

Eichengreen B., *Global imbalances and the lessons of Bretton Woods*, MIT Press, 2010.

Escaleras M., Chiang E. P., "Fiscal decentralization and institutional quality on the business environment", *Economics Letters*, 2017, 159: pp.161—163.

Evans, O., "The effects of US-China trade war and Trumponomics. In Forum Scientiae Oeconomia", *Wydawnictwo Naukowe Akademii WSB*, Vol. 7, No. 1, 2019, pp.47—55.

Faber, B., 2007, "Towards the Spatial Patterns of Sectoral Adjustments to Trade Liberalisation: The Case of Nafta in Mexico", *Growth and Change*, 38（4）: pp.567—594.

Felbermayr G., Steininger M., "Revisiting the Euro's trade cost and welfare effects", *Jahrbücher für Nationalökonomie und Statistik*, 2019, 239（5—6）, pp.917—956.

Fujita M., Krugman P. R., Venables A., *The spatial economy: Cities, regions, and international trade*, MIT press, 2001.

Gallego N., Zofío J. L., "Trade openness, transport networks and the spatial location of economic activity", *Networks and Spatial Economics*, 2018, 18:

pp.205—236.

George G., Prabhu G. N., "Developmental financial institutions as technology policy instruments: Implications for innovation and entrepreneurship in emerging economies", *Research Policy*, 2003, 32（1）: pp.89—108.

Gereffi G., "The organization of buyer-driven global commodity chains: How US retailers shape overseas production networks", *Commodity chains and global capitalism*, 1994, pp.95—122.

Greenwood J., Jovanovic B., "Financial development, growth, and the distribution of income", *Journal of Political Economy*, 1990, 98（5, Part 1）: pp.1076—1107.

Hoekman J., Frenken K., Van Oort F., "The geography of collaborative knowledge production in Europe", *The Annals of Regional Science*, 2009, 43: pp.721—738.

Huang Y., Lin C., Liu S., Tang H., "Trade Linkages and Firm Value: Evidence from the 2018 US-China Trade War", Graduate Institute of International and Development Studies Working Paper, 2018, No.11-2018.

Huggins R., Thompson P., "Entrepreneurship, innovation and regional growth: a network theory", *Small Business Economics*, 2015, 45: pp.103—128.

Hummels D., Ishii J., Yi K., "The nature and growth of vertical specialization in world trade", *Journal of International Economics*, 2001, 54（1）: pp.75—96.

Itakura K., "Evaluating the impact of the US-China trade war", Asian *Economic Policy Review*, 2020, 15（1）: pp.77—93.

Jaffe A. B., Trajtenberg M., Henderson R., "Geographic localization of knowledge spillovers as evidenced by patent citations", *The Quarterly Journal of Economics*, 1993, 108（3）: pp.577—598.

Jayakumar V., Weiss B., "Global reserve currency system: Why will the dollar standard give way to a tripolar currency order?", *Frontiers of Economics in China*, 2011, 6 (1): pp.92—130.

Jedwab R., Vollrath D., "Urbanization without growth in historical perspective", *Explorations in Economic History*, 2015, 58: pp.1—21.

Jin P., Peng C., Song M., "Macroeconomic uncertainty, high-level innovation, and urban green development performance in China", *China Economic Review*, 2019, 55: pp.1—18.

Johnson R. C., Noguera G., "Accounting for intermediates: Production sharing and trade in value added", *Journal of International Economics*, 2012, 86 (2): pp.224—236.

Kaplan D. S., Piedra E., Seira E., "Entry regulation and business start-ups: Evidence from Mexico", *Journal of Public Economics*, 2011, 95 (11—12): pp.1501—1515.

Khan M., "One Belt One Road: The Pursuit of Revolutionary Venture", *International Journal of Academic Research in Business and Social Sciences*, 2018, 8 (10).

Khandelwal A. K., Schott P. K., Wei S., "Trade liberalization and embedded institutional reform: Evidence from Chinese exporters", *American Economic Review*, 2013, 103 (6): pp.2169—2195.

Klasen, S., *Measuring and Monitoring Inclusive Growth: Multiple Definitions, Open Questions, and some Constructive Proposals*, Asian Development Bank, 2010.

Kogut B., "Designing global strategies: Comparative and competitive value-added chains", *Sloan Management Review (pre-1986)*, 1985, 26 (4): p.15.

Koopman R., Powers W., Wang Z., Wei S., "Give credit where credit is due: Tracing value added in global production chains", NBER Working Paper,

2010, No.16426.

Koopman R., Wang Z., Wei S., "Tracing value-added and double counting in gross exports", *American Economic Review*, 2014, 104（2）: pp.459—494.

Kreft I. G., De Leeuw J., *Introducing Multilevel Modeling*, SAGE Publications, Ltd, 1998.

Krugman P., "Increasing returns and economic geography", *Journal of Political Economy*, 1991, 99（3）: pp.483—499.

Lane P. J., Lubatkin M., "Relative absorptive capacity and interorganizational learning", *Strategic Management Journal*, 1998, 19（5）: pp.461—477.

Lee B. S., Peng J., Li G., He J., "Regional economic disparity, financial disparity, and national economic growth: Evidence from China", *Review of Development Economics*, 2012, 16（2）: pp.342—358.

Levinsohn J., Petrin A., "A Estimating production functions using inputs to control for unobservables", *The Review of Economic Studies*, 2003, 70（2）, pp.317—341.

Li C., Whalley J., "Trade protectionism and US manufacturing employment", *Economic Modelling*, 2021, 96: pp.353—361.

Luo Y., Xue Q., Han B., "How emerging market governments promote outward FDI: Experience from China", *Journal of World Business*, 2010, 45（1）: pp.68—79.

Maggioni M. A., Uberti T. E., Usai. S., "Treating patents as relational data: knowledge transfers and spillovers across Italian provinces", *Industry and Innovation*, 2011, 18（1）: pp.39—67.

Mcelroy J. L., Lucas H., "A note on the significance of geographic location in island studies", *Island Studies Journal*, 2014, 9（2）: pp.363—366.

Mcelroy, J. L., Medek, K. J., "Small Island Economies: Caribbean Versus Pacific", *Occasional Papers on Islands and Small States*, 2012, 4, pp.1—16.

Midelfart-Knarvik K. H., Overman H. G., Venables A., "Comparative advantage and economic geography: estimating the determinants of industrial location in the EU", *London School of Economics and Political Science*, LSE Library, 2001, No. 677.

Moreno R., Paci R., Usai S., "Spatial spillovers and innovation activity in European regions", *Environment and planning A*, 2005, 37（10）: pp.1793—1812.

Mundell R., "Dollar standards in the dollar era", *Journal of Policy Modeling*, 2007, 29（5）: pp.677—690.

Ni P., Kamiya M., Ding R., "Prospects of the Silk Road Cities Network", *Cities Network Along the Silk Road: The Global Urban Competitiveness Report 2017*, 2017, pp.153—164.

Olley S., Pakes A., "A. The dynamics of productivity in the telecommunications equipment industry", *Econometrica*, 1996, 64（6）: pp.1263—1297.

Patterson K. A., Grimm C. M., Corsi T. M., "Adopting new technologies for supply chain management", *Transportation Research Part E: Logistics and Transportation Review*, 2003, Vol. 39 No. 2, pp.95—121.

Porter M. E., *The Competitive Advantage: Creating and Sustaining Superior Performance*, New York: Free Press, 1985.

Rauniyar G., Kanbur R., "Inclusive growth and inclusive development: A review and synthesis of Asian Development Bank literature", *Journal of the Asia Pacific Economy*, 2010, 15（4）: pp.455—469.

Solow R. M., "Technical change and the aggregate production function. The review of Economics and Statistics", *The review of Economics and Statistics*, 1957, 39（3）: 312—320.

Tam P. S., "Global impacts of China-US trade tensions", *The Journal of International Trade & Economic Development*, 2020, 29（5）: pp.510—545.

Ter Wal A. L., Boschma R. A., "Applying social network analysis in economic geography: framing some key analytic issues", *The Annals of Regional Science*, 2009, 43: pp.739—756.

Tone K., Tsutsui M., "An epsilon-based measure of efficiency in DEA— a third pole of technical efficiency", *European journal of operational research*, 2010, 207（3）, pp.1554—1563.

Tone K., "A slacks-based measure of efficiency in data envelopment analysis", *European journal of operational research*, 2001, 130（3）, pp.498—509.

Tsai W., "Knowledge transfer in intraorganizational networks: Effects of network position and absorptive capacity on business unit innovation and performance", *Academy of Management Journal*, 2001, 44（5）: pp.996—1004.

Walton M., *Poverty Reduction in the New Asia and Pacific: Key Challenges of Inclusive Growth for the Asian Development Bank*, Asian Development Bank, 2007.

Wang Z., Wei S., Yu X., Zhu K., "Characterizing Global Value Chains: Production Length and Upstreamness", NBER Working Paper, 2017, No.23261.

Watsa K., *Pacific Islands development in 3D: Reshaping economic geography*, Washington, DC: The World Bank, 2009.

World Bank, *World Development Report 2020: Trading for Development in the Age of Global Value Chains*, The World Bank, 2019.

Xu Y., Liu S., Wang, J., "Impact of environmental regulation intensity on green innovation efficiency in the Yellow River Basin China", *Journal of Cleaner Production*, 2022, 373, pp.133—789.

后　记

　　党的二十大报告提出了到二〇三五年我国发展的总体目标，其中就包括"形成新发展格局"。加快构建以国内大循环为主体、国内国际双循环相互促进的新发展格局，这是以习近平同志为核心的党中央统筹"世界百年未有之大变局"和"中华民族伟大复兴的战略全局"的重大战略部署，进一步丰富和发展了中国特色社会主义政治经济学。增强国内大循环的内生动力与可靠性是本书的第一部分，从超大城市率先构建新发展格局的实践经验入手，在供给侧研究发展新质生产力与先进制造业创新驱动发展，在需求侧研究市场一体化和营商环境对国内大循环的作用。提升国际循环质量和水平是本书的第二部分，具体从中美贸易摩擦影响双方制造业全球价值链入手，研判新发展阶段全球产业链价值链变革的新趋势以及我国引资战略调整方向，重点着眼于共建"一带一路"、人民币国际化和自由贸易试验区等新型国际开放合作机制和平台，分析国际循环质量和水平提升的机制和经验，既包括了"一带一路"倡议实现"包容性增长"，又涉及人民币国际化和自贸区提升战略在对标国际最高水平开放上的重大改革举措。

　　围绕如何建立新发展格局的理论框架，本书研究历时三载。该书也是国家社会科学基金哲学社会科学领军人才项目"中国式发展经济学自主知识体系研究"（22VRC179）的阶段性成果。在该项目研究中，部分阶段性成果在《学术月刊》《复旦学报（哲学社会科学版）》《社会科学》《经济管理》《上海经济研究》《文汇报》《解放日报》等报刊上发表。感谢他们允许我将已发表的论文收集整理进本书。我指导的博士生吴虹仪、吴其珊以及与我合作研究的博士后金培振，参与了项目的研究，感谢他们在讨论中的"思想碰撞"和数据资料处理工作，部分研究内容也是与他们一起合作的，也正是得到他们的允许，我才将其整理进本书。

新发展格局理论离不开新发展阶段和新发展理念的研究。作者承担了马克思主义理论研究和建设工程特别委托项目"新发展阶段的新特征新要求研究"（2021MYB008），其中的部分成果纳入了本书。加快构建新发展格局，其中一个很重要的外部环境变化就是中美贸易摩擦，作者承担了教育部人文社会科学研究项目"中美经贸摩擦对双方产业全球价值链位置的影响及争端解决机制研究"（19YJA790107），该项目的部分成果也就成为本书的组成部分。在此，作者一并感谢上述项目对本书研究的资助。

当前，我国构建新发展格局的伟大实践正在深入开展，一系列改革举措扎实推进，其理论提炼和创新工作涉及面广、复杂程度高，因此本书中难免存在若干不足和问题，期待学界同仁批评指正。

殷德生

上海市社会科学创新研究基地华东师范大学中国经济研究中心

2024 年 12 月 6 日

图书在版编目（CIP）数据

新发展格局论：机制与经验 / 殷德生著. -- 上海 ：
上海人民出版社，2024. -- ISBN 978-7-208-19254-6

Ⅰ. F124

中国国家版本馆 CIP 数据核字第 2024TT8245 号

责任编辑 官兴林
封面设计 汪　昊

新发展格局论
——机制与经验
殷德生　著

出　　版　上海人民出版社
　　　　　（201101　上海市闵行区号景路 159 弄 C 座）
发　　行　上海人民出版社发行中心
印　　刷　上海商务联西印刷有限公司
开　　本　720×1000　1/16
印　　张　22.5
插　　页　3
字　　数　315,000
版　　次　2024 年 12 月第 1 版
印　　次　2024 年 12 月第 1 次印刷
ISBN 978 - 7 - 208 - 19254 - 6/D · 4426
定　　价　98.00 元